二战陆军单兵装备：苏军

赫英斌 编著

台海出版社

图书在版编目（CIP）数据
二战陆军单兵装备. 苏军 / 赫英斌编著. -- 北京 ：
台海出版社，2025. 4. -- ISBN 978-7-5168-4118-1
Ⅰ. E151；E512.51
中国国家版本馆CIP数据核字第2025WK0821号

二战陆军单兵装备．苏军

编　　著：赫英斌

责任编辑：戴　晨
策划制作：指文文化　　封面设计：王　星

出版发行：台海出版社
地　　址：北京市东城区景山东街20号　　邮政编码：100009
电　　话：010－64041652（发行，邮购）
传　　真：010－84045799（总编室）
网　　址：www.taimeng.org.cn/thcbs/default.htm
E－mail：thcbs@126.com

经　　销：全国各地新华书店
印　　刷：重庆长虹印务有限公司
本书如有破损、缺页、装订错误，请与本社联系调换

开　　本：787毫米×1092毫米　1/16
字　　数：350千字　　印　　张：14.5
版　　次：2025年4月第1版　　印　　次：2025年9月第1次印刷
书　　号：ISBN 978-7-5168-4118-1

定　　价：149.80元

前言

今天的俄罗斯有一个风俗，新婚夫妻在教堂举行结婚仪式后，要来到无名烈士墓献上两朵红玫瑰。在莫斯科亚历山大公园克里姆林宫墙下建立的无名烈士墓是为了纪念卫国战争年代的无名烈士。1966年12月4日，苏联在这里安葬了从莫斯科州克留科沃村烈士公墓迁移来的无名士兵的遗骨，并于1967年5月8日举行了隆重的墓碑揭幕仪式。

莫斯科无名烈士墓正面朝北，东西走向的红花岗石方形墓碑上面陈设着钢盔和军旗的青铜雕塑，造型简洁明快，蕴意肃穆深长。墓前有一个凸起的大型五星状的青铜火炬，五星中央喷出的火焰其火种是从列宁格勒革命战士纪念碑的长明火引来的，从建成时一直燃烧到现在，从未熄灭，它象征着烈士的精神永远光照人间。火炬前方的灰色大理石地面上镌刻着一行铭文："你的名字无人知道，你的功勋永垂不朽。"

研究第二次世界大战，我们都无法回避一个对世界反法西斯战争做出巨大贡献的国家——苏联。在第二次世界大战的进程中，只有苏德战场集结了数量如此众多的人员以及种类如此多样的军事装备。整个战争期间，德国有70%的师在这里作战。就战斗的激烈程度、战斗的连续性和持久性而言，也没有哪个战场能够与苏德战场相提并论。苏德战场上，德国军队被俘及伤亡人数达1000万，占其全部伤亡人数1360万的73%，主要装备中52500架飞机、37500辆坦克及自行火炮、123580门大炮、2500多艘战舰及运输船和补给船都消耗在苏德战场上。苏德战场战线的延伸程度也是前所未有的，仅在战争初期就波及了超过4000公里的地带，到1942年秋，战线超过了6000公里，整个苏德战线的长度是北非战场、意大利战场和西欧战场战线长度总和的4倍。苏联军队从斯大林格勒攻到柏林、布拉格和维也纳，其行程超过2500公里。

苏联为取得战争的胜利遭受了重大损失，在战争期间共有2650万人牺牲，其中1800万人是平民百姓。苏联武装力量，包括国家安全委员会及内务部的部队，也遭受了无可挽回的损失：牺牲、受伤致死、失踪、被俘未归、非战斗减员人数共8668400人，其中陆海空三军8509300人，苏联国家安全委员会的边防军61409人，内务部军队97700人，这之中大部分伤亡发生在1941-1942年，共达3048800人。苏联人民及其武装力量以巨大的努力和英勇的战斗精神为战胜德国和日本所做出的贡献将被历史永远铭记。

《二战陆军单兵装备：苏军》一书通过全面系统的介绍，让读者了解二战苏联红军主力陆军的各个方面，这其中包括基本情况、军衔制服、个人证件、勋饰奖赏、单兵装备、武器装备等，并通过历史照片与彩图交叉融合的方式全景式展示二战苏联红军单兵装备的部分细节与风貌，使读者能对二战苏军有所认识与了解。需要说明的是，二战苏军单兵装备在各个方面的复杂程度是不可想象的，编者希望通过几个月来的努力，将本书作为向二战苏军致以崇高敬意作品的同时，也向读者朋友奉献一本介绍二战苏联红军的小百科。由于水平所限，加之苏军相关内容太过广泛，难免会挂一漏万，许多内容虽已尽量参考，包括俄文在内的各种资料，但错误恐在所难免，恳请读者谅解并批评指正。

赫英斌

"The red army is invincible"

苏联红军不可战胜

——*发表于《真理报》，1939年7月23日*

CONTENTS

目录

第一章 绪论 …… 1

第二章 苏联红军 …… 16

第三章 个人文件 …… 37

第四章 奖励与徽章 …… 44

第五章 军衔及符号 …… 70

第六章 盔帽 …… 115

第七章 制服 …… 133

第八章 个人装备 …… 183

第九章 武器 …… 202

参考书目 …… 225

第一章

绪论

概论

1917年12月16日，列宁颁布法令废除了沙俄军队。1918年1月28日，由列宁签署的人民委员会《关于组织工农红军》的法令，正式宣布建立苏维埃军队。这个法令同时规定了以“工农红军”命名的新军队的思想原则和组织原则。1918年2月23日，即纳尔瓦和普斯科夫击败德国军队的这一天成了苏军的建军日。在当时混乱的时局下，托洛茨基从1918年3月4日开始担任最高军事委员会主席，负责秩序和纪律的恢复。托洛茨基直接负责军事行动和组建苏联红军的工作，成为苏联红军的缔造者和领袖。虽然苏联红军在大城市取得了革命的胜利，但白军仍然在继续战斗，且在1921年才结束同波兰的冲突。因此，苏联红军的第一次活动，发生在国内战争时期，随着布尔什维克取得最终的胜利，内战于1923年才结束。

恢复和平以后，苏联红军进行了程度有限的现代化，并对人员进行了精简，实行正规部队和地方部队的混编制度。在新的高级军官（例如1925年11月至1928年5月任苏联红军参谋长的图哈切夫斯基）的领导下，红军发展了新的战术和战略理论。此外，20世纪30年代纳粹运动实力的不断壮大也引起了苏联领导人的担忧，因此，第二个五年计划更多地将重心转向了国防工业，其表现是军队人员和装备的数量上都有所增长。

1937年，苏联红军面临着一系列政治危机。斯大林自1924年成为苏联共产党领导人后，便开始恢复政治委员制度，以确保士兵和军士能够更加严格地遵守党的路线。

1939年9月1日，苏联通过了《普遍义务兵役法》，苏联红军人员数量获得了增加，并且从1938年起的第三个五年计划基本上就是发展和生产现代化武器。西班牙内战使苏联人有机会综

▲ *1932年5月1日，国防及航空化学促进会成员正在红场进行游行。*

▲ 1932年5月1日，国防及航空化学建设促进会的运动员正在红场游行，注意运动服上的等级标志。

▲ 1926年，正在举行的一场军事仪式。

合运用飞机、坦克和大炮来检验他们新的战术理论。此战期间，苏联军官在西班牙共和国这一方担任了顾问，部分人员还直接参与作战，来检验和测试苏联提供的军事装备。

1939年9月，苏联红军占领了半个波兰，并继续向西。1939年11月-1940年3月，苏芬冬季战争爆发。在付出惨重的代价后，苏联赢得了胜利。

1939年8月23日，苏联为保障自己的安全，同德国签订了《苏德互不侵犯条约》。此时，苏联红军仅有少数军官具有作战经验，并且在装备、后勤、通信和医疗等领域仍然存在重大缺陷。苏联红军拥有大量的坦克和飞机，但绝大多数都已经过时了。武器生产依然不足，装甲军用车辆仅有80万辆，大量部队依旧落后地依靠马匹牵引。然而令人鼓舞的是，在同一年，苏军接收了第一种性能优良的喀秋莎火箭炮，同时，新式坦克、新式战斗机也开始生产。1941年6月，苏联红军共拥有

▲从这张照片中可以识别出这些少先队员红领巾上的领巾夹，领巾夹由一个黄铜弹簧扣子扣紧。

420.7万人，组成了303个师，包括198个步兵师、31个摩托化师、61个坦克师和13个骑兵师。这其中有125个师正在进行组建，余下的师中只有几个是满员的。这些力量的绝大部分集结在西部边境，以应对德国这个潜在敌人的威胁。

在二战期间，包括在战前的1941年，许多苏军士兵就接受过军事训练和政治教育。通过党的领导以及军队的协作，苏联在学校对处于青少年期的学生进行前期军事训练，主要采取少先队和共青团的组织形式进行。当时的辅助军事组织，在党的领导下的苏联国防及航空化学建设促进会于1927年由苏联国防后援协会与航空和化学工业之友协会合并成立。这个协会在下列领域对青少年进行前期军事训练：射击、飞行、跳伞、通讯、急救、骑术、防空、防化和机械。所有顺利完成这些军

►少先队员领巾夹，火炬是少先队的标志，上面带有少先队的誓言“时刻准备着”。

▲1933年5月1日，在列宁格勒准备举行阅兵仪式的T-26坦克群。

1941年的苏联

苏联拥有由多个民族组成的1.93亿人口，其中大多数是俄罗斯人和乌克兰人，分别占总数的60%和20%，还有22.4万平方公里的国土和漫长的边境线（43万公里的海岸线和17万公里的陆地边界）。这片辽阔的疆界给苏联带来巨大优势的同时，也存在一些问题。首要问题是气候。在秋季和冬季，因为气温变化造成的土壤解冻，使许多公路和道路在一年当中几乎有六个月的时间都无法使用。1941年苏联的铁路网非常有限（1万公里才有4公里长的铁路），其道路也很粗糙。苏联虽然拥有丰富的自然资源（例如矿藏、石油），但其工业能力当时处于世界平均及较低水平，而农业经济比较发达。

苏联领导人面对的另一个敏感问题是需要面对不同性质的加盟共和国。这些加盟共和国在民族、语言和宗教等方面存在巨大的差异性和多样性。

事训练的年轻人都将被授予资格章和证书。这个协会的会员从1927年的29500名增长到1941年4月的1350万名。

征召

“保卫祖国是每个苏联公民的神圣职责”，1936年苏联宪法这样写道。根据1937年9月1日的《普遍义务兵役法》，所有年满19岁的公民都要服兵役，其中陆空军征召人员需服满3年现役，海军5年。随着战争危险的扩大，1939年9月1日，苏联颁布《普遍义务兵役法》，宣布服兵役是全体苏联公民的义务。应征服现役的年龄有两种：年满19岁的公民和18岁的中学生或相当于中学学校毕业的学生。《普遍义务兵役法》取消了1925年《兵役法》中关于只有劳动人民才能够在作战部队服役、非劳动成分只能从事其他军事勤务的阶级限制，要求所有公民都要强制服兵役。征召人员中不包括已被逮捕、被流放、被剥夺选举权的服刑人员和外国人。兵役由现役和预备役构成，士兵和初级军官的现役年限为：陆军和内务部队士兵2年，初级军官3年，空军、岸防部队和边防军4年，舰艇和海军5年。为了核实征召人员的能力，应征人员需经过一次彻底的体

服役能力分类

种类	备注
A	适合服役。
B	适合服役但带有某些限定条件，这种类型带有后缀1、2等等。B类服役能力排除在伞兵和海军之外。
V	服役能力较弱，应征人员免除担负军事义务，但考虑作为后备人员，三年后会被重新征召并再次审核。
G	暂时不适合或延期服役，应征人员在康复后会被重新征召。
D	不适合服兵役，应征人员免除担负军事义务，如果他的身体状况没有改善，将会再一次对他的分类进行审查。

B类与V类之间的区别非常微妙，有时也允许一些应征人员尝试免服兵役。

▲ 发给苏联红军战士舍甫琴科·德米特里·亚历山德罗维奇（Chevtchenko Dmitri Aleksandrovitch）的证件，在他负伤后，他的战士证上盖有一个菱形的B戳记，表示其服役能力具有一些限制。

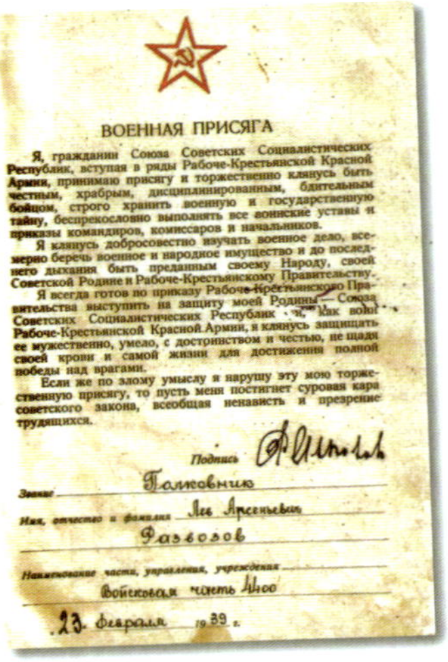

ВОЕННАЯ ПРИСЯГА

Я, гражданин Союза Советских Социалистических Республик, вступая в ряды Рабоче-Крестьянской Красной Армии, принимаю присягу и торжественно клянусь быть честным, храбрым, дисциплинированным, бдительным бойцом, строго хранить военную и государственную тайну, беспрекословно выполнять все воинские уставы и приказы командиров, комиссаров и начальников.

Я клянусь добросовестно изучать военное дело, всемерно беречь военное и народное имущество и до последнего дыхания быть преданным своему Народу, своей Советской Родине и Рабоче-Крестьянскому Правительству.

Я всегда готов по приказу Рабоче-Крестьянского Правительства выступить на защиту моей Родины — Союза Советских Социалистических Республик и, как воин Рабоче-Крестьянской Красной Армии, я клянусь защищать ее мужественно, умело, с достоинством и честью, не щадя своей крови и самой жизни для достижения полной победы над врагами.

Если же по злому умыслу я нарушу эту мою торжественную присягу, то пусть меня постигнет суровая кара советского закона, всеобщая ненависть и презрение трудящихся.

Подпись [signature]

Звание Полковник

Имя, отчество и фамилия Лев Арсеньевич Разворов

Наименование части, управления, учреждения Войсковая часть 4400

23. февраля 1939 г.

► 苏联红军的军人誓词，这份文件来自1941至1945年工程兵指挥官扎沃佐夫·里夫·阿森田维奇少将(Razvozov Lev Arsientievitch)的军方档案。

▲ 二战苏联的征兵海报《祖国母亲在召唤》。

▲ *1942年2月的一天，一名政委正在宣读斯大林的命令。*

检，并根据体检结果由征兵委员会分为五类（A、B、V、G和D），来决定是适合服兵役、延期服役，还是免除服役。以陆军士兵为例，如果征召人员适合服兵役，就将服满5年期限的兵役并分成两个时期，即2年的现役和从列兵开始的3年预备役（3年才成为军士）。入伍后的军事训练包括三个阶段。入伍后的第一天，应征人员将被分配给某一连队，并由该连政治指导员负责。紧接着是一次面试以核查其身份，如果这名应征士兵是一名党员当然会更加可靠，然后会分配给这名士兵一个服役编号。在紧接着的体检和预防接种后，应征人员会被评估并被分配给某一特定单位，然后会将战士证、制服和装备一起配发给他。第二个阶段就是进行政治、军事和体能训练，最后第三个阶段基本上是进行连队训练和更严格的政治教育。这三个阶段总共近45天，应征人员有时也会被要求参加爱国主义讨论。

战术训练是建立在更加详细的夜战、徒手搏斗和冬季战斗训练基础上的。在基本训练末期，士兵将在一个政治仪式上举行宣誓仪式。苏联共产党通过这种仪式培养士兵的爱国主义精神，使士兵在政治上更加忠实可靠。青年战士经过宣誓仪式后，才算正式成为一名苏联红军战士。新兵宣誓的那一天也是部队的休息日，要像过节日一样欢度那一天。

军士由部队指挥官和政治委员挑选，这次晋升也意味着要格外服役一年。军士的挑选根据士兵的学历或根据其履行职责的情况直接提升，也从完成中等教育（6年级）的公民中招募，但是在1941年，苏联红军中缺乏足够的军士。事实的情况是，义务教育念到小学毕业（4年级）后，更多的孩子就开始工作而不是继续接受教育，因此苏联红军虽然拥有大量的士兵，却没有足够的军士。缺少军士的另一个原因就是缺乏足够的军士培训学校。军士服完现役后会进入预备役，作为一类预备力量，一年要应召接受两个月的复习军训。35至45岁年龄段的人员，将作为二类预备力量征召，其训练期就很短了。45至50岁年龄段的人员，将作为三类预备力量。当战争在1941年爆发的时候，苏联征召了1920、1921和1922年出生的人员。该年，征召人员中90%的人员死亡、负伤或被俘。由于战争导

▲苏联红军战士正在进行马克沁机枪的操作训练。

▲一座训练营，士兵就住在这种大型帐篷里。

致人员伤亡惨重，苏军不得不一再压缩基础训练时间，使受训时间减少到最低程度。这样做的结果是，部队在将士兵派往前线前，只进行了不超过15天的训练。多亏了苏联国防及航空化学建设促进会的入伍前期军事训练，才使得大部分新兵接受了真正的军事训练，但这些训练不足的士兵一旦被派上前线，损失率仍然会非常高。1942年，42%的动员士兵只接受过不超过10天的训练，40%的动员士兵所接受的训练刚刚接近一个月，只有18%的人员接受了超过一个月的训练！1943年，在经过巨大的努力后，苏军延长了新兵的训练时间，理论上的基础训练时间从4个月增加到了5个月。在1944年夏季，苏联从解放区动员了200万名新兵，在经过训练后将其补充给了乌克兰第1、第2、第3和第4方面军。

复员

在战争结束后，苏军开始进入复员阶段。到1945年5月，苏军共计有1136.5万人复员。1945年6月23日，苏联最高苏维埃颁布了作战军队中13种超龄军人的复员法，即《关于复员作战部队中年龄较大的人员》。在对日作战胜利后，这个复员法也适用于远东地区部队。整个复员工作共分6次进行，第一批开始于1945年6月23日，第二批开始于1945年9月7日。根据规定的复员标准开始复员，例如根据年龄和职业。复员法规定，某些行业人员享有复员的优先权，例如苏联急需的工人和矿工。复员优先权也包括教师、至少负伤三次的老兵以及从1938年就被动员的军人。根据复员法规定，苏联将根据一名军人在前线服役的年份发给他一笔安家费：给有4年军龄的士兵发960~1500卢布，给有4年军龄的军士发1200~3600卢布，给有1~4年军龄的军官发2~5个月的薪金。一旦宣布复员，就会发给士兵一张保证他能返回家乡的运输证明和一本新的兵役证。

军人誓词

我是苏维埃社会主义共和国联盟的公民，当我加入工农红军队伍时，庄严宣誓，愿做一个忠实、英勇、遵守军纪、富有警觉性的战士，严格保守军队上和国家的秘密，绝对履行一切军队的规则和指挥官及长官的命令。

我发誓努力研究军事，尽力保护军队和国家的财产，直到最后一口气，始终忠于自己的人民、自己的苏维埃祖国和工农的政府。

我随时准备遵守工农政府的命令，保卫自己的祖国——苏维埃社会主义共和国联盟，如工农的苏联红军一样，我发誓果敢练达，以所长及真诚来保卫祖国，不惜以生命和鲜血完全战胜敌人。

如果我以可恶的企图来破坏我这庄严的誓言，那我愿受苏维埃严厉的法律的惩罚，让劳动大众们唾弃和鄙视。

军官

“如果一个敌人把战争强加于我们，那么不久他们就会看到我们苏联红军最强有力的回击。”——摘自1939年苏联红军野战条令

在苏联武装力量中，1943年以前没有正式使用“军官”这个词。在苏联红军建立的最初的年代里，担任指挥员（首长）职务的人员属于各类主管人员，按其所担任的职务分为排长、连长、营长、团长、师长等。根据苏联中央执行委员会和人民委员会1935年9月22日的命令，决定对指挥人员和主管人员实行军衔制。根据苏联最高苏维埃主席团1943年7月24日和8月10日的命令，陆军中获少尉至上校军

▲1941年一名穿着作战制服的军官，注意其身上背着的防毒面具包。

衔的指挥人员和主管人员，以及海军中获少尉以上军衔的指挥人员和主管人员开始被称为军官。

二战时期，苏联军官从完成8年学业的公民中挑选，年龄在18~23岁之间，更为重要的是要保证在政治上可靠（共青团员和共产党员）。同时他们也必须通过俄语、数学和地理考试。1941年，70%的军官是工人和农民出身，他们中只有极少的人接受过军事训练而且能力也很有限。步兵学校的学业为期2年，专业人员学期为3年。在战争期间，部分学校将学期缩短到仅有6个月。从学校毕业后，最好的学生会被晋升为少尉，并被分配到某一步兵或坦克单位，而其他的军官会被分配给后勤部队，在那儿他们必须去证明自己的价值。在军官的职业生涯中，军官必须接受更多的军事和政治培训。任何一次晋升都要延长服役期，升中尉会延长两年，而升上校是四年。军官的晋升将由他的上级——一名政治委员来做出决定。为了获得晋升，党员证显然有助于其提升（在1943年，晋升军官中75%是共产党员）。1942年10月9日，苏军获得了足够的信心来取消政治委员，根据国防人民委员的第307号命令，让他们担任主管政治工作的副指挥员，从而恢复了“统一指挥”，其中有12.2万人改任指挥员职务，并被授予相应军衔。

然而在战争期间，许多中尉、少尉尽管通过培训提升了他们的能力，但仍被认为水平不足而依然保持着低级军衔。战后，通过前线学校提升了专业技能水平的军官成为苏联具有知识和品行的社会精英的一部分。他们与其他军衔的军官的关系是临时的，在任何交谈中都必须称对方为“同志”。

女军人

“战争让女人走开”这一千古遗训已越来越成为过去式，在第二次世界大战中，许多女性勇敢地加入了军队的行列，其中尤以苏联为甚。与当时其他欧洲国家的做法相反，苏联对妇女一贯高度重视。虽然在战争刚开始时，妇女主要从事医疗勤务和通信工作，但后来几乎在所有的武装和勤务部队中都能发现女性军人。女性征兵范围是18岁到25岁没有子女的妇女，但在这个年龄范围之外，许多有子女的妇女也积极要求参军。

▲ 1945年展示的营房标准布局的插图的一部分。

由于苏联国防及航空化学建设促进会也对女性开放，妇女已经接受过一些军事训练，允许把她们分配到高射炮、迫击炮、坦克和航空兵部队，其中一些部队则完全女性化。女性不仅从事后勤及卫生员等工作，甚至也组成了步兵部队，例如总数7000人，大部分由19~20岁姑娘组成的独立第1女子志愿步兵旅。在卫国战争期间，苏军中共有约80万名女战士。女军人为苏联赢得反法西斯的胜利同样立下了不可磨灭的功勋。有87名女性成为“苏联英雄”，一半以上是死后追授的，其中最为著名的女英雄当属18岁的游击队员卓娅，她于1942年2月16日被追授为“苏联英雄”。还有30人的称号是战后授予的，例如1946年5月15日近卫第46航空团的6名女性飞行员被授予“苏联英雄”称号；胜利二十周年时一次授予14名妇女“苏联英雄”称号，其中12人是追授。

军事院校

在战前，苏联严重缺乏军事干部，总共只有19所学院、

▲ 1941年，一些空军部队的士兵正在操练。

▲ 一名通信军官和同伴的纪念照。

▲ 二战最成功的女战斗机飞行员，苏联排名第一的女王牌，有“斯大林格勒白玫瑰”之称的莉迪娅·弗拉基米尔罗芙娜·利特维亚克（Lydia Vladimirovna Litvyak 1921.8.18–1943.8.1）。她身穿飞行服，与她的雅克-1战斗机合影。关于她的战绩目前仍存在争议，有个人击落敌机11架、合作击落3架等不同争论，1990年5月6日由苏共中央总书记戈尔巴乔夫批准追授她为“苏联英雄”。

▲ 1945年5月2日清晨，天气格外的暖和，在柏林国会大厦前脸上充满了胜利的微笑的上等兵玛丽亚·沙尔内娃（Maria Shalneva）正在指挥军事交通。这张照片由苏联著名的塔斯社军事摄影记者叶甫根尼·阿纳耶维奇·哈尔代伊（Yevgeny Ananevich Khaldei 1917.3.23–1997.10.6）拍摄。在整个卫国战争期间，他跟随苏联红军部队拍摄了大量的新闻照片，其中他最著名的作品就是《红军战士在国会大厦上升起胜利的旗帜》。

10个地方高等院校附设的军事系和7所高级海军学校在培养高等和专科文化程度的主管人员。由于满足不了中级干部的供应需要，苏联扩大了中等军事学校网，从1939年7月至1940年12月，开办了77所中等军事学校。到1941年夏，苏联已有

▲ 1944年的一名陆军女兵，注意她头戴贝雷帽的方式，以及大衣领章上的大型纽扣。

▲ 独立第1女子志愿步兵旅的女战士。

203所军事学校和68个进修班，共有学员30多万名。

军事院校是补充干部的主要来源，因此苏联通过军事院校来进行军事和政治训练，开设的课程也包括语言、舞蹈和音乐。军事院校的名称采用军事或政党领导人的名字（伏龙芝、列宁、基洛夫、斯大林）命名。这些院校大部分位于莫斯科和列宁格勒，其中最为著名的军事院校是莫斯科的伏龙芝军事学院。这是一所遵照列宁的指示于1918年10月创办的工农红军总参学院，并于1921年8月5日改为工农红军军事学院。1925年10月，为了纪念逝世的前任院长伏龙芝，工农红军军事学院更名为伏龙芝军事学院。1936年，为了培养高级干部，根据联共中央委员会和苏联人民委员会的决定重组了总参学院，并于1941年以伏罗希洛夫的名字命名，主要培训参谋人员和师级指挥员。在战争期间，该学院缩短了学制，其课程也紧跟前线的实际战略和战术，总共向部队输送了1.1万名训练有素的指挥员和参谋人员，其70%的学员毕业后在苏联军事组织中担任了更高级的职务。

莫斯科同时也是许多高级军事院校的大本营：列宁学院负责政治教育，捷尔任斯基学院负责炮兵，古比雪夫负责工程兵，斯大林学院负责机械工程和汽车运输，伏罗希洛夫学院负责防化。1943年8月22日，苏联建立了苏沃洛夫军事学校和纳希莫夫海军学校。这些学校培养青少年升入高等军事院校，允许年满10岁的战争孤儿入学。在经过七年学习并毕业后，这些学生会被授予少尉军衔。

战争爆发后，苏联严重缺少干部，为此，苏联对军事院校体系进行了一系列改革。改革规定，高等军事学校和军事学校的学员一律提前毕业，还规定了军事学院的训练期限为6~8个月（各军种和专业兵种学院为8~12个月），军事学校为4~10个月。同时，苏联扩大了军事院校网和容量。在战争初期，陆军军事学校的数量由138所增加到了164所，学员编制数量增加了67%；空军军事院校的数量减少了，而保留下来的学校学员编制数却增加了11%；海军学校的数量和编制仍保持不变。到1941年年底，在军事学校和各种指挥人员训练班学习的有53.45万人。1941年10月，各集团军举办培养步兵排长的少尉训练班和各兵种指挥人员的进修班网也显著扩大。1942年2月至4月期间，苏联开办了53个新的军事学校，在所有的方面军和军区举办了少尉训练班，在3月还举办了炮兵指挥员训练班。这些举措扩大了干部培训的规模。1942年，军事学校和训练班共培训出56.4万多名指挥和主管人员，但其中的许多人依然训练不足。随着战争形势向有利于苏军的方向转化，苏联对军事院校和少尉军官训练班的训练期限进行了延长。1943年，军事学院、军事学校和训练班为各兵种部队培养和输送了约36万名青年指挥员和政工人员，陆军院校培养了12.5万多名军官。到1944年年初，已经建立起了严整的干部培训体系。1944年，苏联军事院校共为武装力量培训了31.7万名军官。

▲ *1945年，苏联领导在一所陆军勤务学校内进行演讲。*

苏联红军中的外国人

在战争期间，苏联陆续组建了包括波兰、捷克斯洛伐克、匈牙利、罗马尼亚、南斯拉夫、保加利亚和蒙古等国部队，还有自由法国的诺曼底-涅曼飞行团。1941年12月组建了捷克斯洛伐克独立步兵营，并于1943年1月配属给沃罗涅什方面军；于4月29日组建捷克斯洛伐克第1独立步兵旅；12月底在莫斯科军区组建捷克斯洛伐克空降旅。波兰人曾在1941年9月到1942年2月间组建了6个师，总计75000人，但由于波兰政府的要求，于1942年夏被派往伊朗。1943年春，开始组建波兰塔德乌什·科斯久什科第1步兵师，该师编有3个步兵团、1个炮兵团和1个坦克团及一些分队。同年年底，组建波兰第1步兵军，其编制包括塔德乌什·科斯久什科步兵师、2个新建步兵师、1个炮兵旅、1个坦克旅及一些勤务部队和分队。1943年年底，开始组建罗马尼亚图多尔·弗拉基米列斯库第1步兵师，及1个1200人的南斯拉夫营。苏德战场上，外国部队人数急剧增加，由年初的1000多人增加到年底的44000人。随着战争的进行和现实的需要，苏联于1943年成立了主管外国军队的特别司令部来处理苏联国土上的外国部队问题。到1944年夏秋，苏联红军中共有重新成立的6个波兰步兵师、3个波兰坦克旅、1个罗马尼亚步兵师、3个捷克斯洛伐克步兵旅和1个坦克旅、1个法国航空兵团。后来为警卫作战部队后方和交通线服务，在普鲁士、波兰、捷克斯洛伐克、匈牙利和罗马尼亚等国领土上组建了由内务人民委员部指挥的6个师，每个师5000人，其中蒙古人则有16000人。所有这些部队都按照苏联模式的编制与装备进行组建。

休息与休假

在整个战争过程中，所有的休假都被取消了，仅有苏联英雄奖章获得者才会获得2个月的休假作为奖励，但大多数人都拒绝了。在三个月的高速推进之后，部队在前线和后方会得到一段休息时间。部队用这段时间进行休整，包括进行人力和装备的补充，同时由政委进行军事和政治训练。部队在休整的同时也在解放区吸收和训练新兵。

我于1941年8月6日被征召，并于1947年1月9日复员，在整

▲ 正在休息的苏联士兵。

▲ 这是一张难得的照片，日期是1945年2月7日，显示了正为一位炮兵指挥官举行葬礼。

▲ 士兵们向1944年4月24日阵亡在塞瓦斯托波尔的战友致敬。飞机残骸制作的墓碑上写着，在塞瓦斯托波尔防御战中，强击机飞行员、近卫军少校伊雷因（Ilyin）和空中射击员、近卫军上士谢姆琴科（Semchenko）牺牲后，他们的战友于1944年5月14日将他们埋葬在塞瓦斯托波尔郊区。

Настоящее извещение является документом для возбуждения ходатайства о пенсии (приказ НКО СССР № 242)

Командир части

Военный комиссар

М. П.

ЦТ НКО. 2214-42

► 出生在一个哥萨克村庄的团指挥官切尔尼特佐夫·玛特韦杰·法拉默维奇（Chernetzov Matvej Varlamovitch）的阵亡证明。他于1943年11月19日被杀，埋葬在克拉斯诺达尔地区（Krasnodar）的泰姆雷克（Temryuk）镇的军队公墓。这份通知书邮寄给他的遗孀切尔尼特佐夫·皮安娜·法希尔杰夫娜（Chernetzov Piana Vasiljevna），以保证她领取抚恤金的权利。

▲ 一张展示两名政治委员的照片，可以通过他们的袖章来识别出他们的政工人员身份。照片右边是库普里亚诺夫·伊万·费奥多罗维奇（Kouprianov Ivan Fedorovitch）。他从1941年7月18日至1942年1月23日任第353步兵师1149团第4连政治指导员，任期的最后一天也是他负伤的日子。离开医院后，他被命令前往第103步兵旅的一个炮兵连，仍旧作为政治指导员。1943年1月31日，他再一次负伤，康复后，他受命指挥第28近卫师89团的一个炮兵连，于1945年获得红星勋章。

个战争期间，除了仅有的一次去医院治疗我的四处伤口外，我没有任何休息时间。

来自罗谦柯·米凯尔·丹尼洛维奇上尉（Riabtchenko Mikail Danilovitch）的回忆。他曾在第399、第206、第149和第61步兵师服役。

薪金

苏联政府每月给士兵支付一次薪水，但他们几乎从来也没有见过这笔钱，除非是在后方。全部或部分薪金也可以交给士兵的家属，但由于大量平民的转移和人员伤亡，有时这也是不可能的，因此薪金就常常没有发给士兵。在未来某个时间，这名士兵可能会收到这笔延后支付的薪金。发给士兵的薪金是免税的，1943年，一名列兵的基本月薪是600卢布，下士是1000卢布，中士是2000卢布。同时还有一些特种补贴，包括作战部队、近卫部队、反坦克部队和坦克部队的作战补助费（基本工资的50%），伞兵的跳伞补贴（每次跳伞25卢布），以及获得某种勋饰的奖金。在战争期间，为了鼓励军人英勇杀敌，苏联也发放了一系列附加津贴，例如击落敌机奖金、击毁敌坦克奖金等。同时还有供养费，士兵供养超过60岁的父亲、超过55岁的母亲、伤病的父母，妻子和孩子以及16岁以下儿童也会获得相应供养费。通过发给军人家属的薪金供给证，这些薪金由家属所在地区的兵役局凭证发给。

葬礼

作为一项规定，士兵的葬礼伴随着一个仪式，苏共尽可能地通过这种场合来向那些为祖国捐躯的人表达最深的慈悲和谢意。然而在战争初期，由于国家面临的灾难突然降临，有大批死者未经确认就被埋在了万人坑。如果前线比较平静，那么死者会在一项简单的仪式中得到荣誉。除非死者的制服需要拿走重新使用，否则士兵在埋葬他之前会用他的大衣把他包裹起来。如果附近有村庄，村庄的墓地将被用来埋葬阵亡的士兵。

陆军伙食

苏联士兵比较质朴，看起来粗劣的食物可满足士兵的需要，当然苏军也需要根据季节变化来对食物进行调节和改进。在1941–1943年期间，由于德军占领了苏联大片领土，尤其是对苏联粮仓乌克兰的占领，食品短缺一直是苏联面临的一个严重问题。由于农村中的大部分男劳动力和技术设备被战时动员所调用，粮食生产问题也比较突出。在战争爆发后不久，苏军给养供应部制定了给养供应新标准。1941年9月20日经国防委员会批准，国防人民委员部的312号命令确定了14种给养定量标准，在前线与后方之间产生了区别。从这一天开始，部队和后勤人员实行有差别的给养供应标准。这些标准在整个战争期间一直保持稳定，并且在数量上有所增加，在质量上有所提高。在执行新的

作战部队军官和苏联红军战士每日给养标准（一级）

序号	食品	重量
1	面包	夏季（4月–9月）800克
		冬季（10月–3月）900克
2	二等小麦粉	20克
3	各种米	140克
4	通心面条	30克
5	肉	150克
6	鱼	100克
7	脱臭大豆粉	15克
8	脂肪	30克
9	植物油	20克
10	糖	35克
11	茶叶	1克
12	盐	30克
13	蔬菜	
	土豆	500克
	新鲜或腌制卷心菜	170克
	胡萝卜	45克
	甜菜	40克
	洋葱	30克
	野菜、青菜、黄瓜	35克
14	番茄酱	6克
15	月桂叶	0.2克
16	胡椒	0.3克
17	醋	2克
18	芥末粉	0.3克
19	马合烟	20克
20	火柴（每月）	3盒
21	卷烟纸（每月）	7册
22	肥皂（每月）	200克

◄ 苏联红军战士正在战壕中吃晚餐，前景是中士奥西波夫（T.D. Osipov）。

苏军基本口粮营养价值

口粮类别	成分(克)			热量（大卡）
	蛋白质	脂肪	糖类	
战斗部队	103	67	587	3450
作战军队的后勤部队	84	56	508	2954
尚未列入作战军队序列的部队和预备队	87	48	489	2822
警卫部队与后勤机关	80	48	458	2659
作战军队的飞行部队	171	125	694	4712
医院	91	69	543	3243
军事院校	101	70	562	3370

◄ 从野战条例中摘录的一个野战厨房，放置在一个火车车厢内。

▲卷烟纸。

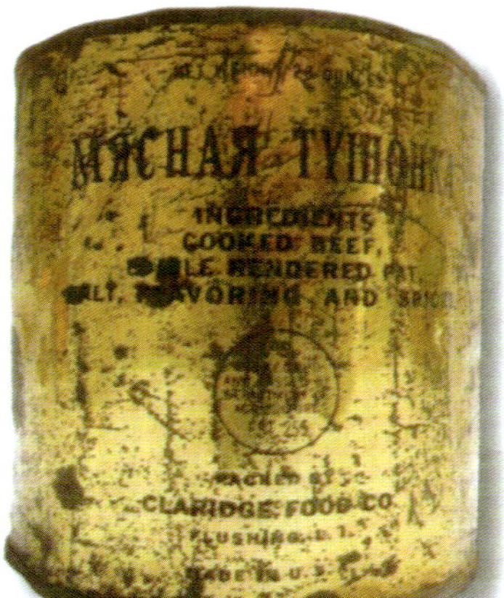

▲一件美国提供的肉罐头，商品标识等信息采用了英语和俄语标注。

◄马合烟烟草包装纸。

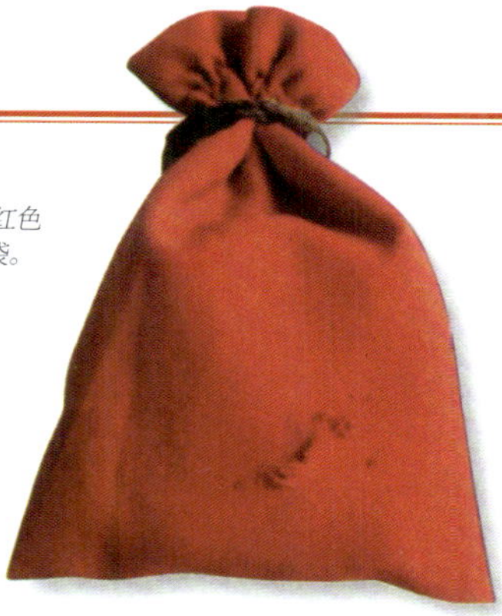

► 标准的红色亚麻烟草袋。

定量标准的同时，还实行了食品替换表：当某种给养短缺时就进行替换。1941年9月，国防委员会做出决定，对方面军所属部队给养定额，取消按编制人数发放的制度，改为按实有人数发放，但不能超过规定的口粮数量。9月底，给养改为按月计划供应，规定了部队的给养储备量：卡累利阿方面军30个日份，列宁格勒方面军20个日分，其余各方面军及独立集团军为15个日份。

◄ PPSh冲锋枪弹鼓包。

◄ 由军迷扮演的1943年2月服役于斯大林格勒第29步兵师第128团的战士。这两名士兵正把一个德国弹药箱当作桌子用餐，左边这名士兵坐在美军口粮包装箱上。

由于不能保障供应，10月，苏联国防委员会做出一项新决定，规定原先只储备15个日份的方面军，在秋冬期间可增加到20个日份，但这个储备量仍不能保障在进攻战役中对各方面军部队的不间断供应。鉴于铁路、公路交通距离太长，1943年国防委员会决定，规定各方面军的给养储备一律增加到30个日份，而卡累利阿方面军则可储备40个日份。这个各方面军作战部队的给养储备标准一直执行到战争结束。

一顿饭通常由小麦汤、黑面包和一些猪油组成。有时还有洋葱、葵花籽或鲱鱼（小咸鲱鱼）。肉类在战争期间早已消失了，作为《租借法案》的一部分，直到美国提供了牛肉或猪肉罐头后，肉类才再次在战场上出现。

在斯大林格勒战役期间，军队每天给我们750克面包，有时还有热水和一小撮面粉，依靠这些我们有责任在寒冷的环境中日夜坚持战斗。

我们不能洗脸或刮胡子，也不睡觉，但战士们明白为什么会这样。

来自克拉夫琴科·弗拉季斯拉夫·尼古拉耶维奇中尉（kravchenko vladislav nikolaievitch）的回忆，他当时是第57集团军第199步兵师第1惩戒排长。

我们吃得不好，我们一天仅允许获得800克面包，偶尔才有几个土豆。我们每晚都要艰难夜行7个小时，有时路很崎岖，甚至还要全负重行军。

摘自近卫第32师女军人萨巴达·玛丽亚·谢尔盖耶夫娜中尉（Sabada Maria Sergeinovna）的回忆录。

根据军人所属的不同种类，他们可能会获得额外的口粮，例如奶油糖或果酱。一名飞行员或一名侦察员会获得比一名基本步兵更多的口粮。

当然还有一种错误说法，认为苏军每餐都配有伏特加。苏联红军中的酒精饮品随着1942年伏罗希洛夫元帅的命令而出现。当部队不得不投入一场进攻的时候，一名政委就会发给每位参战士兵150克酒来痛饮壮胆。但有一项规定：伏特加酒只有军官才有资格饮用。当无水可用的时候，例如在塞瓦斯托波尔战役期间，部队就喝克里米亚香槟来解渴。

纪律

指挥员的命令对下级来说就是一项法律，必须立即执行。——摘自野战条令

部队的纪律由士官、军官和部队所有政工人员来负责维护，同时还要归功于苏联不断的宣传。遵守纪律不是基于恐惧，而是作为对现政权忠诚的证明，是基于一种责任感、一种完全的信任并自觉服从于一位领导者的表现。士兵的士气同时由功勋和效仿的信念所维持，如果一名士兵在战斗中或在军营里表现出模范的行为，那么他就将成为别人的榜样。苏联红军的纪律制度也包括奖励刻苦钻研、认真履行职责的人员。奖励按渐进的顺序颁发，并始终需要政治委员的批准。奖励颁发时都伴随着由全体人员参加的一个仪式，以使尽可能多的人看到榜样的力量。奖励包括：荣誉称号、光荣榜、奖品（烟盒、手表、食品）、奖章或优秀战士证章。在战争过程中，苏联又引入了新的奖励办法，例如根据新的奖章或勋章而带来新的薪资奖励，撤销纪律处分，荣誉证章，增加养老金和伤残补贴等。

惩罚

懒惰或疏忽的士兵会受到惩罚，但也会对其以多种方式进行再教育，例如在他同伴面前或自我批评会议上接受审判。由于陆军部队经常由一座工厂、一个集体农庄或一个村庄来支援，所以通报批评会寄给他所在的工厂或集体农庄，他会受到党小组处分或者在部队报纸上被公开批评。如果士兵被发现不服从命令、攻击上级、浪费或盗窃，他会被处以劳役、延期外出、禁闭，或者被派往一个惩戒营并有可能失去他的军衔和奖章。最严重的惩罚是从军队中开除。事实上，这种处罚会被写进档案，此人将永远无法获得一份国有企业的工作。一个人如果被认为玷污了荣誉，会被由同衔级士兵组成的“同志审判会”审判。

苏联红军的法律制度很复杂，没有一部编纂法规适用于所有的轻重犯罪行为，也没有单一的机构去执行。惩罚由指挥人员根据军人的军衔来做出何种、什么程度的处罚。随着军衔的升高，其处罚职权也就越大。例如，一名班长或副排长能对他的手下进行警告、严重警告、私下训斥、惩罚一周不得外出或处罚一天劳役。一名连长则可以训斥他的所有下属，有权惩罚士兵六周不得外出，军士则是四周；对士兵处罚八天劳役；军士则是四天；禁止休假或关三天禁闭。

根据规定，所有征召军人和军官如果开小差或没有上级命令擅自脱离岗位都将被判处死刑并没收个人财产，但在现实中，军官和应征军人怯懦、退缩或没有命令擅自撤退、帮助敌人和从事间谍活动也将被处决。

惩戒部队

如果是擅离职守，这名士兵会失去军衔、奖章，并被派往惩戒营待6~24个月，并且这个污点会被写进他的服役档案。每个师都有一个惩戒连，由经过挑选的正直的并且在政治上可靠的军官和军士领导，然而有时也由受惩罚的各种军衔的军人来担任这些连队的指挥职责。1944年，这些惩戒连变成突击连，并且遭受了惨重的损失。

第一批惩戒营于1942年8月组建于东北前线，最后的突击连组建于1945年1月，用于维斯瓦河-奥得河攻势。这些惩戒部队是根据1942年7月28日由斯大林签署的著名的苏联国防人民委员会第227号命令而组建的。这个命令非常残酷，但在1942年夏季的特殊环境下，发布这一命令也是迫不得已的做法。

第227号命令简而言之归结为以下几条：

1.无条件地消除退却的情绪。

2.无条件地撤销听任部队擅自撤离阵地的集团军司令员的职务，并解送大本营交军事法庭审讯。

3.在方面军中成立1~3个(视情况而定)惩戒营(每营800人)，

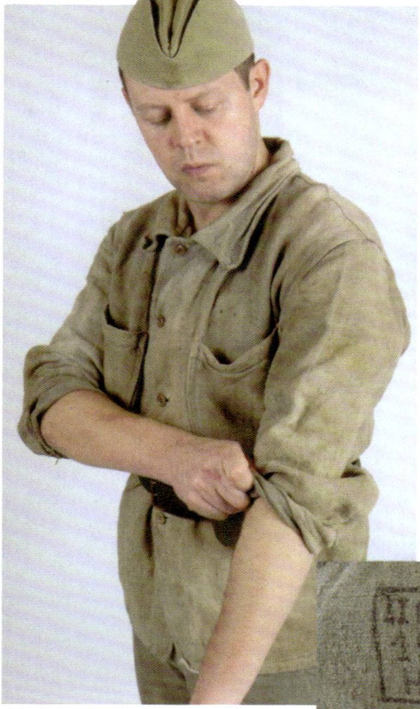

◄ 由军迷扮演的1942年8月服役于第5惩戒营的苏联红军战士，这名士兵穿着仅配发给惩戒部队的制服，这种制服采用厚帆布制造并采用5颗纽扣闭合。受处罚的士兵不允许在他的船形帽上佩戴红五角星帽徽。这名士兵身上仅有的装备是一条腰带，上带挂着弹夹包，还有一支莫辛M1891/30步枪。

► 制服内的标记。

◄ 步枪弹夹包细节。

派中级和高级指挥员和相应的政工人员前去任职……

其中关于惩戒部队的使用也作了决定：

在集团军内成立5~10个（视情况而定）惩戒连（每连150~200人）——把他们放在集团军的困难地段，使他们可以用血赎回自己对祖国的罪行……

通常情况下，普通犯人会被立即押往这些惩戒部队，在那儿他们会设法犯下新罪行，希望被重新送回监狱，因为在监狱他们会有更好的生存机会。由于是“特殊营”，组成惩戒营的人员都被认为是不可靠的。惩戒营人员当中也包括一些少数民族，例如伏尔加德意志人，以及曾生活在占领区的新兵和逃脱回来的战俘。

1942年，我被派指挥第57集团军第1惩戒连（当时是第60连），这个连由试图逃避被动员的人和被抛弃的胆小鬼组成。然而大多数士兵知道他们的工作，但没有人变得神经崩溃。其他人是直接从监狱中放出的普通罪犯和“补偿背叛祖国”的人，这些人是危险的，他们敌视苏联政权并且没有接受过任何军事训练。

来自中尉克拉夫琴科·弗拉季斯拉夫·尼古拉耶维奇（Kravchenko Vladislav Nikolaievitch）的回忆。

第二章

苏联红军

军

苏军共有109个军，其中有62个步兵军、3个地方军、7个骑兵军、5个坦克军、1个特种军和31个机械化军。一个野战集团军按规定由三个步兵军组成，但实际上180个临时军司令机关中仅有约62个（序列1~62）组建了起来。1941年7月15日，每个集团军只留下了一个紧巴巴的集团军司令部去直接控制步兵和其他师（6个军司令部实际上幸存了下来，主要在远东前线）。1941年，几乎所有的步兵军部被解散，到年底，苏军仅剩下6个步兵军。苏军在1942－1943年又重新恢复建制，到1943年1月1日共编有34个步兵军，同年12月1日增至150个。1944年，1个步兵军下辖3个步兵师、1个炮兵团和其他兵种与专业兵部队和分队，有的近卫步兵军还有炮兵旅。1个步兵军共有27个营，300~500挺重机枪、450~500门迫击炮和300~400门火炮。

▲ 1942年春，准备参加战斗的一群步兵排军士，注意其中一名军人头戴钢盔，同时还注意有几名女军人，她们可能是所在部队的医务人员。

步兵

步兵是陆军的基础，一个1939年（1939年9月引入）编制的步兵师，拥有18841人的实力，在师指挥部拥有6个营的师部直属部队和4个师部连，再加上1个轻型或中型火炮团（每个团拥有3个3连制营）和3个步兵团。1940年型步兵师（1940年6月13日编制）略微改变了分配的个别武器装备数量。1941年型步兵师（1941年4月5日），人员减少到14483人，由5个团（3个步兵团和2个炮兵团）、2个独立炮兵营（反坦克炮兵营和高炮营）、5个独立营（侦察营、通信营、工兵营、汽车运输营、卫生营）组成，拥有10420支步枪、1204支冲锋枪、558挺机枪、210门火炮和迫击炮（不含50毫米迫击炮）、16辆轻型坦克、13辆装甲车、55辆汽车和3000多匹马。1941年6月1日，五个边境军区的177个师和2个旅中，没有一个是满员的。144个师每师只有8000人，19个师每师只有600人至5000人，因此一种新型的拥有10859人实力的1941年型步兵师于1941年7月24日引入。

在苏德战争爆发初期，1941年6月22日至12月31日期间，苏联红军损失了4447320人，解散了124个步兵师，重新组建和改编了308个师，其中有24个民兵师。1942年步兵师的编制增加到12725人，7月跌落到10400人；1943年7月一度减至9430人。由于人力短缺，即使这样编制，人员也几乎不可能得到满足。随着前线范围不断扩大，1944年12月，步兵师的实力上升到11700人，并保持这一水平直到1945年。步兵师的实际人员通常低于编制数，平均为5000~6000人。

山地部队

苏联也有一些专业的步兵编制，其中最大的就是山地步兵师。苏军于1940年8月引入了1940年型山地步兵师。1941年苏联红军有19个山地步兵师：6个（第44、58、60、72、96和192师）在基辅特别军区，1个（第28师）在北高加索军区，7个（第9、20、47、63、76、77和138师）在南高加索军区，3个（第68、83和194师）在中亚军区，1个（第101师）在远东军区，1个（第30师）在独立第9集团军。山地步兵师的编制比较独特，拥有4个5连制的山地步兵团，省略了中间的营级环节。这些山地步兵师，尽管兵员是从山区征集的，并且为其补给增加了大量的马匹和骡子，但并没有经过专门的山地训练，不像精锐的德国山地部队。在战斗中这些山地步兵师自身与普通步兵师也并无明显区分。这些山地师很少被使用，近乎处于无用状态，在战争初期也与正规步兵师大致相同，除第28师1941年9月因损失被撤销外，最高统帅部决定将其余山

▲ 这些卡车上的士兵并不舒适，但避免了行军的辛苦。他们的武器是莫辛-纳甘M1944卡宾枪，可以通过枪口的刺刀来识别，另外注意后面的年轻士兵和美国史蒂倍克（Studebaker）卡车。

地师改编为标准的步兵师。在战争余下时间里，山地部队的结构也曾有过一些改变，例如第20山地师于1944年5月被改为步兵师，但立即又恢复成为一个新的第318山地师，而且在战争剩余时间里，第318山地师和近卫第128师、第242师一起组成了第3山地军。一个山地师拥有14163人的实力。

滑雪部队

山地师主要用于苏联南方，而北方的寒冷天气也需要相应的不同类型的步兵，但令人惊讶的是，在进攻芬兰的时候，苏联红军并没有滑雪部队。1939年12月，苏联红军开始实施一项计划以组建这样的滑雪部队。在大多数情况下，滑雪部队的组建采取了简单的方法，例如将一个师中所有滑雪手集中到一个特定的单位，并将其组建为一个临时的滑雪营。第二批滑雪营于1941年冬季早期开始组建，其中一些营直接从后备滑雪团中选出，其他师则采取类似冬季战争期间的方法组建。这些滑雪营的实际组织各不相同，军方编制滑雪营拥有578人，1942年早期减至556人。滑雪营由1个营部、3个126人的步兵连和1个130人的迫击炮连组成。一个滑雪步兵连由各拥有3挺轻机枪的3个排组成。一个迫击炮连由3个50毫米迫击炮排和2个82毫米迫击炮排组成，每排拥有3门迫击炮。营部由一个强击工兵排、一个通信排和一个急救站构成。1941年12月，苏军提高到不少于84个滑雪营，紧接着1942年1月就增加了77个，1942年2月和3月则超过了135个。大多数情况下，这些滑雪营作为独立营使用，但1942年3月第1突击集团军合并10个滑雪营组建了第1和第2滑雪旅，同时卡累利亚方面军又利用其他营组成第2、3、4、5、6滑雪旅，紧接着4月又组建了第7、8滑雪旅（卡累利亚方面军的滑雪旅仅由3个营组成）。从1942年3月开始，苏军对滑雪旅和滑雪营这一季节部队进行解散，而它们中的大多数仍然保持完整直至5月，在北方的最后的23个营直到8月才解散。有两个滑雪旅，第5和第6旅在北极地区的第14集团军的指挥下作战，整个夏天继续存在并进入秋季，且合并成为新的第31滑雪旅。

通过早期部队运用学到的经验，第三批滑雪部队在组建时吸取了这些教训，在训练各部队成为滑雪部队以前，花费了大量时间进行训练以掌握基本步兵技能。1942年9月苏军组建了第1~35、第37~45和第48~50滑雪旅，紧接着10月又组建了第51旅，与此相反，仅组建了3个独立滑雪营。一个滑雪营由3个步兵连、1个反坦克枪排和1个机枪排组成，没有中型或重型迫击炮。一个滑雪步兵连由7名军官和129名士兵组成，装备43支半自动步枪、55支冲锋枪、7支狙击步枪、6挺捷格加廖夫轻机枪和3门50毫米迫击炮。一个滑雪旅由3个这样的营组成；1个侦察连、1个冲锋枪连和1个迫击炮连（6门82毫米迫击炮）、1个反坦克营（3个各装备4门45毫米反坦克炮的炮兵连和1个装备18支反坦克枪的反坦克枪连）、1个高射机枪排（3挺DShK重机枪）、1个卫生连和1个供给连。当然随着时间的推移变化继续存在。

海军步兵部队

1941年，苏联军备计划的重点是生产坦克和飞机，因此苏联舰队的大部分就只能停靠在码头上。由于战况并没有得到改善，本来准备建造舰只的成千上万吨钢铁被用于制造急需的坦克。因此苏联海军虽然有大量的人员，却缺少舰船可用，水手们被纷纷用于保护海军基地和沿海地区。1941年，一些海军部队就在列宁格勒地区和塔林参加了战斗，作战勇猛顽强，表现优异。1941年10月1日，国防委员会决定建立海军步兵旅，海军步兵旅编制由3个步兵营、2个火炮营和1个迫击炮营及保障分队组成。这些被德国人称为“黑色死神”的海军步兵，虽然仅装备着轻武器，但作战英勇顽强。二战中苏军共组建了42个海军步兵旅，分布如下：

波罗的海舰队：总计125000人，组成了11个旅，主要在列宁格勒地区战斗。

► *1941年8月31日，波罗的海舰队海军步兵第2独立旅的战士，最前面是海军大士格拉诺夫斯基（N.Granovsky）。*

◄ *黑海舰队海军步兵上士阿尼金（M.P. Anikin），穿着厚呢短大衣，披挂制式行军装备，头戴大檐帽，携带着RGD-33手榴弹和TT33手枪，披着马克沁7.62毫米机枪弹带，手上握着的大概是苏联红军指挥人员的6×30倍率的望远镜，手指夹着烟卷，背景是塞瓦斯托波尔停泊场和康斯坦丁炮台。*

▲ 一名海军步兵军士，仍可以通过他的腰带扣来识别。他身穿1935/1943年式军服，佩戴着海军步兵肩章（黑底红色镶边），另外请注意他佩戴的近卫军证章。

▲一名海军步兵战士，可以通过他的海军腰带扣来识别，在他的胸部佩戴着只颁发给海军人员的纳西莫夫勋章。

黑海舰队：总计57197人，组成了12个旅，1943-1944年在克里米亚半岛参加了敖德萨和塞瓦斯托波尔保卫战。

北方舰队：总计39281人，用于保卫摩尔曼斯克和海岸线。

太平洋舰队：有149264人，1945年在萨哈林岛和千岛群岛对日作战。

1944年，许多舰队，特别是波罗的海舰队重新吸收了许多海军步兵作为舰船水手，只留下了5个旅参加地面战斗：第3和第8旅在卡累利阿，1945年1月1日解散；第12旅在北方军方面军；第255旅在克里米亚半岛和巴尔干地区；第260旅1945年4月在东普鲁士。苏联也曾经重新组建了8个海军步兵旅（第70~72、77、79、80、83和85海军步兵旅），于1944年在卡累利阿和列宁格勒方面军内作战。但到1945年，仅有两个旅留下了记录：第83旅于1月在布达佩斯，第72旅于4月在布拉格。战争结束后，海军步兵很快被解散了，但1963年苏军又对其进行了重建。

当我完成了基础训练，我被分配到近卫步兵第55师；我只是一名列兵，但我的薪金证上标有“海军步兵”字样。我们穿着标准的制服，但我们的上衣配有“BF”字样（波罗的海舰队）的黑色肩章。

来自近卫步兵第55师波德米亚·帕维尔·科米耶维奇（Podemya Paviel Komieyevitch）的回忆。

空降兵

作为这一领域的先驱，早在1929年苏联就建立了空降部队。事实上，在中亚的巴斯玛奇运动（Basmachi）中，苏军就曾派出过15名军人空降加尔姆城打击叛乱分子。由于空降突袭取得了成功，苏军马上想到应该大规模使用空降部队。1930年，苏军在列宁格勒军区第11步兵师中建立了1个试验性的航空摩托化空降兵支队。

国防及航空化学建设促进会这个准军事组织在苏联空降兵建设中发挥了重要作用，由其组织的跳伞运动从30年代开始流行，在该组织的2万所学校里为苏军培养未来的伞兵和滑翔机飞行员。1932年12月11日，革命军事委员会发布命令，要求列宁格勒所属空降部队组建一个空降旅，命令还要求在1933年3月1日之前在白俄罗斯、乌克兰、莫斯科和伏尔加军区建立空降机械化特遣队，并在苏军所有步兵团和骨干步兵师中组建非混编空中突击营。1933年，革命军事委员会在其他军区的步兵团和骨干步兵师中又组建了29个非混编特种作战空降营。截至1934年1月1日，苏联共有1个空降旅、4个空降机械化特遣队、29个独立空降营以及几支连排级部队，总人数1万人。

1933年9月，在列宁格勒的卢加，第3空降旅在图哈切夫斯基的观察下进行了战术演习，图哈切夫斯基对结果非常满意，以后又在明斯克组织空降演习。在1935年的一次演习中，苏联空降兵在众多高官的注视下，不到三分钟的时间，一个拥有500人的营就降落到了地面上！1936年，在高尔基（Gorky）空降兵与第84步兵师举行联合演习期间，5700人在十分钟内就空降完毕。1938年，苏军将已有空降部队转编为6个空降旅，每个旅拥有3000人的实力。1941年3月至4月，空降部队再次进行了加强，除了远东军区的202旅，5个旅被扩充为空降军，每个空降军拥有三个旅，但战前并没有完成组建空降军工作。1942年夏，激烈的战斗转移到了南方，由于斯大林格勒激烈战况的需要，10个空降军被改编为步兵部队，并于1942年6月被重新命名为近卫步兵第32~41师。作为这些改编部队的替换单位，1942年秋，最高统帅部下令组建8个新的空降军，然而又一次，当地面作战迫切需要部队的时候，这些新组建的部队于1942年12月被改为步兵部队，同时3个现存的空降旅成了10个新型部队——近卫空降师的一部分。虽然受过伞兵训练，并且保留了空降兵的名称，但这些部队按近卫步兵师的编制进行了改编，并作为标准步兵参加战斗。最高统帅部几乎要重新开始建立空降兵。苏军在1943年4-5月组建了20个新的空降旅，9月，除了三个空降旅外所有这些部队被组成6个近卫空降师（第11~16师）用于正规地面行动。后来苏军仍努力改进其空降部队，1944年8月最高统帅部命令由近卫空降第37、38和39军组成一个独立空降集团军。

1939年，第221旅和第212旅参加了哈拉哈河对日作战，紧接着1940年，第201旅、204旅和214旅参加了占领比萨拉比亚行动。德国入侵后，苏军空降兵被作为正规步兵使用，但由于仅装备着轻武器而损失惨重。值得一提的是，这时候的苏联空军几乎全军覆没，几乎没有任何运输机来进行伞兵空投。在1941-1942年莫斯科会战中的1942年的1月-2月期间，空降第4军的1万余人被空投进维亚济马地区（Viazma）以围歼敌军，但这次行动由于德军的反击而失败了，这就是苏军二战中最大规模空降作战的维亚济马空降战役。在苏军空降兵又进行了多次小规模空降作战后，1943年9月24日，为配合地面部

空降兵（1941年6月）

基辅特别军区	空降第1军	空降第1、204和211旅
哈尔科夫军区	空降第2军	空降第2、3和4旅
敖德萨军区	空降第3军	空降第5、6和212旅
西部特别军区	空降第4军	空降第7、8和214旅
波罗的海沿岸特别军区	空降第5军	空降第9、10、201旅

▲三名伞兵中尉的合影，他们的空降兵证章佩戴在M1935式制服的左胸袋上方，这时的空降兵是空军的一部分，他们的领章上带有相应的符号。

队强渡第聂伯河，苏军又组织进行了一次大规模的空降作战，空降第3、5旅进行了空降，但又一次由于缺乏协调导致失败。部队分散在2700平方公里的大范围地域而不是100平方公里，部分还降落到了敌人驻地。这次空降由于过于分散受到了很大损失，幸存者在敌后进行了艰苦的游击战。此次大规模的第聂伯河空降战役后，苏军再未进行较大规模的空降作战。1945年8月18日–27日，苏军在中国东北和朝鲜北部一些重要城市进行了20多次机降，占领了一些大城市，加速了日军的投降。

骑兵

我们爬上山坡，就像魔鬼从地狱中出现，在这些山脊顶部等待我们的是自由还是什么？不，这是苏联红军哥萨克！

突然，他们冲下斜坡，尖叫着，挥舞着他们的马刀。他们用我们一百年前的老办法冲锋，这些哥萨克骑兵，径直向前飞驰，没有任何怜悯。

来自一名德军比利时志愿兵，保罗·泰尔兰（Paul Terlin）的回忆。

尽管其他国家已经减少了他们的骑兵部队，但在内战当中，广阔的空间和相对较少的人员，非常适合骑马部队的使用，骑兵的地位上升了。1939年9月在波兰的行动中，苏军骑兵扮演了重要角色，主要马上部队包括第2、3、4、5和第6骑兵军。有证据表明，每个师包括30~45辆老式的BT–2和BT–5坦克，在某些情况下还有10~15辆装甲车。在与芬兰的冬季战争中，骑兵部队并没有参加。此后，骑兵部队的实力继续减弱。1941年在与德国的战争爆发时，苏联仍然有13个骑兵师和4个骑兵军部，实力是60560人。然而在1941年，由于骑兵无力抵挡德军坦克而遭受了惨重的损失。为了战争需要，1941年7月，最高统帅部大本营决定在不到三周的时间里组建20个新的编制3000人的轻骑兵师，到年底，苏军拥有了82个骑兵师。此后随着坦克装甲车辆及部队的逐步增多，骑兵师的数量减少

▲1943年3月，在顿河畔罗斯托夫（Rostov–on–Don）西部行军的骑兵。

▲ 一名骑兵军官的肖像照，其领章能被清晰地看到。

▲ M1935式领章的特写。

► 由军迷扮演的1941年8月服役于第14骑兵师第92团的大尉，这名骑兵军官头戴M1927式布琼尼帽，穿着蓝色马裤，脚穿长筒靴，配有马刺，携带着纳甘左轮手枪，佩戴武装带、地图包和马刀。注意帽徽后面带有骑兵兵种色的布衬，M1935套头衫制服上佩有35式军衔符号。

了。1943年5月1日，苏联拥有26个骑兵师，总兵力为238967人和226816匹马。这个数字后来又减少了，部分骑兵师进行了机械化。然而骑兵仍然维持着重要地位，直到战争最后的几个月。巨大的前线、广阔的地域和森林允许骑兵进行有效的部署，在泥泞的季节，骑兵仍然是唯一能够进行机动的部队。

骑兵在1944年的科尔松口袋（Korsun Pocket）作战中证明了自己的价值。在被围德军突围后，苏军立即派出骑兵和坦克攻击德军部队。由于指挥不当，缺乏空中支援，德军损失惨重。这一沉重代价造成的强烈心理冲击使德国人久久不能忘记。这些骑兵师能够在数日间行进数百公里，可以迅速出现在前线。

▲ 马刀皮挂特写。

▲ 利用刀鞘刺刀挂环携带刺刀。

◀ **M1927马刀的细节。**

著名的恰西克马刀（恰西克在高加索语中是“天堂之刃”的意思）诞生在高加索。在沙皇俄国见识了高加索恰西克马刀的威力后，开始将其大量装备俄军。不仅在兵工厂大量生产制式刀，当时许多沙俄贵族军官还自费制造各种非制式刀。俄军装备了多种型号的制式恰西克马刀，在亚历山大即位后对军刀进行了统一改革，产生了著名的1881年式恰西克马刀，共分6款，士兵刀3款，军官刀3款。此型马刀用料讲究，刀柄的铜构件多由优质黄铜制成，刀身多由中碳钢制成，硬度适中，弹性非常好，其影响深远。此型马刀生产量大，在苏联时期仍得到了广泛的使用。恰西克马刀是一种独特的马刀，单面开刃，锋利异常，单手持握，没有护手，整体外观兼顾马刀和直剑的特点。刀身略微弯曲，可以有效地进行劈砍和穿刺，大部分个体的刀身除刀尖部分以外都带有血槽（平衡槽），没有护手但是有一个很大的弯曲刀柄。苏联建国后，由于1881年式马刀设计合理，仍然在各兵工厂继续生产，直到1927年研制出1927年式恰西克马刀。这种刀在造型上仿造1881年式马刀，两者的主要区别是1927年式刀身更短，刀柄弯曲度更大，刀身长度增加，刀柄开口宽度较小，刀身外形也略有区别，这样设计的目的是增加灵活性和减少自身伤害的危险。在刀柄根部增加了象征苏联的镰刀铁锤图案、五角星和苏联“CCCP”字母标志。装备苏联红军普通战士的刀鞘一侧设有两个刺刀挂环，以携带刺刀，装备指挥官和突击队员的未设刺刀挂环。由于该刀的生产时间跨度大，分为早期型、中期型、末期型等，加工工艺越来越简单，刀也越来越粗糙。

▲ 这名骑兵装备着皮制马刀挂。

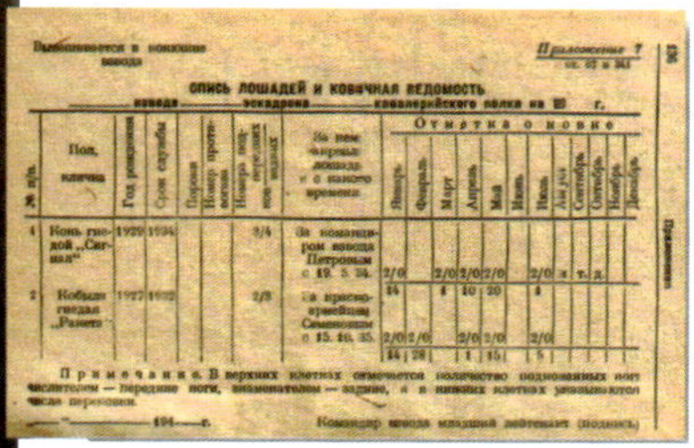

▲ 一份描述了骑兵中队条令的摘录，包括马匹资料、马蹄铁数量、骑兵的特制防毒具名称等。

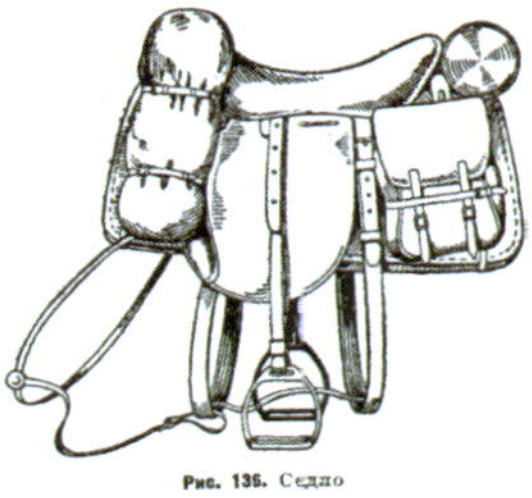

▲ 马鞍和马具。

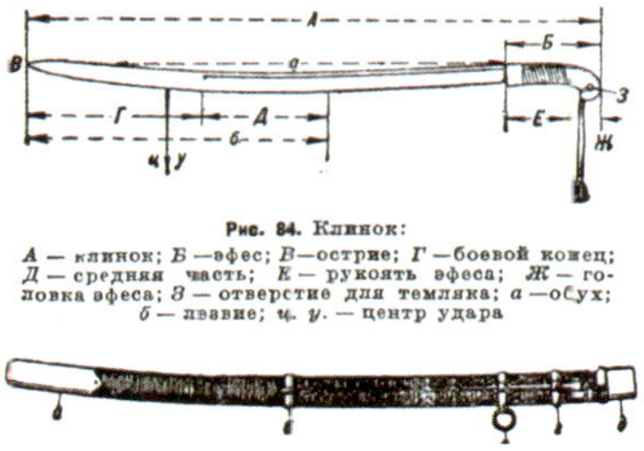

▲ 骑兵条例中的摘录展示了马刀及马刀尺寸和刀鞘。

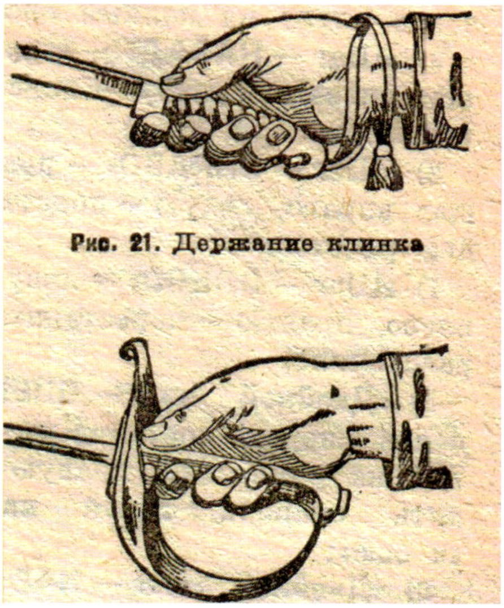

▲ 这张插图展示了如何握持马刀。

▲ 骑兵条令中摘录的插图显示了配备所有装备的骑兵，注意其头戴的军帽。

▲ 马鞍毯子，是马鞍和马皮肤间的屏障。

炮兵

1941年6月，苏联红军拥有91493门火炮和迫击炮，其数量比其他任何欧洲国家都要多，其中许多都是战前在德国的帮助下设计的。大部分炮兵部队装备着76毫米和122毫米火炮。然而战争爆发后，在1941年6月到12月期间，苏联红军损失了各种口径的火炮40600门和60000门迫击炮。在创纪录的短时间内，苏联红军对炮兵进行了训练，并且配备了更为现代化的装备（无线电台、射表等）。火炮的现代化更多是以反坦克火炮和轻型火炮为主，203毫米和152毫米火炮的生产被放缓，加速生产了57毫米、76毫米和122毫米火炮。生产工艺的改进也减少了76毫米火炮的生产工序（1942年生产一门火炮需1029工时，1944年只需475工时），并加快了生产速度。1941年7月1日至1945年9月1日，苏联生产的各型、各口径火炮和迫击炮83.4万门。

在战争中，苏军炮兵发生了重大变化，包括加强统帅部预备队炮兵、解散战前反坦克炮兵旅，代之以反坦克炮兵团，每团4~5个炮兵连。1941年8月，苏军开始组建火箭炮兵部队。到1941年年底，统帅部预备队炮兵编成内已有223个炮兵团

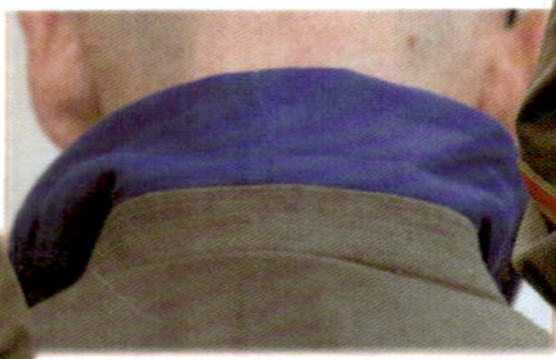

▲ 1935年式领章和衣领底面的特写，领底用深蓝色布料制作，和蓝色马裤是同样的面料。

◀ 由军迷扮演的1941年6月服役于第46步兵第393炮兵团的大尉。这名炮兵军官穿着1935年式军服，戴着大檐帽，配有军衔领章和袖章，兵种色是黑色底版配红色镶边。皮质军官武装带是M1932型，皮靴是软皮革的军官样式。

▲ 1941年夏，正在战斗中的卡累利亚方面军的1937年式82毫米迫击炮。

（其中有8个火箭炮兵团）、73个独立火箭炮兵营。1942年秋，苏军开始组建统帅部预备队炮兵师，每师编8个炮兵团，共有168门火炮。经过实战的检验后，1942年12月，苏军对炮兵师编制改进编成4个炮兵旅，共有248门火炮和迫击炮。1943年春开始组建由6个炮兵旅组成的突破炮兵师，后又组建拥有7个炮兵旅的突破炮兵师。从1943年5月起，苏军开始组建火箭炮兵师，由3个火箭炮旅组成，拥有432门火箭炮。1943年4月，苏军开始组建突破炮兵军，编有2个突破炮兵师和1个火箭炮兵师，按编制共有712门火炮和迫击炮，432门火箭炮。在战争中，苏军还组建了高炮师、自行火炮团、反坦克歼击炮兵旅等不同编制来应对战争。到1945年年初，陆军就拥有89个炮兵师和火箭炮兵师、138个炮兵旅、反坦克歼击炮兵旅、迫击炮兵旅和火箭炮兵旅。

炮兵战术原则的发展改变了战争进程，在每次向德军防线发动进攻时，苏军都能保证提供连续的掩护炮火。在每一次步兵或坦克发起进攻之前，都会伴随一场猛烈的炮火准备。在斯大林格勒战役期间，苏军的火炮密度达到了每公里330门各种口径火炮；在进攻柏林期间，这个密度达到了战争年代的最大数值——在突破地段达到了650门！在巷战中，火炮发挥了重要作用，共向这个城市倾泻了22000吨炮弹。在整个战争期间，苏军火炮表现出了优秀的品质，简单并且坚固耐用。在战争中，炮兵赢得了“战争之神”的美誉。

坦克兵

苏联是大规模集中使用坦克的第一个国家，成了这一领域的先驱。1930年，苏联组建坦克团，以及摩托化步兵团，坦克战术的使用是在航空兵的支援下执行突破任务。事实上，苏联第五个五年计划大力开发和批量生产新式坦克。1936-1938年，苏联援助给西班牙共和军331辆坦克和60辆装甲车（T26B轻型坦克281辆、BT-5快速坦克50辆、FA-I装甲车20辆、BA-3装甲车3辆、BA-6型37辆）。巴甫洛夫回国后，基于在西班牙使用坦克的经验，提出使用坦克的新原则，对过时的技术装备提出批判意见，要求制造威力更大和更灵活的新型坦克。

在1938年对战日本的哈拉哈河战役中，朱可夫将坦克投入了进攻，杀得日本人大败。在芬兰，由于地形不利于装甲车辆的使用，苏军的装甲车辆遭受了惨重的损失（损失了3500辆坦克）。通过苏芬战争，也暴露出苏联坦克的严重不足：缺乏车载无线电台，燃料和弹药的供应也有问题。于是苏联人开始采取措施，来弥补这些不足。

在1941年上半年，苏联工厂停止生产T-26和BT快速坦克，增加了新式坦克的生产，但新式坦克也仅有393辆KV坦克、1110辆T-34和180辆T-40坦克下线，并交付给装甲部队。苏军还缺少3483辆KV坦克和12810辆T-34坦克。到战争开始时，五个边境军区总共有508辆KV坦克、967辆T-34坦克，当时部队还大量装备旧式坦克，包括BT快速坦克、T-26和T-38坦克等，其中许多已无法使用。到1941年6月15日，旧式坦克有29%需大修，44%需中修，完好的不超过27%。

尽管苏联人有从西班牙内战和苏芬战争中获得的经验，但他们的坦克不易操作，而且无法与其他部队进行有效协同，每个师只能在接收到坦克后才投入使用，而且没有得到步兵的有效支援。仅在1941年，苏联人就损失了20500辆坦克，1941年冬季在莫斯科保卫战期间，又额外损失了1386辆坦克。1942年3月，苏军开始组建第一批四个坦克军，7月给坦克军增加了支援部队。值得注意的是，当时坦克军的编制是不一样的，可以说有什么部队就编什么部队。1942年5-6月间，苏军又开始组建2个（第3、第5）坦克集团军，7月底又组建了第1和第4坦克集团军，但这些集团军一个月后又解散了。9月，苏军又重建了坦克第5集团军，并开始组建机械化军。至于坦克旅则于1942年7月统一编制，原来编入军的坦克旅和独立坦克旅不同的编制不利于保障，为此进行了统一编制。机械化旅于1942年9月开始组建，还有若干独立机械化旅，旅的编制中摩托化步兵、炮兵和坦克兵的搭配更加合理。1942年，苏军还组建了必要数量的、编入坦克军的摩托化步兵旅，并组建了一些独立的摩托化步兵旅。同时，苏军于1942年9月开始组建独立坦克团，用于加强步兵，这种团的编制类似于机械化旅属坦克团编制。几乎与此同时，苏军开始组建编入最高统帅部预备队的独立重型坦克团，每团由4个坦克连编成，每连5辆坦克，还有一个技术保障连，全团214人，有21辆KV重型坦克。苏联坦克采取了这些更加灵活的方式编成，并获得步兵有计划的支援，坦克也装备了无线电台、额外的燃料桶，发动机和底盘实现了标准化，坦克手也获得了更好的培训。事实上，开始时由于坦克兵训练需要花费相当长的时间，坦克手非常缺乏，许多军士和军官被调往步兵和炮兵部队，许多坦克手仅接受过新式坦克1到2小时的驾驶培训。从1944年起，坦克手平均要接受14小时以上的驾驶培训，才能被派往前线。

坦克实力（1941年6月）

型号	需求	实际
KV重型坦克	3528	508
T-34中型坦克	11760	967
T-28中型坦克（过时）	–	500
BT快速坦克	7840	6000
T-26轻型坦克	5880	11000
T-37/38/40侦察坦克	476	4222
总计	29484	23197
装甲车	7448	4819

▲一名装甲部队上士的软坦克帽上带有一个红星帽徽。

▲KV-1重型坦克。

▲T-50、T-60、T-70轻型坦克。

▲T-34-76和T-34-85中型坦克。

通信兵

在战前，通信由独立团、营和独立连（永备线路架设连、轻便线路架设连等）组成，这些实际上是教导队，在战时将被扩编，成为方面军和集团军通信部队的基础。1941年，尽管苏联在野外无线电设备发展方面取得了长足的进步，但生产却没有跟上，部队仍然装备着19世纪30年代设计的固定式通信设备，车载无线电设备根本就不存在，坦克之间的相互沟通只能通过彩色三角旗，这种联络方法在战斗中根本就是不切实际的。

那时，苏联红军仅拥有4.3万台无线电台。战争的爆发也并没有使苏联红军的无线电设备得以改善，因为15个专业工厂中，有14个转移到了乌拉尔地区，这些工厂仅在1942年末才开始大量生产无线电台。大多数无线电设备用于地面部队，仅有10%的坦克装备了无线电台，并且都是指挥坦克。由于专业人员，特别是无线电报务员缺乏，通信器材也不足，通信部队的组建也遇到了困难。通信设备的缺乏也意味着协调不足，苏联人的许多努力都白费了，报告和命令一般都来得太晚，德国

▲ M1942型RB-M便携式无线电台，这是RB无线电台的改进型。

► 71-TK-1无线电台。71-TK无线电台的第一种变型，从1933年开始生产，装备T-26、T-28、T-35、T-37、BT-5、BT-7坦克以及BA-3、BA-20装甲车和其他车辆。

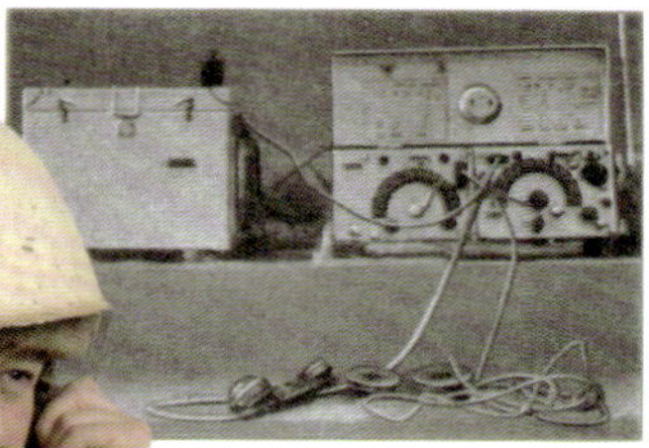

▲ 12-RP型无线电台。

型号	接收距离	传输距离	应用
4-AT	150km	75km	师
5-TK 2	50km	25km	团
12-AK	150km	75km	师
6-PK 1 1	6-25km	5-8km	团-连
9-R	18-25km		车辆
10-R	24-45km		车辆
71-TK	18-50km	18-30km	装甲车辆
72-TK	50km	25km	装甲车辆
12-RP	12-30km	6-15km	团
RB-38	12-35km	8-25km	营
Una-J&F*	300m	300m	排

*野战电话

◄ 1943年冬季，一名身穿雪地伪装服的士兵正在使用UNA-J型野战电话。该战士由军迷扮演。

► RB-38无线电台，于1938-1943年配发给部队。

人能够快速预测出他们的动向。为了扭转战争初期在通信保障方面极端困难的局面，苏军在通信兵编制体制、手段运用和器材技术保障方面采取了一系列的措施，全面加强了通信保障，终于渡过了难关。1941年7月23日苏联任命了邮电委员佩列塞普金为副国防人民委员兼苏联红军总通信部主任，统一领导苏军战时的通信保障工作，8月5日把苏联红军通信部改为苏联红军总通信部，作为领导苏联红军通信兵全部活动的领导机关。由于采取措施得力，到1942年秋，苏联的通信团的数量增加了近3倍，通信营增加了近4倍，无线电营增加了1倍多。盟军依据《租借法案》提供的大量装备也扭转了这种局面，盟军向苏联提供了大量的无线电台（245000部）和电话。到1945年，步兵和炮兵通信分队装备了经过改进的A-7-B超短波电台，部队的无线电通信器材装备数量明显增加了，到战争结束时，通信兵总兵力已达100多万人。

当我的家乡被解放后，我到军队小卖部，我立即被派到那个曾经解放我们家乡的部队下属后备团接受训练。然而我们并没有足够的时间，我没有完成摩尔斯密码训练。我属于为乌克兰第二方面军总参谋部工作的第1028通信团。我们几个女人由曾参加斯大林格勒战役的斯塔尔金娜（Starshina）指挥。

来自第1028通信团伊萨科娃·奥尔加·尼古拉耶夫娜（Issakova Olga Nicolaievna）的回忆。

卫生、勤务

在当时的苏联医疗是免费的，但在全国各地医生严重的缺乏。虽然军队在平时就对医护人员进行了培训，但1941年开始动员的时候，仍然没有足够的医务人员、医生、外科医生和专科医生。到1941年6月9日战争即将爆发的时候，苏军拥有149家常设医院、35540张床位。到1941年7月1日床位达到了122000张，到1942年8月1日则达到了658000张，但仍感缺乏。战争开始后，为了弥补医生的缺乏，除了征召医务人员入伍并动员志愿人员入伍外，1941年8月至9月苏联还采取缩短训练期限让各高等及中等医学院校的在校学生提前毕业措施，医学学生匆忙完成了他们的学业，并尽可能快地被分配到新的单位。同时，苏联还建立了学制7个月的助理军医学校。苏联人面临的另一项困难是缺乏药物和具有现代化医疗设备的野战医院，为此，除了增加人力物力并增加床位外，还增加了包括野战医院和后送交通工具在内的其他卫勤机构。例如每个集团军都成立一个轻伤军人康复营（500人），而在步兵师成立一些需住院治疗10~12天的康复队（100人）。

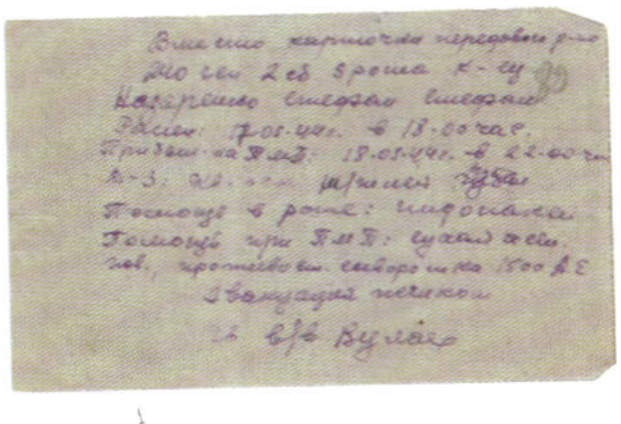

▲ 一张后送卡，表明这名伤兵属于第2步兵营第5连。他于1944年5月17日18时负伤，于18日22时抵达急救站，一颗子弹穿透了他的头底部和嘴唇，需要缝合。这名士兵可以徒步撤离，下面是医生签名。

1942年我在乌拉尔完成了医务培训，并获得了医务中尉的军衔。1943年我被分配到近卫第32师担任卫生营营长。我们的职责是处理伤员、急救、在受伤人员后送卡上填军人的个人资料并后送他们。

来自近卫第32师萨巴达·玛丽亚·塞尔金诺芙娜（Sabada Maria Sergeinovna）的回忆。

卫生勤务按以下程序来进行：在前线对伤员进行恰当的处置后，然后由野战移动医院进行处理并对伤员进行分类和后送，他们也能够进行治疗，对轻伤员可以在不到15天的时间内治愈。接下来，通过卫生后送体系将重伤员送往后方专业医院，根据住院时间的长短，用多于或少于35天的时间来将伤兵分成两类。

我在国防及航空化学建设促进会的帮助下学到了有关急救的知识。当战争爆发时，我在撒马尔罕（Samarkand）一个医学速成班仓促地完成了学习。学业完成后，我被派往第3261野战医院担任一名外科医生。我们有大量的工作，坏疽是造成我们

◄ 1942年9月抬担架对伤员进行后送的几名士兵，他们的临时担架用步枪和毯子组成。

▲ 1942年一所野战医院的一群医生和护理员。

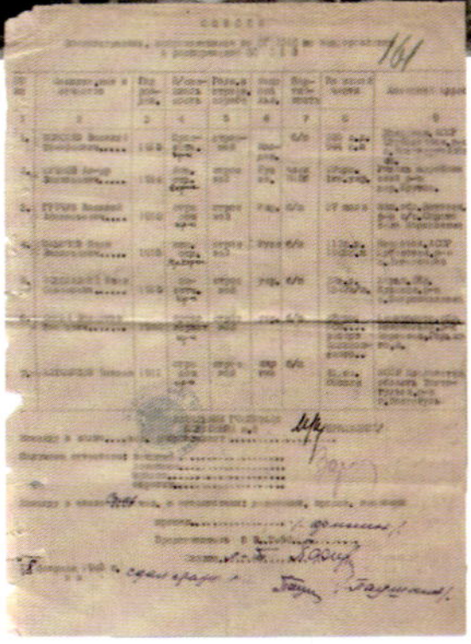

► 第2348野战医院的伤员名单，根据1945年2月18日第50号命令分配给部队。这份名单位从左到右是：姓名、出生年代、军事专业、服役豁免、原籍、党籍、部队、地址，下面是医院上校指挥官的签名。

伤员大量死亡的一个重要原因。

来自第3261野战医院卢卡斯·海伦娜·康斯坦丁诺娃（Lukas Helena Constantinova）的回忆。

工程兵

工程兵是与苏军同时建立起来的，1918年的编制中每个师有1个工程兵营，每个旅有1个工兵连，每个团有1个工兵队。在1924–1925年的军事改革中，苏军对工程兵进行了改编，每个步兵军配1个工兵营，每个师配1个独立工兵连和1个工程器材补给纵列，每个步兵团配1个工兵伪装排。从1929年起，苏军建立建制工程兵部队和分队。到1941年，工程兵由队属工兵、集团军和军区工程兵部队及分队组成。在战前，集团军和军区的工程兵营被改编为工程兵团和舟桥团。1941年11月，苏军成立了工程兵司令部、方面军和集团

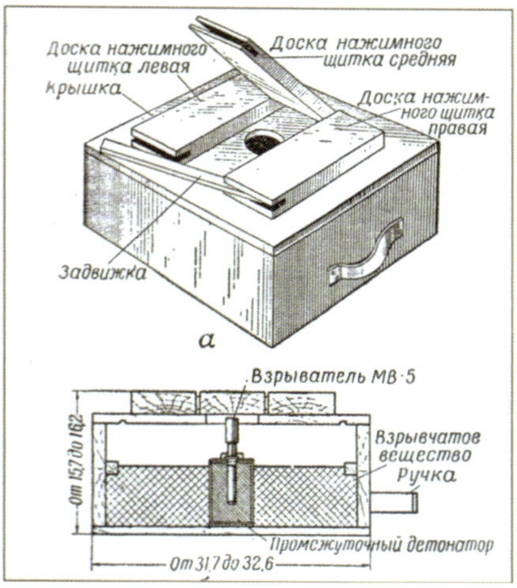

▲ 木壳的TMB–D反坦克地雷立体图，这是一种在二战前就研制的地雷。

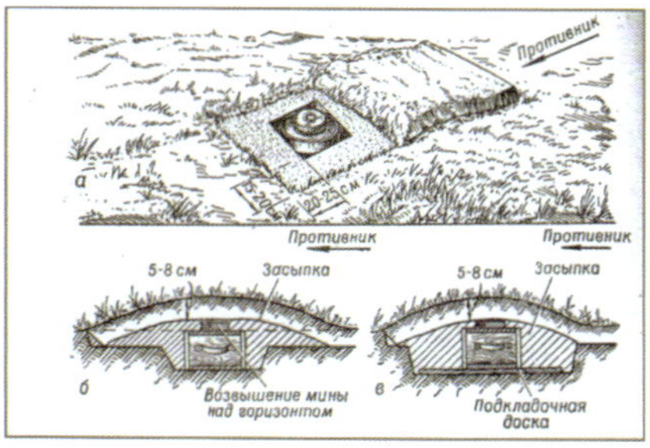

▲ 埋设地雷条令的摘录片段。

▲ 工兵们穿着特制的浮具，以跨越宽阔的河流。

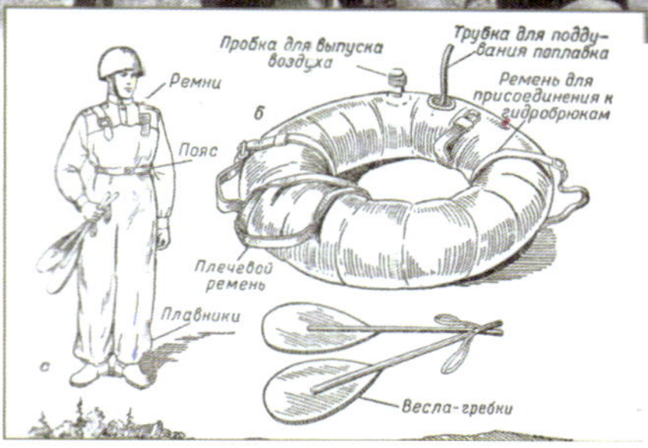

► 一张展示特种服装构成的条令的摘录片段。

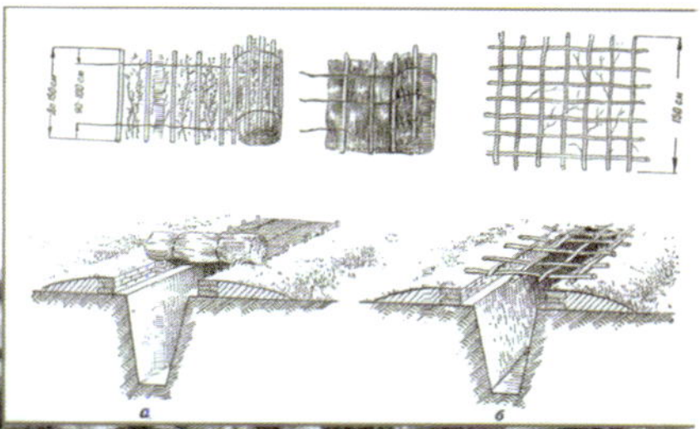

► 摘自野战防御工事和战壕手册。

▼ 1942年8月，陆军地雷工兵正在用树干和地雷构建一个反坦克雷场。

军工程兵司令部，并设立了工程兵主任、方面军和集团军工程兵主任职务，加强对工程兵的领导。在战争开始后，苏军在方面军和集团军内编有军事建筑部队，到1942年年初，成立了10个工兵集团军（每个集团军有2~4个工程兵旅，每个旅有6~8个营），参加了包括莫斯科、斯大林格勒、高加索防御工程的构筑。1942年2月，苏军撤销了5个工兵集团军建制，其余改隶属方面军后也被撤销。1942年夏，苏军组建工程机械大队，每个军配1个大队，提高了工程保障的机械化水平。从1942年起，工程工兵旅成为最高统帅预备队工程兵的主要组织形式，同时，苏军还组建专业化工程兵旅、舟桥旅和工程工兵旅。工程兵旅由5到7个工程障碍营、1到2个电工营、地雷埋设营、电气化和机械化作业队及其他专业分队组成，1944年这些旅又被编入方面军和集团军。同时，最高统帅预备队还组建了特种工程兵旅、舟桥旅和强击旅。强击工兵专门针对城市作战进行训练和装备，包括使用火焰喷射器来为步兵开路。工程兵部队在东线发挥了重要作用，特别是组织跨越江河以及构筑野外工事方面，同时在埋设地雷阻击敌人方面也发挥了重要作用。1943年7月5日至17日，中央方面军和沃罗涅日方面军的工程兵就设置了9万个反坦克地雷。

内务部队

根据苏维埃人民委员会1917年12月20日的一项决议，苏联成立了全俄肃清反革命和怠工特别委员会，或叫作“全俄契卡”，一般简称“契卡”。

1918年苏联在边境地区的临时契卡设立了边境契卡，创建了陆军边防部队、海军边防部队和空军边防团。1921年，全俄契卡开始进行改革。1922年2月6日，契卡被解散，取而代之的是国家政治保卫局（GPU）。1923年，国家政治保卫局改名为全俄国家政治保卫局（OGPU）。1934年7月10日，全俄国家政治保卫局并入内务人民委员部，其对外情报、国内安全和政治警察职能改由国家安全总局负责。1943年4月，国家安全总局又一次从内务人民委员部分离出来，并重建了国家安全人民委员部。

内务人民委员部的人员必须在政治上坚定，而且大部分是党员或军人。内务人民委员部的实力非常强大，其所属部队经过了军事训练，而且装备精良。他们同时担负军事警察的职责，押送和看守战俘、搜寻逃兵和反苏游击队、看守罪犯等。在卫国战争期间，内务部队的职责广泛，还包括保卫后方、疏散工业企业、保卫和防守最重要的交通线和重要设施等。1941年6月，根据国防人民委员部的决定，由内务人民委员部负责组建15个步兵师，1941

► 内务部队国家安全中尉，可以通过他的制服领章来进行识别，其领章仍然保持了内务人民委员部的颜色（暗红色底版深红色镶边），中央有一个银色军衔符号，这里是一个五角星。这名军官同时还佩戴着战前的伏罗希洛夫神枪手徽章，M1935制服带有银色镶边。

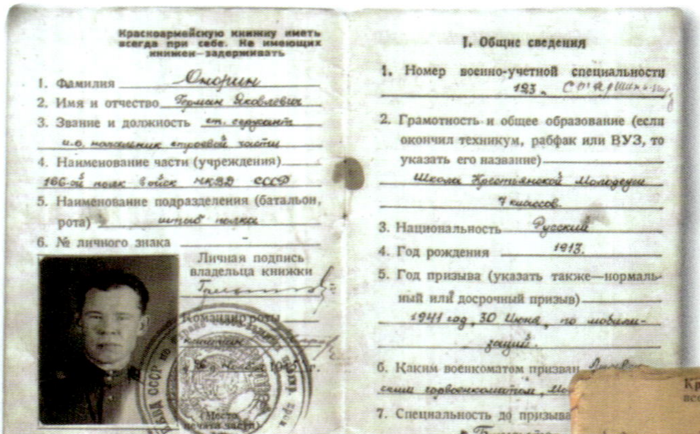

▲ 负责保卫具有战略意义的重要企业的内务第166团上士昂诺耶尼·古尔曼尼·亚科夫列维奇（Onorine Guermane Yakolevitch）的薪金证。

► 这个薪金证属于列兵扎菲洛夫·列昂尼德·彼得罗维奇（Zaveglov Leonid Petrovitch），一名第7边防团的机枪手。他先在列宁格勒作战，然后被调往近卫第36师并被派往斯大林格勒。战争结束时，他荣获了三级光荣勋章、勇敢奖章、保卫列宁格勒奖章、保卫斯大林格勒奖章、攻克布达佩斯奖章，以及战胜德国奖章。在战争期间，他七次负伤、两次脑震荡。

年7、8月又组编了3个步兵师，以后陆续组建了其他部队。1942年年初，苏联在内务人民委员部编制内组建内务部队，担负解放后各城市的保卫工作，同敌空降兵、特务和土匪做斗争，其中部分部队直接参加了战斗。在卫国战争中，内务部队共有59个边防团、43个内务师、3个师和14个不同的旅，其中一些部队变成了步兵师，如第10内务师。这支部队在斯大林格勒防御战中表现优异，并于1943年2月5日成为第181步兵师。

同时也应该提及1942年开始出现的“阻截队”，这些部队主要由内务部队组成，用于在前线后方阻止散兵游勇和逃兵。

第227号命令关于阻截队的内容如下：

在集团军中成立3~5个装备良好的阻截队（每队大约200人），把他们放在不坚定的师团后面很近的地方，责成他们在师团部队惊慌失措或慌乱撤退时，把惊慌失措的人和胆小鬼就地枪毙。

第199步兵师克拉夫琴科·弗拉季斯拉夫·尼古拉耶维奇中尉（Kravchenkc Vladislav Nikolaievitch）在回忆中写道：

虽然71年后我们可以随便批评这个命令，但在当时的环境下，这个命令是我们停止后退并进而赢得战争的唯一机会。直

▲近距离观看领章细节。

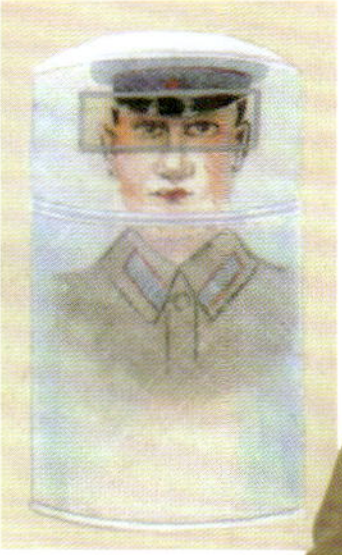

►一张图片展示了如何使用配发给内务部队的蚊帐。

◄由军迷扮演的1941年6月服役于布列斯特前线第17边防队的下士。这名边防警卫已经装备好在军犬的陪伴下出发去巡逻。军帽具有鲜明的绿色帽冠、黑色帽墙和兵种色镶边。边防警卫的兵种色在他的M1935样式制服领章上也能看出来，领章为绿色背景带有内务部队的兵种色镶边，制服上别着伏罗希洛夫神枪手徽章和苏联国防及航空化学建设促进会徽章，蓝色马裤并没有军士的镶边。这名军士的装备包括一个弹药包、装在皮鞘内的莫辛刺刀和一个闪光手电。在苏联红军中，军犬的使用非常普遍，在边防部队中主要用于追踪，在工程兵部队中则用于清除地雷和反坦克钱斗。

▼1941年在列宁格勒前线的一个边防警卫犬训练小组。

由军迷扮演的1941年6月服役于哈尔科夫第17内务旅第206营的中尉。这名中尉属于内务人民委员部的国家安全武装分支，内务人民委员部的刺绣徽章缝在套头衫的袖子上，领章带有内务人民委员部军种色，暗红色底版和深红色镶边。军衔标志表明他是一名初级军官，但该标志又不同于普通军衔标志。这名军人装备着莱卡授权苏联制造的相机，相机盒上带有NKVD的缩写标记。

内务人民委员部指挥人员的臂章。

M1935大檐帽带有NKVD独特的兵种色。

到今日，我们应当认识到这些命令的成功所在，因为它们确实减少了战场逃跑的可能。

民兵

从1941年6月25日开始，苏联决定在靠近前线的地带动员党员、共青团员和工人组建歼击营，至1941年7月底，共组成了1755个歼击营，总人数达到了32.8万人。由列宁格勒首倡建立民兵师，1941年7月3日斯大林在广播讲话中号召建立民兵部队，随后，组建民兵部队的工作在靠近前线的地区全面展开。组建民兵的工作由州（边疆区）、区、市党委进行，各市（州）成立民兵师，企业（机关）成立民兵团（营、连）。按笼统的规定来说，所有年龄在18~60岁之间的男人和18~50岁的女人都可以被征召，其中很多人曾在国防及航空化学建设促进会中服役，已经准备担负防空袭的民防、防空和交给的卫生勤务等职责。内务人民委员部也组建了安全营，其职责是守卫工厂和其他敏感地区，由男女士兵组成，都计算在内则人数高达1775人。在卫国战争中，经挑选的受训人员共组建了60个民兵师、200个独立团和大量分队。而且民兵为正规军补充了200万名战士。然而，由于这些民兵师往往严重缺乏训练和装备，导致在前线遭到了非常严重的损失。其中也有一些民兵部队因为在战斗中表现优异而被改编为普通步兵部队。在列宁格勒保卫战期间，苏联在1941年7月–9月就在其市内组建了10个民兵师和16个独立机枪炮兵营，其中7个后来被改编为正规师。例如列宁格勒第2民兵师，于1941年7月组建，并于1941年9月23日被改编为第85步兵师，其炮兵团装备的火炮则直接来自基洛夫工厂。1941年7月，莫斯科第一批征召的民兵就编成了12个莫斯科民兵师，这些师于9月被改编成正规师编入西方面军。民兵在巩固后方和作为预备队补充军队方面发挥了巨大作用，共有36个师被编入作战部队，其中26个师经历了整个战争，8个师获得了近卫称号。

▲ 1943年3月苏梅州游击兵团的一名女游击队员，该团即后来的科夫帕克游击师。

▲ 一级和二级卫国战争游击队员奖章。

◄1943年12月，游击队员正在一座桥上安放炸药。

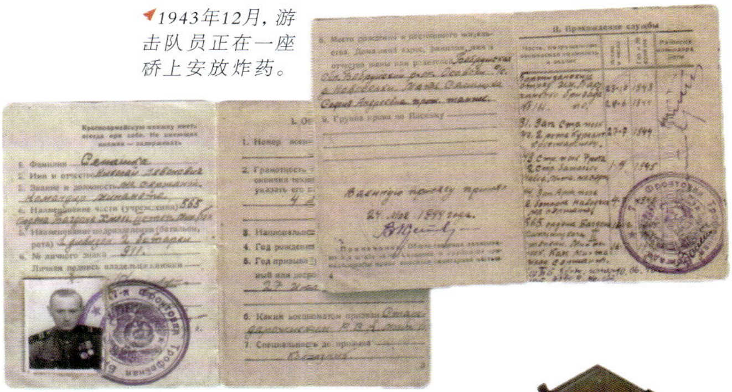

► 属于下士赛纳查·尼古拉·列夫诺维奇（Senacha Nicolai Levonovitch）的薪金证，他在1944年7月27日加入第31步兵团前，从1943年10月23日到1944年6月28日服役于第161旅游击支队。在薪金证上记录着他参加过游击队，然后他在一个迫击炮部队担任瞄准手，战争结束时他获得了勇敢奖章。

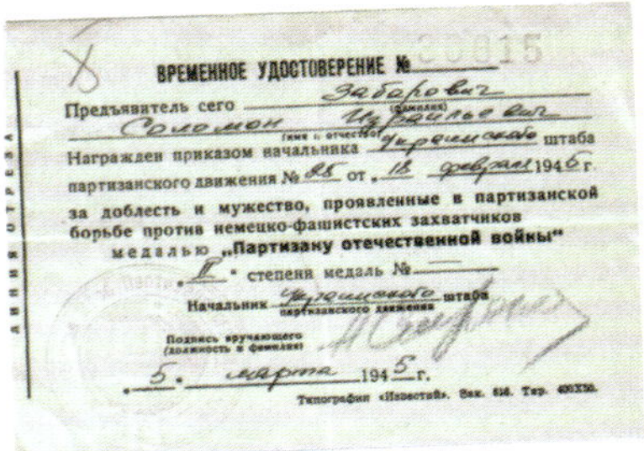

ВРЕМЕННОЕ УДОСТОВЕРЕНИЕ № 30015

Предъявитель сего Заборович
(фамилия)
Соломон Израилевич
(имя и отчество)
Награжден приказом начальника Украинского штаба партизанского движения № 85 от „18“ февраля 1946 г.
за доблесть и мужество, проявленные в партизанской борьбе против немецко-фашистских захватчиков
медалью „Партизану отечественной войны“
„II“ степени медаль №
Начальник Украинского штаба партизанского движения
Подпись вручающего (должность и фамилия)
„5“ марта 1945 г.
Типография «Известий».

ЛИНИЯ ОТРЕЗА

▲ 二级卫国战争游击队员奖章证书。

► 一名游击队员的相关物品：苏联英雄科夫帕克游击师指挥员科夫帕克胸像、树皮凉鞋、TM38反坦克地雷、手工制作的戒指和腰带，一份文件下面是带有一个雕刻五角星的德军腰带扣、游击队员奖章和证书。

▲1943年3月在库尔斯克地区活动的游击兵团分队。

▲1943年在乌克兰日托米尔地区，科夫帕克和游击队战友的合影。

▲西多尔·阿尔耶米耶维奇·科夫帕克（1887-1967），卫国战争时期乌克兰游击运动著名人物。他在国内战争时期就率领过游击队，并在恰帕耶夫（夏伯阳）第25师编成内。1921-1926年担任过叶卡捷琳诺斯拉夫省几个城市的军事委员，后从事经济工作和苏维埃工作。1937-1941年任普季夫利市执行委员会主席，在卫国战争初期是地下乌克兰共产党中央委员。1941年9月起先后任普季夫利游击队队长、苏梅州游击兵团指挥。1941-1942年指挥游击兵团在苏梅州、库尔斯克、奥尔和布良斯克等州袭击敌人后方。1942-1943年从布良斯克森林出发，领导对第聂伯河右岸乌克兰戈梅林、平斯克、沃伦、罗夫诺、日托米尔和基辅等州的奔袭。1943年又领导对喀尔巴阡奔袭。该兵团在26个月的斗争中，转战乌克兰、白俄罗斯和俄罗斯联邦的18个州，共粉碎了39个居民点的守敌，击毙数千人，颠覆军列62列，炸毁桥梁256座，击毁仓库96座、汽车500辆、坦克和装甲车20辆。1943年4月，他被授予少将军衔，1944年苏梅州游击兵团改编为以科夫帕克名字命名的乌克兰游击第1师，他本人被任命为乌克兰苏维埃社会主义共和国最高法院审判员，1947年起任乌克兰最高苏维埃主席团副主席，1967年起任主席团委员。他曾获列宁勋章4枚、红旗勋章、一级波格丹·赫梅利尼茨勋章和二级苏沃洛夫勋章各1枚，还有奖章及外国勋章多枚，1941年5月18日和1944年1月4日两次获“苏联英雄”称号。

游击队

截至1941年年底，在敌占区活动的游击队共有两千多支，总人数达9万余人。这些游击队在敌后开展游击战争进行破坏活动，组织伏击、袭击敌守备部队、破坏铁路、炸毁桥梁、破坏道路、侦察敌情，协同苏军部队行动。

游击队的编制各种各样，大部分独立自主并且自己照顾自己，最大的游击队接收莫斯科的无线电命令。例如在斯塔夫罗波利耶境内建立的4个游击兵团集群：北方、东北、南方和西方，共联合了40个分队，有2000多人。克拉斯诺达尔边区组建了86个游击分队，总数5800人。卡累利阿游击队则由6个游击队组成游击旅，总人数648人。在乌克兰，科夫帕克兵团由5个游击分队组成，共约1100人。萨布罗夫兵团则由7个游击队组成，共计1600多人。到1942年年底，游击队遍布敌后，引起了德军的严重不安。

第三章

个人文件

陆军个人档案

一份完整的高级军官档案，带有蓝色封皮并由一个布条扎牢，封面上带有这名军官的军衔、姓氏和名字。档案由几个部分组成，第一部分是他的政治背景、服役记录和获得奖励情况。第二部分是这名军人的自传，在这部分会记叙当事人的生活经历，并且不能省略某些细节，例如他参与的政治辩论或者参加的某些反对党的活动的情况。第三部分是政治委员对当事人关于政治、军事和道德问题的鉴定。第四部分是关于医疗方面的文件。最后第五部分是档案前面各部分的副本，以防某些页面消失。其他军衔的军人的档案与此类似，但内部拥有的资料要少一些。如果一名军人在战斗中死亡，他的证件会被放进档案然后存档。

苏联红军战士证

直到1941年10月，苏联红军战士和初级军官都还没有任何身份证件，事实上，许多人直到1942年6月才拥有相应的证件，后方地区的军人拥有相应证件则要更晚。根据国防人民委员1941年10月7日的第330号命令，苏联为红军士兵和初级军官引入了新式证件，但该命令直到1942年下半年才得以执行，而且证件照片的问题直到战争结束也没有解决。在一名军人完成基础训练之后，他会收到一本这种战士证，规格为7.5厘米x11厘米，有12页。一名士兵必须在任何时候都要随身携带这个证件。

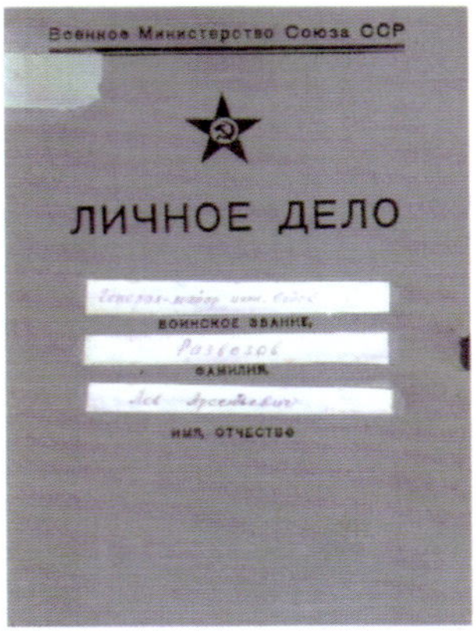

▲ 属于扎沃佐夫·里夫·阿森田维奇（Razvozov Lev Arsientievitch）少将的陆军档案，他于1941–1945年任工程兵参谋。

▲ 两本不同的战士证，注意封面红五角星设计图案不同，都是厚纸板封面。

► 第2页：姓氏、名字、军衔和职务、应征入伍部队、应征入伍部队驻地、证件持有人签名和他的照片（经常省略）。图中的战士证属于第189步兵师第100卫生营的古萨罗夫·托尔芬·伊萨耶维奇(Gussarov Trophin Yisseyevitch)。
第3页：军事专业编号、学历、民族、出生年份、应征入伍年份和地点、职业。

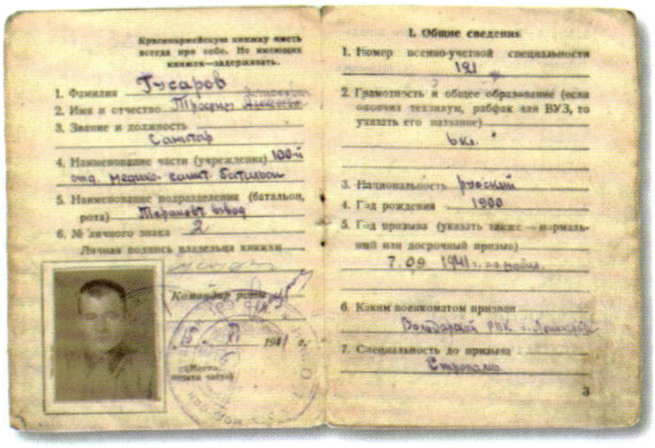

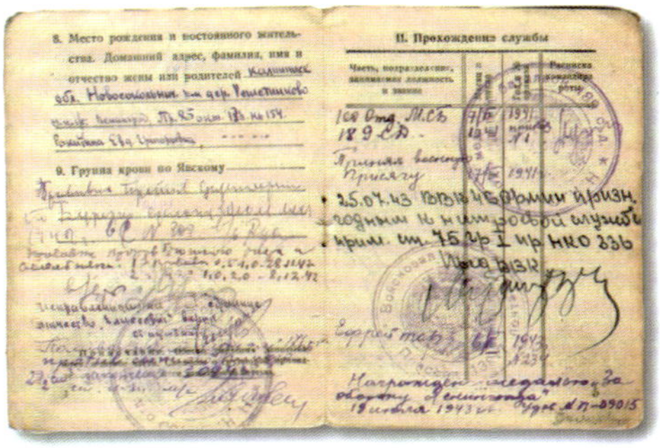

▲ 第4页：地址、血型、部队、疫苗接种情况。
第5页：所在部队曾经的驻地。

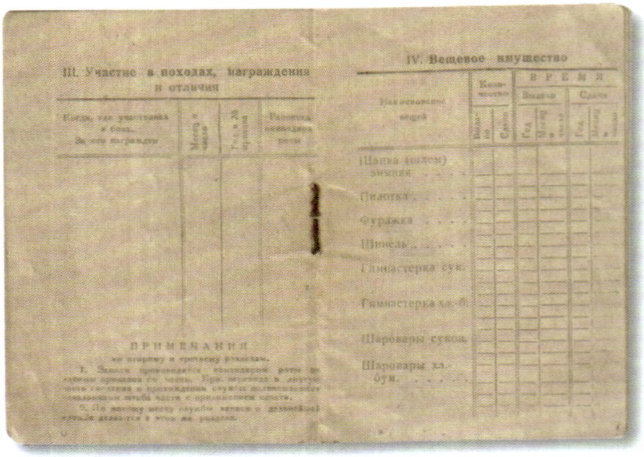

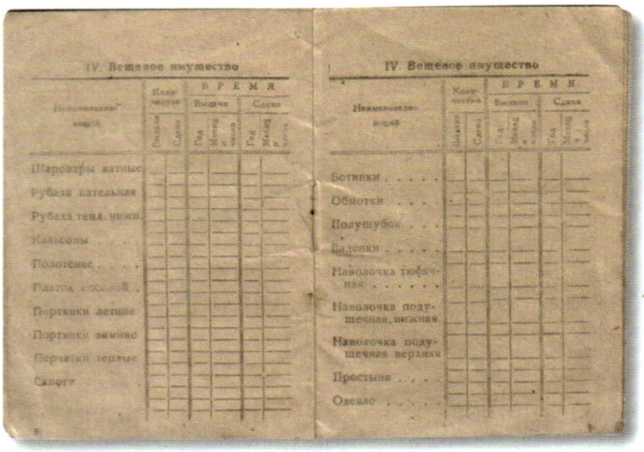

▲第6页：参加的战役、获得勋饰的情况、负伤情况。
第7到10页：制服和装备配发的日期及交还的日期，如没在列表上某些装备配发时会用钢笔写在上面。更为详细的情况是女军人、坦克乘员服、迷彩服、特种服装等。
第7页：棉帽、草帽、大衣、羊毛外衣、棉衣、羊毛裤、棉裤、缝棉裤。

▲第8页：衬棉裤、背心、冬季背心、内裤、毛巾、手帕、夏季袜子、冬季袜子、手套和靴子。
第9页：短靴、绑腿、短毛皮大衣、毡靴、短外套、床垫套、枕头套、床单、风帽。

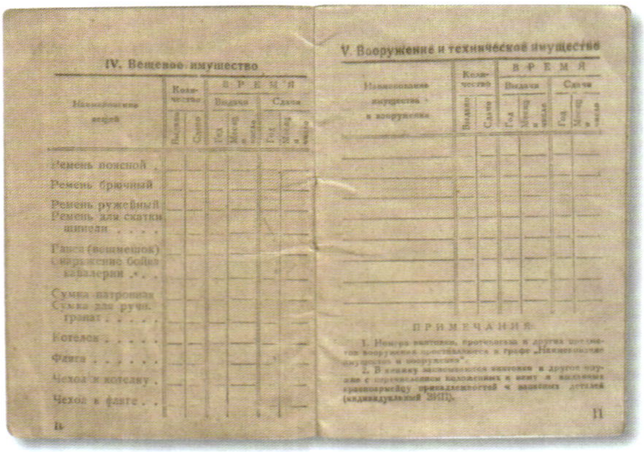

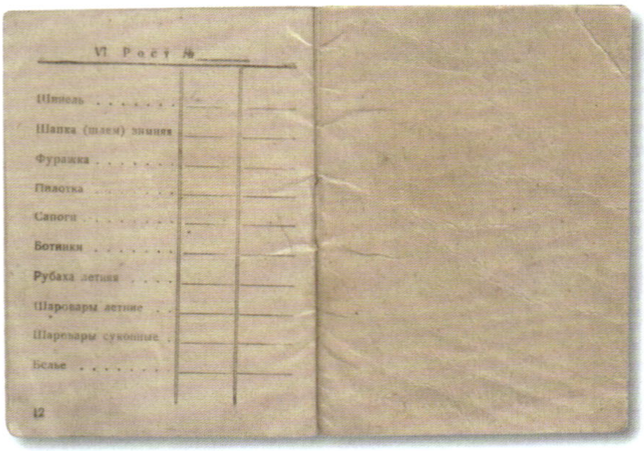

▲第10页：腰带、裤腰带、枪背带、大衣捆扎带、背包、特殊的骑兵装备、手榴弹袋、饭盒、水壶、饭盒盖、水壶盖。
第11页：武器、工兵锹、防毒面具。

▲第12页：规格表。

苏联军事专业编号有一种独立的编号系统，这里仅列举一下部分军事专业的名称，有射手、通信兵、冲锋枪手、侦察员、观测员、司号员、机枪手、骑兵、瞄准手、迫击炮手、测距仪手、火炮钳工、探照灯手、仓库管理员、工兵、爆破手、驭手、汽车司机、拖拉机手、摩托车手、自行车手、无线电报务员、话务员、潜水员、电工、辅导员、声波定位器收听员、截听员、鱼雷手、高级鱼雷手等。

身份牌

身份牌最早于1925年8月14日被引入，仅用于陆军和海军现役人员。尽管在苏联红军内身份牌的使用和配发并没有普及，但这种身份牌也配发给了初级军官。身份牌为锡制，呈八角形，顶部带有一个圆孔，牌上标有士兵的姓氏和名字、服役编号、团和连队番号。在和平时期，这种身份牌并没有配发。早在1941年6月，随着战争的进行，征召人员高速增长并被紧急派往前线，于是这种身份牌就被放弃了。

身份卡

除了身份牌，还有著名的“死刑奖章”。这是一种身份卡，将士兵相应的个人信息填写在两张牛皮纸上(纸张规格为17厘米x4.5厘米)，纸张卷起后放进防水塑料盒或胶木筒里。这个小筒带有一个六边形螺纹盖，可以在上衣的一个胸口袋内携带。这种身份卡是根据国防人民委员部1941年3月15日的第138号命令引入的，其作用是假如这名士兵在战斗中阵亡了，在埋葬前，一张身份卡会伴随着这名阵亡士兵，另一张会送交相关部门，用于统计苏联红军的战斗伤亡情况。然而这种身份卡并没有发挥其应有的作用。许多士兵参加战斗时并没有这种卡片，实际上这种身份卡的配发也很有限，特别是在1941年秋季以后。根据国防人民委员部1942年11月17日的第376号命令，苏军取消了这种身份卡的配发和使用。在军人复员之后，苏联会发给退役军人预备役证并带有明确的信息，表明其公民身份、社会地位和学习、职业、服役记录和过去的政治情况，作为后备军人，他有根据动员令重新服役的义务。

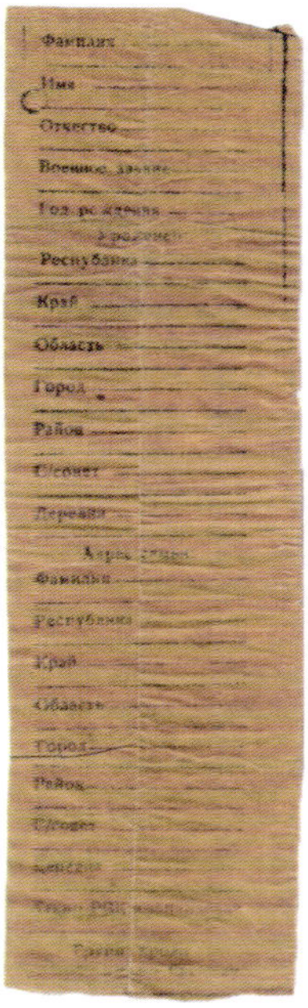

▲ 用于存放身份文件的胶木筒以及士兵和初级军官的身份牌。身份证牌顶部的名字是兹纳克（Litchniy Znak），连队番号在左侧，底部右侧是团番号，中间是这名军人的服役编号。

► 为低衔级军人引入的身份牌条令的局部。身份牌白金属制造，直径5厘米，上面的连队番号、部队名称和士兵服役编号的文字和号码都很清晰。

◄ 军官的身份卡，卷起后可放进胶木筒内。

军官证

配发给军官的一个军官证，其规格为7.5厘米×11厘米，有17页，内部会有以下信息：姓氏、名字、出生时间和地点、军衔、职务和部队，同时还有他接收的装备、先后担任的职务、晋升情况、服役兵种和家庭详细信息。

► 属于第911炮兵团谢姆琴科·德米特里·安东诺维奇（Semtchenko Dmitry Antonovitch）中尉的军官证。

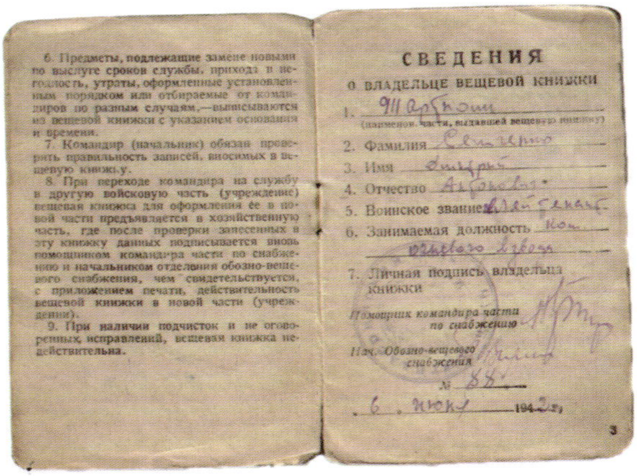

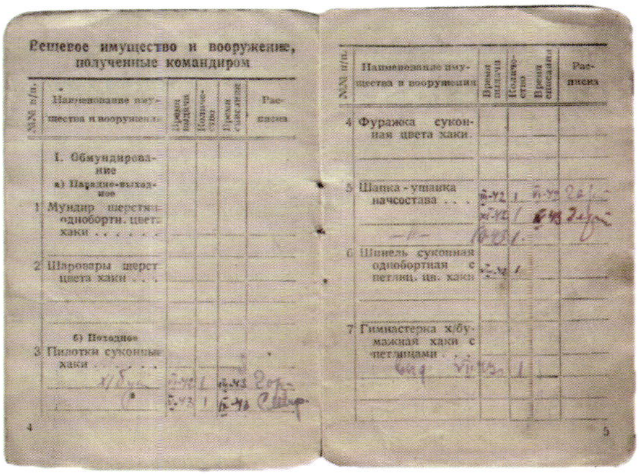

军官身份证

这些不同规格的身份证件表明公民的地位、出生时间和地点、家庭情况，并全部配有持有者的照片。在这份证件上记录有这名军官的职务和单位，以及服役兵种和获得勋饰等情况。

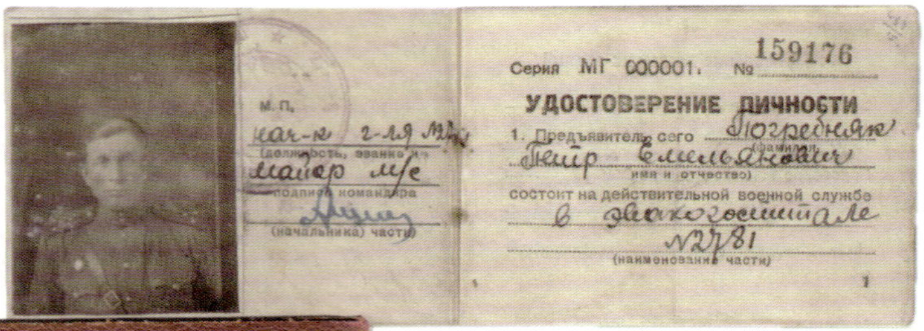
Серия МГ 000001. № 159176
УДОСТОВЕРЕНИЕ ЛИЧНОСТИ
1. Предъявитель сего Погребняк
(фамилия)
Петр Емельянович
(имя и отчество)
состоит на действительной военной службе
в эвакогоспитале №2781
(наименование части)
М. П.
нач-к 2-ля МЛ
(должность, звание и подпись командира)
майор м/с
(начальника) части

УДОСТОВЕРЕНИЕ ЛИЧНОСТИ

◄▲属于少校波格列布尼亚克·皮切·叶米连诺维奇（Pogrebniak Petr Yemelianovitch）的军官身份证（编号159176），他属于卫生勤务第2781医疗后送站。

▼希尔沃科夫斯基（Shirokovsky）区兵役委员会二级军需技术员的工作人员证。

НКО—СССР
УДОСТОВЕРЕНИЕ ЛИЧНОСТИ

Удостоверение личности № 1
Предъявитель сего Техинтендант 2 ранга
Рыбалко Роман Яковлевич
состоит на действительной военной службе
в войсковой части
Широковском Райвоенкомате
Командир войскового соединения
Лейтенант

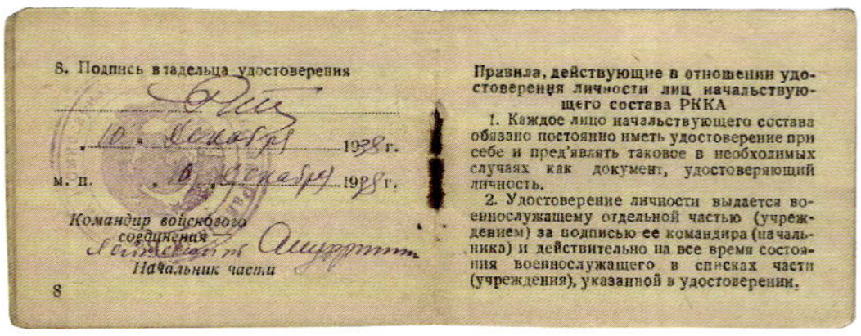
8. Подпись владельца удостоверения
10. Декабря 1938 г.
М. П. 10. Декабря 1938 г.
Командир войскового соединения
Начальник части
8

Правила, действующие в отношении удостоверения личности лиц начальствующего состава РККА
1. Каждое лицо начальствующего состава обязано постоянно иметь удостоверение при себе и предъявлять таковое в необходимых случаях как документ, удостоверяющий личность.
2. Удостоверение личности выдается военнослужащему отдельной частью (учреждением) за подписью ее командира (начальника) и действительно на все время состояния военнослужащего в списках части (учреждения), указанной в удостоверении.

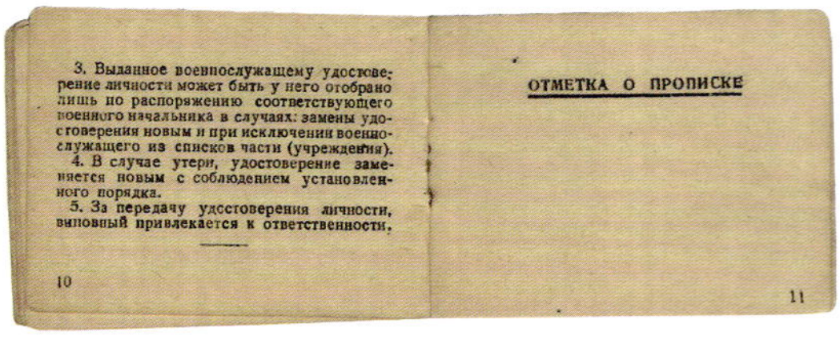
3. Выданное военнослужащему удостоверение личности может быть у него отобрано лишь по распоряжению соответствующего военного начальника в случаях: замены удостоверения новым и при исключении военнослужащего из списков части (учреждения).
4. В случае утери, удостоверение заменяется новым с соблюдением установленного порядка.
5. За передачу удостоверения личности, виновный привлекается к ответственности.
10

ОТМЕТКА О ПРОПИСКЕ
11

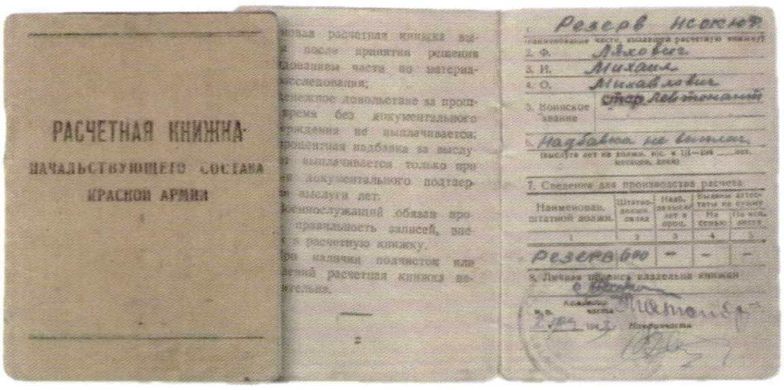
РАСЧЕТНАЯ КНИЖКА
НАЧАЛЬСТВУЮЩЕГО СОСТАВА
КРАСНОЙ АРМИИ
Резерв начсостава
Ф. Ляховиг
И. Михаил
О. Михайлович
Воинское звание Стар. лейтенант
7. Сведения для производства расчета
Резерв

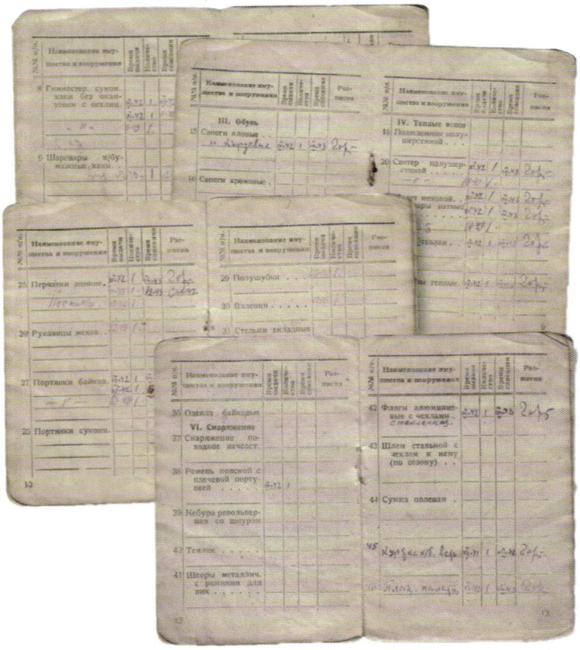
Наименование имущества и вооружения
III. Обувь
Сапоги кожаные
Сапоги кирзовые
IV. Теплые вещи
Свитер полушерстяной
Перчатки
Рукавицы меховые
Портянки байковые
Портянки суконные
Полушубок
Валенки
Стельки валяные
Одеяла байковые
VI. Снаряжение
Снаряжение походное
Ремень поясной с плечевой портупеей
Кобура револьверная со шнуром
Темляк
Шпоры металлические с ремнями для них
Фляги алюминиевые с чехлами
Шлем стальной с желом и нему (по сезону)
Сумка полевая

▲**军官薪金证。**
1943年2月2日，国防委员会财务局配发给上尉利亚科维奇·米哈伊尔（Liakhovitch Mikhail）的薪金证。

驾驶证

这种证件的规格为7厘米×10厘米大小，包括两页，左侧带有持证人照片及驾驶执照，以及允许他驾驶的车辆类型，同时也带有一个负责驾驶资格考试和证件发放的内务部队印章。装甲车辆和其他交通工具如卡车、摩托车的驾驶证样式相同。

其他证件

当然，如果一名军官或士兵是共产党员或共青团员，他也需要携带相应的证件。党员证大小为7.5厘米×10.5厘米，上面也包括持证人的相应信息、照片和证件编号，其他页面用于记载党费的交纳情况。

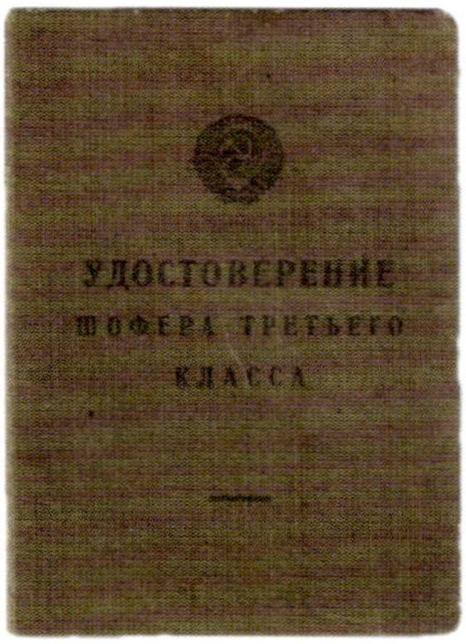

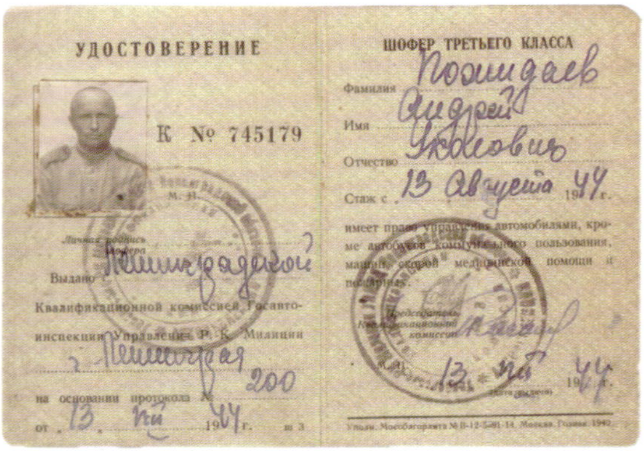

◄ 属于波基德耶夫·安德雷·塔克列维奇（Pojidayev Andrey Takolevitch）的第三级驾驶证，于1944年8月13日发出。这份驾驶证表明他只能驾驶汽车。

► 由坦克学校校长近卫中将签发的装甲车辆驾驶证，发给近卫中士扎乌斯基·弗拉基米尔·加夫里洛维奇（Zalvski Vladimir Gavrilovitch）。值得注意的是，他是一个有资格驾驶IS-2重型坦克的第三级驾驶员，因为他的成绩非常优秀。

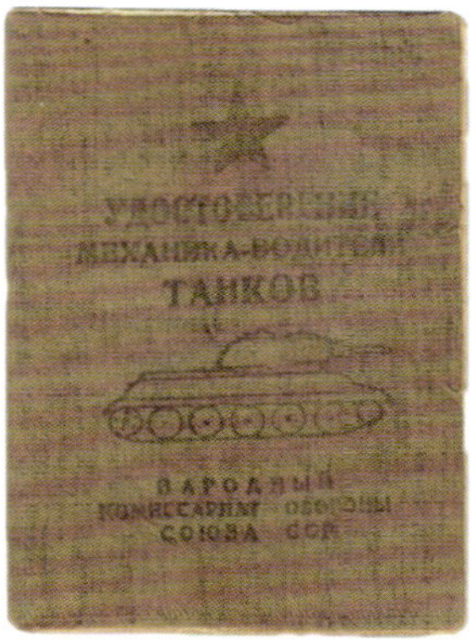

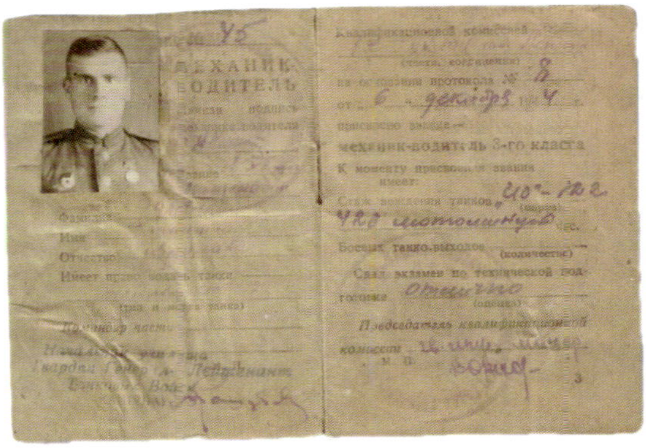

▲ 另一本驾驶证及其内页。

▲ 1943年11月18日发放的共产党员证。
► 共青团员证。

► 苏联红军预备役中尉政治指导员马特维耶夫（M.A. Matveev）的军官证的封面、封底及第一页。

► 第129步兵师司令部的通行证及内页。

▲阵亡通知书。

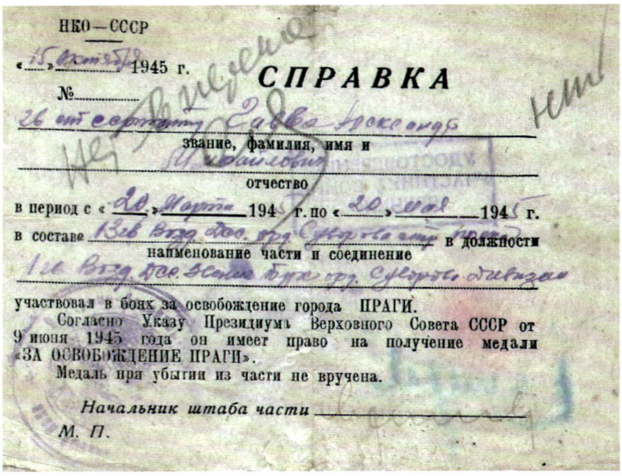

▲解放布拉格战役的参加证明。

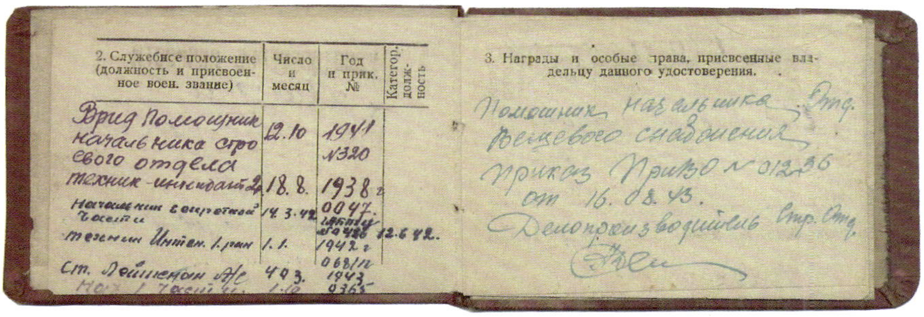

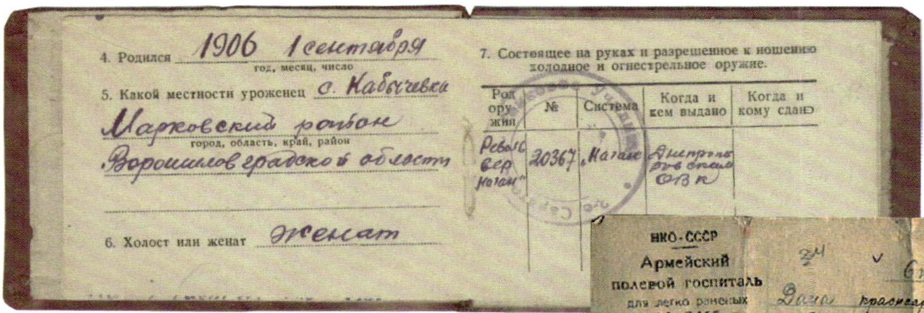

第2萨拉托夫坦克学校工作人员的证件及内页。

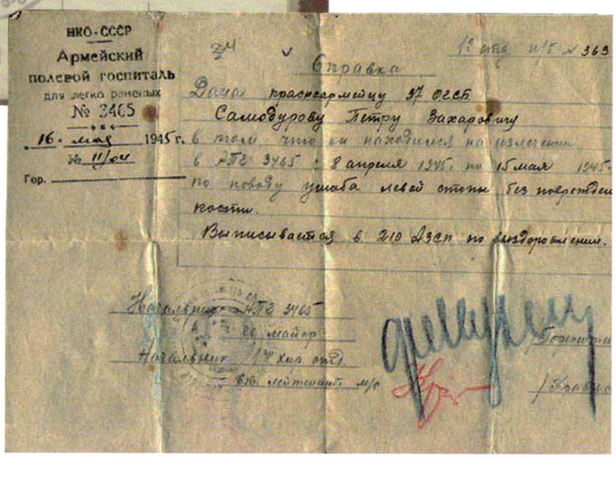

野战医院开具的证明。

第四章

奖励与徽章

1918年9月16日，根据全俄中央执行委员会的命令设立了苏联第一种勋章——红旗勋章，授予在战斗中表现得特别英勇果敢的人员，并于1919年5月8日规定也可以授予作战有功的部队。此后，各加盟共和国也设立了自己的勋章。再以后，苏联陆续设立了各种勋章与奖章，以奖励在社会主义建设的各方面表现杰出的军人、公民和集体。德国入侵苏联后，苏联又陆续设立了各种新的勋章和奖章，进一步发展和完善了苏联的勋奖章制度。苏联勋奖章经常采用红旗、红星、党徽等具有象征意义的图案，并辅以橡树叶、月桂枝、麦穗和齿轮等图案，体现出无产阶级社会主义国家制度的特点。

苏联英雄

1934年4月16日，苏联中央执行委员会设立了“苏联英雄”这一最高荣誉称号，授予为国家建立伟大功绩者。获得这一称号，将被授予苏联最高勋章——列宁勋章，以及苏联中央执行委员会颁发的（1937年12月起改为苏联最高苏维埃主席团）的特别奖状。1937年8月1日苏联中央执行委员会发布命令，设立了专门授予苏联英雄的苏联英雄奖章，10月16日改称为“金星奖章”。1940年5月22日，设立了专门授予社会主义劳动英雄的“镰刀和锤子”金质奖章。这两种奖章名义上是奖章，但所代表的是苏联嘉奖制度中的两种最高荣誉称号，要高于其他所有的苏联勋章和奖章，从其佩戴的位置上就可以看出其荣耀之巅的地位。在苏联解体前，“苏联英雄”称号共授予了12745人，其中有154人获得过2次；有3人获得过3次，分别是布琼尼元帅、空军上将阔日杜布和空军元帅波克雷什金；有2人获得过4次，分别是朱可夫和勃列日涅夫。

1938年12月27日，为表彰在社会主义国家的经济建设和文化建设方面取得突出业绩的人员，苏联最高主席团设立了

▲ *1942年7月13日，沃尔霍夫方面军司令员梅列茨科夫将红星勋章授予一名名叫皮亚特京（V. N. Pyahovu）的勇敢的狙击手。*

▲ 这枚编号为7819的II型金星奖章属于晚期挂章，这里展示的是它的正背面。

▲ 因丢失而补发的金星奖章，背面有一个俄文字母"Д"。丢失奖章通常不会获得补发，只有在战斗中丢失、遭遇自然灾害或其他类似的无法避免的情况，才会获得补发。

▲ 苏联英雄，第102歼击航空师第788航空团格里戈里·卡皮托诺维奇·古尔亚耶夫空军大尉(Gregory Kapitonovich Gultyaev 1922.11.25–1995.1.19)，因取得10架个人、5架团体的战果，于1942年2月获得了"苏联英雄"的称号。他最终的战绩为战斗飞行607次、参加空中战斗131次、击落击伤敌机18架。他还获得了列宁勋章、红旗勋章，两次获得一级卫国战争奖章、红星勋章和一些其他奖章等。

► **元帅星。**
授予苏联元帅和苏联海军元帅。

◄ **授予元帅、军兵种主帅和大将的主帅星。**
1940年9月2日，根据苏联最高苏维埃主席团的命令设立了这一特别证章，授予获得苏联元帅军衔者，这是第一种元帅星。1943年2月27日苏联最高苏维埃主席团发布命令，规定空军元帅、炮兵元帅、装甲兵元帅及主帅同样可以授予元帅星，这是第二种元帅星，为了区分，可以称之为主帅星。这实际上并不是勋奖章，而是军衔标志外的一种特殊识别标志。

◄ 编号为473的I型金星奖章属于早期挂章，这里展示的是它的正背面。

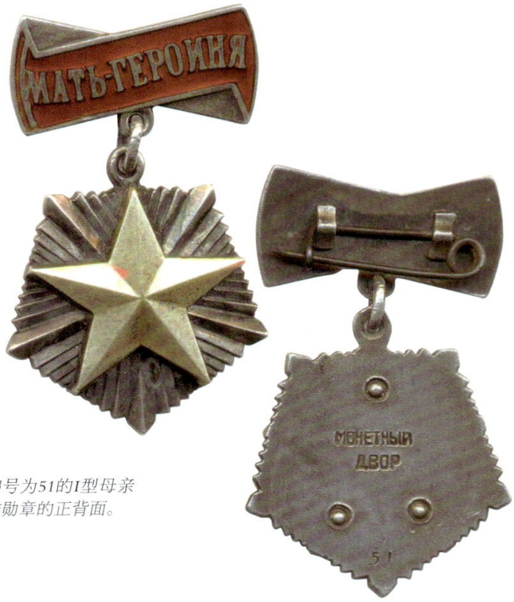

▲ 编号为51的I型母亲英雄勋章的正背面。

▲ II型“镰刀和锤子”金质奖章的正背面。

▲ 1943年在克里姆林宫举行授勋仪式的官方照片，获勋者基本上来自各个军种，包括海军。

▲ 两枚红旗勋章获得者——少尉飞行员乌多维琴科·格雷戈里·安德烈耶维奇（Udovichenko Gregory Andreevich ），这是他在1942年6月摄于格奥尔基的快照。他是第209轰炸机团第45独立校射中队的飞行员，完成了149次战斗飞行。

“社会主义劳动英雄”的称号。1940年5月22日，又设立了社会主义劳动英雄奖章，即“镰刀和锤子”金质奖章，通常又被称为劳动金星奖章。获得这种奖章的同时还会被授予列宁勋章和苏联最高苏维埃主席团证书。

在卫国战争中，苏联人民付出了沉重的代价，特别是青壮年人口的大量死亡、残疾。人口的减少严重影响了苏联的国家安全，为此，苏联政府制定了鼓励生育的政策，并设立勋章和奖章来鼓励妇女生育，由此产生了苏联母亲系列勋奖章。母亲系列勋奖章中的最高荣誉——母亲英雄勋章，是根据苏联最高苏维埃主席团1944年7月18日的命令设立的，授予养育了10名以及更多子女的母亲，获得者在退休金、获得食品与日用品等方面享有许多特权。母亲英雄勋章佩戴在左胸，位置在所获得的其他勋章之上，由此可见，母亲英雄勋章在苏联勋章体系中有着特殊地位。

苏联勋章

苏联颁发的第一种勋章是红旗勋章，于1918年9月16日设立，授予俄罗斯联邦公民。在各加盟共和国纷纷设立自己的红旗勋章后，苏联中央执行委员会主席团于1924年8月1日发布命令，确立了全国统一的红旗勋章。1920年12月28日，苏联设立了俄罗斯联邦劳动红旗勋章，接着于1928年9月7日下令设立了全苏劳动红旗勋章。1930年4月6日，设立了苏联最高等级的国家勋章——列宁勋章，授予在社会主义建设和国防中建立特殊功勋的个人、集体、机关、社会团体和部队。同日还设立了红星勋章，授予在战时与和平时期在国防事业中建立卓越功勋的官兵、部队、企业和社会团体。1942年5月20日，设立了一、二级卫国战争勋章。1942年7月29日，设立了一、二、三级苏沃洛夫勋章，授予在进攻中歼灭敌人优势兵力的军事首长和指挥员。同日，设立了一、二级库图佐夫勋章，1943

▲ I型一级卫国战争勋章的一种变型，这是它的正背面。

► 摘自第1070炮兵团苏波汉古洛夫·卡丘巴（Subkhangulov Khachtuba）的战士证的内页。第7页记录了他根据第074号命令于1944年7月16日获得编号为1137190的战功奖章。他的第二枚战功奖章(编号为2289793)是根据第055/4号命令于1945年4月29日获得的。

苏联勋章

勋章	设立日期	颁发数量	备注
红旗勋章	1924.8.1	581333	1924–1991年
劳动红旗勋章	1928.9.7	1224950	到1995.1.1
列宁勋章	1930.4.6	431418	到1996年
红星勋章	1930.4.6	3876740	到1995.1.1
荣誉勋章	1935.11.25	1580850	到1995.1.1
社会主义劳动英雄奖章	1940.5.22	20000	–
苏沃洛夫勋章	1942.7.29	一级393	–
	–	二级2862	–
	–	三级4012	1943–1945年3000枚
库图佐夫勋章	1942.7.29	一级675	–
	–	二级3326	–
	–	三级3328	–
波格丹·赫梅利尼茨基勋章	1943.10.10	一级323	–
	–	二级2390	–
	–	三级5738	–
卫国战争勋章	1942.5.20	一级344000	到1985年
	–	二级1028000	到1985年
亚历山大·涅夫斯基勋章	1942.7.29	42165	–
光荣勋章	1943.11.8	一级2620	到1989年
	–	二级46473	到1989年
	–	三级997815	到1989年
胜利勋章	1943.11.8	20	–
乌沙科夫勋章	1944.3.3	一级47	–
	–	二级194	–
纳西莫夫勋章	1944.3.3	一级82	–
	–	二级469	–
母亲光荣勋章	1944.7.8	一级75300	到1983.1.1
	–	二级1508000	到1983.1.1
	–	三级2786000	到1983.1.1
母亲英雄勋章	1944.7.18	431000	到1995.1.1

◄ 胜利勋章，它是苏联最高的军功勋章，根据苏联最高苏维埃主席团1943年11月8日的命令设立，授予顺利完成一个或数个方面军参加的大型战役而且使战略态势发生有利于苏军变化的最高级指挥人员。胜利勋章自设立起共颁发了20枚，授予了17人，其中苏联高级将领11人，外国统帅5人，及战后苏联领导人——“勋章大王”勃列日涅夫。有3人两次获得胜利勋章，分别是最高统帅斯大林、苏联元帅朱可夫和华西列夫斯基。

◄ 列宁勋章，1943年6月19日后带五角形挂章的版本。

◄ 列宁勋章，采用螺钉和螺帽进行固定的1943年前的版本。

▲ 红旗勋章，1943年前的版本。

▲ 红旗勋章，1943年6月19日后带五角形挂章的版本。

▲ I型二级苏沃洛夫勋章的正背面。

► II型一级苏沃洛夫勋章的正背面。

▲ II型二级苏沃洛夫勋章的正背面。

▲ I型亚历山大·涅夫斯基勋章的正背面，这种悬挂型勋章设立于1942年7月29日，取消于1943年6月19日。

▲ 红星勋章由于颁发量巨大，存在众多的型号和变型，这里展示的是II型红星勋章的正背面。

▲ 二级波格丹·赫梅利尼茨基勋章。这种二级勋章共颁发了2390枚，授予了850个部队和部门。

▲ 一级波格丹·赫梅利尼茨基勋章。这种一级勋章共颁发了323枚，授予了10个部队和部门。

▲ III型红星勋章的正背面。

► 三级波格丹·赫梅利尼茨基勋章。这种三级勋章共颁发了5738枚，授予了216个部队和部门。

▲ II型亚历山大·涅夫斯基勋章。

▲ 红星勋章。

▲ 二级卫国战争勋章。

▲ 一级卫国战争勋章。

▲ 一级亚历山大·涅夫斯基勋章获得者——炮兵中校伊万·伊里奇（Ivan Ilyich）。他参加过苏芬战争和二战，在战争结束时的职务是第44步兵师第146炮兵团团长。

▲ **光荣勋章，从左到右依次为一级、二级、三级。**
光荣勋章按三、二、一的顺序颁发，荣获全部三个级别光荣勋章的人将被冠以“全部三个级别光荣勋章获得者”这一称号。根据授予条例，光荣勋章全部获得者可以晋升军衔，并获得其他特殊优待。在战争结束后的初期阶段，并不存在光荣全部获得者证书，仅授予普通的勋章证书。然而在1976年，出现了专门颁发给光荣勋章全部获得者的勋章证书。

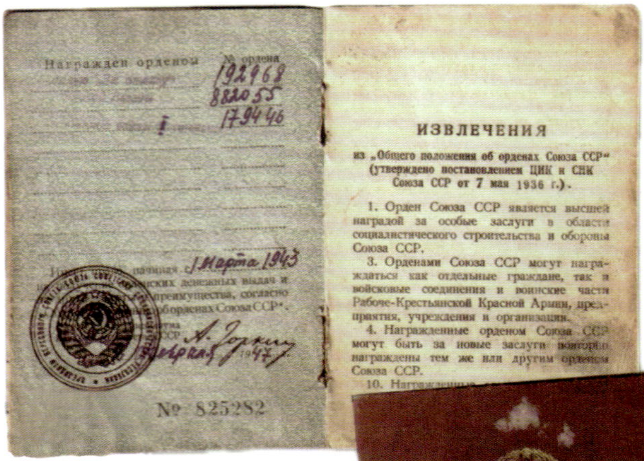

Награжден орденом
№ ордена
192968
882055
179446
1 марта 1943
№ 825282

ИЗВЛЕЧЕНИЯ

из „Общего положения об орденах Союза ССР“ (утверждено постановлением ЦИК и СНК Союза ССР от 7 мая 1936 г.).

1. Орден Союза ССР является высшей наградой за особые заслуги в области социалистического строительства и обороны Союза ССР.

3. Орденами Союза ССР могут награждаться как отдельные граждане, так и войсковые соединения и воинские части Рабоче-Крестьянской Красной Армии, предприятия, учреждения и организации.

4. Награжденные орденом Союза ССР могут быть за новые заслуги повторно награждены тем же или другим орденом Союза ССР.

10. Награжденные

▲ 属于波尔索夫·斯皮尔顿·费德洛维奇（Borissov Spiridon Federovitch）的勋章证书。他是近卫第4反坦克团的侦察兵，他获得的勋奖章有编号为192968的勇敢奖章、编号为882055的红星勋章和编号为179446的一级卫国战争勋章。

► 特制的勋奖章证书。

▲ 二级光荣勋章。

▲ 三级光荣勋章。

▲ I型勇敢奖章。

▲ II型勇敢奖章。

▲ 纳西莫夫奖章。

▲ 乌沙科夫奖章。

▲ I型战功奖章。

▲ II型战功奖章。

Осипов
Фёдор
Георгиевич
НАГРАЖДЕН ОРДЕНАМИ
СЛАВЫ I, II и III СТЕПЕНИ.
9 апреля 1976

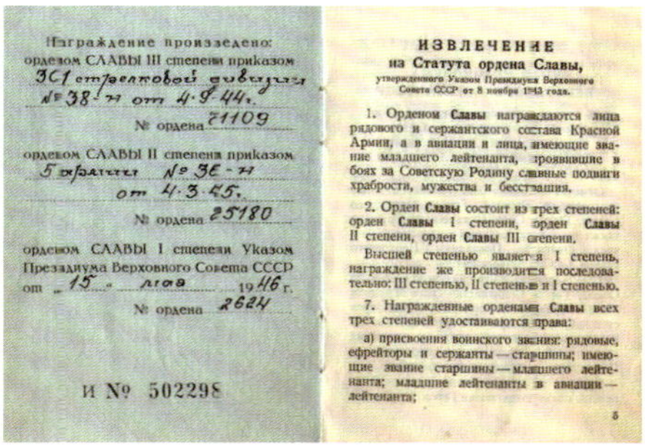
Награждение произведено:
орденом СЛАВЫ III степени приказом
3С1 стрелковой дивизии
№ 38-н от 4.9.44 г.
№ ордена 71109
орденом СЛАВЫ II степени приказом
5 армии № 3Е-н
от 4.3.45.
№ ордена 25180
орденом СЛАВЫ I степени Указом Президиума Верховного Совета СССР
от „15" мая 1946 г.
№ ордена 2624
И № 502298

ИЗВЛЕЧЕНИЕ
из Статута ордена Славы,
утвержденного Указом Президиума Верховного Совета СССР от 8 ноября 1943 года.

1. Орденом **Славы** награждаются лица рядового и сержантского состава Красной Армии, а в авиации и лица, имеющие звание младшего лейтенанта, проявившие в боях за Советскую Родину славные подвиги храбрости, мужества и бесстрашия.

2. Орден **Славы** состоит из трех степеней: орден **Славы** I степени, орден **Славы** II степени, орден **Славы** III степени.

Высшей степенью является I степень, награждение же производится последовательно: III степенью, II степенью и I степенью.

7. Награжденные орденами **Славы** всех трех степеней удостаиваются права:

а) присвоения воинского звания: рядовые, ефрейторы и сержанты — старшины; имеющие звание старшины — младшего лейтенанта; младшие лейтенанты в авиации — лейтенанта;

5

▲ 1976年颁发的光荣勋章全部获得者的勋章证书，这里展示了封面及内页。

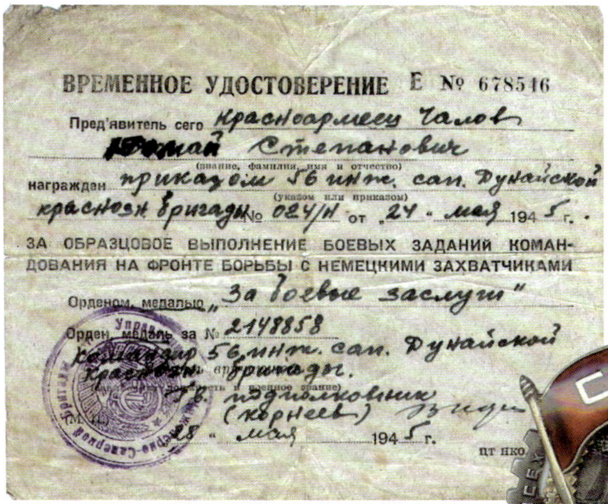
ВРЕМЕННОЕ УДОСТОВЕРЕНИЕ Е № 678546
Пред'явитель сего красноармеец Чалов
[illegible] Степанович
(звание, фамилия, имя и отчество)
награжден приказом 56 инж. сап. Дунайской
(указом или приказом)
краснозн. бригады № 024/н от „24" мая 1945 г.
ЗА ОБРАЗЦОВОЕ ВЫПОЛНЕНИЕ БОЕВЫХ ЗАДАНИЙ КОМАНДОВАНИЯ НА ФРОНТЕ БОРЬБЫ С НЕМЕЦКИМИ ЗАХВАТЧИКАМИ
Орденом, медалью „За боевые заслуги"
Орден, медаль за № 2148858
Командир 56 инж. сап. Дунайской краснозн. бригады.
(должность и воинское звание)
гв. подполковник (Корнеев)
(М. П.)
„28" мая 1945 г.
ЦТ НКО

▲ 授予战功奖章的临时证明。卫国战争爆发后，苏联大量颁发勋章与奖章来授予军人，以致现有的勋章证书不能满足需求。另外，由于部队处于不断的变更部署当中，经常撤退、前进，甚至转移到另一个前线，因此，在这种条件下也就只能发给临时证明，然后在方便的时候再换成正式的勋章证书。

►荣誉勋章1943年前的版本，它还存在许多变型版本。

◄ II型劳动红旗勋章的正背面。

► **带有挂章的劳动红旗勋章。**根据1943年6月19日命令改为五角形挂章。1920年12月28日，根据列宁的倡议，设立了俄罗斯苏维埃联邦社会主义共和国劳动红旗勋章，授予在社会主义建设中表现出特殊的忘我精神和主动精神、热爱劳动和组织性强的个人和劳动者班组。在其带动下，各加盟共和国也设立了劳动红旗勋章。1928年9月7日，苏联中央执行委员会和人民委员会发布了设立全苏劳动红旗勋章的命令，用以奖励劳动成绩优异的公民、企业、机关和地方。

◄ 1943年6月19日后带五角形挂章的荣誉勋章。1935年11月25日，根据苏联中央执行委员会的命令设立了荣誉勋章，授予在生产中成绩突出、在科研和文体活动中取得突出成绩、在技术上有发明创造、在提高苏军战斗力和加强国防方面有功的个人或集体。获得这种勋章的同时，还会获得一份证书。

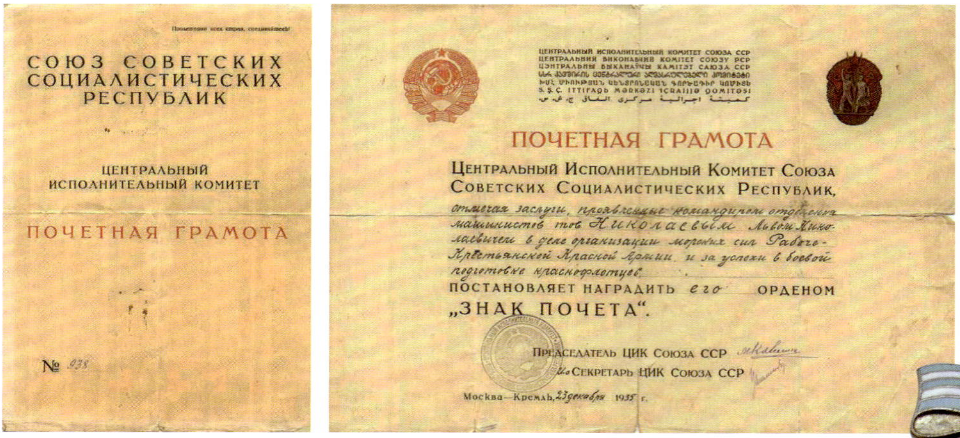
СОЮЗ СОВЕТСКИХ СОЦИАЛИСТИЧЕСКИХ РЕСПУБЛИК

ЦЕНТРАЛЬНЫЙ ИСПОЛНИТЕЛЬНЫЙ КОМИТЕТ

ПОЧЕТНАЯ ГРАМОТА

№ 938

ПОЧЕТНАЯ ГРАМОТА

Центральный Исполнительный Комитет Союза Советских Социалистических Республик, отмечая заслуги, проявленные командиром отделения машинистов тов. Николаевым Львом Николаевичем в деле организации морских сил Рабоче-Крестьянской Красной Армии и за успехи в боевой подготовке краснофлотцев,

ПОСТАНОВЛЯЕТ НАГРАДИТЬ его ОРДЕНОМ „ЗНАК ПОЧЕТА“.

Председатель ЦИК Союза ССР

И.о. Секретарь ЦИК Союза ССР

Москва—Кремль, 23 декабря 1935 г.

◄ 1938年颁发的特别荣誉勋章证书，下面带有中央执行委员会主席和书记的签名。后来采用了统一样式的勋章证书。

► 母亲光荣勋章。1944年7月8日，根据最高苏维埃主席团的命令设立，分为一、二、三级。一级为最高级，授予养育了9名子女的母亲，二级授予养育了8名子女的母亲，三级授予养育了7名子女的母亲。

年2月8日增设第三级，授予善于计划并实施方面军和集团军的战役或巧妙地使自己的部队避开敌人的突击并顺利实施反突击的军事首长和指挥人员。同日，还设立了亚历山大·涅夫斯基勋章，授予个人表现英勇果敢、灵活指挥战斗并给敌以重创的苏军排至师级军官。1943年10月10日，设立了一、二、三级波格丹·赫梅利尼茨基勋章，主要授予在同德国作战中建立功勋的军人和游击队员。1943年11月8日，设立了最高军功勋章——胜利勋章，它作为一种统帅勋章，授予顺利完成一个或数个方面军参加的大型战役而且使战略态势发生了有利于苏军变化的苏军最高级指挥人员。同一天，设立了一、二、三级光荣勋章，授予在战斗中立有战功或表现英勇顽强、无所畏惧的士兵、军士和空军少尉，按三、二、一的顺序依次授予，并规定了对该勋章全部获得者给以更多的优待和特权。1944年3月3日，设立了一、二级乌沙科夫勋章，授予在组织、实施或保障海上战斗和战役中有卓越成就并战胜了在数量上占优势之敌的苏联海军军官。同日，设立了一、二级纳希莫夫勋章，授予在组织、指挥和保障作战行动中建立功勋并在战斗中为祖国赢得胜利的苏联海军军官。

苏联奖章

1938年1月24日，苏联设立了工农红军建军20周年奖章，授予至1938年1月24日在工农红军和红海军部队服役，至1938年2月23日服役不少于20年的指挥人员和主管人员、参加国内战争和其他保卫苏联战斗的人员及荣获红旗勋章的人员。1938年10月17日，设立了勇敢奖章，授予在为祖国和保卫国境不受侵犯的战斗中个人表现英勇的苏联陆海军和边防部队军人。同日，设立了战功奖章，授予在战斗中表现勇敢或冒着生命危险以巧妙的主动行动帮助前线取得胜利的军人和非军人。1939年8月1日，设立了金星奖章，起初称之为“苏联英雄奖章”，1939年10月16日改为金星奖章，授予苏联英雄。1942年12月22日，设立了保卫列宁格勒奖章、保卫敖德萨奖章、保卫塞瓦斯托波尔奖章、保卫斯大林格勒奖章，授予直接参加保

苏联奖章

奖章	设立时间	颁发数量
工农红军建军20周年奖章	1938.1.24	37504（到1995年1月1日）
战功奖章	1938.10.17	5210078（到1995年1月1日）
勇敢奖章	1938.10.17	4569893（到1995年1月1日）
劳动优秀奖章	1938.12.27	2146400（到1995年1月1日）
劳动英勇奖章	1938.12.27	1825100（到1995年1月1日）
金星奖章	1939.8.1	12745
保卫列宁格勒奖章	1942.12. 22	1470000（到1985年）
保卫敖德萨奖章	1942.12.22	30000（到1985年）
保卫塞瓦斯托波尔奖章	1942.12.22	52540（到1995年1月1日）
保卫斯大林格勒奖章	1942.12.22	759560（到1995年1月1日）
卫国战争游击队员奖章	1943.2.2	一级56883（到1995年1月1日）
	–	二级70992（到1995年1月1日）
纳西莫夫奖章	1944.3.3	14020（到1995年1月1日）
乌沙科夫奖章	1944.3.3	15000
保卫莫斯科奖章	1944.5.1	1028600(到1995年1月1日)
保卫高加索奖章	1944.5.1	870000（到1985年）
母亲奖章	1944.7.8	13150000（到1995年1月1日）
保卫苏联北极地区奖章	1944.12.5	353240（到1995年1月1日)
攻克布达佩斯奖章	1945.6.9	362050（到1995年1月1日）
攻克柯尼斯堡奖章	1945.6.9	760000（到1987年）
攻克维也纳奖章	1945.6.9	277380（到1995年1月1日）
攻克柏林奖章	1945.6.9	1100000
解放贝尔格莱德奖章	1945.6.9	70000
解放华沙奖章	1945.6.9	701700（到1995年1月1日）
解放布拉格奖章	1945.6.9	400070（到1995年1月1日）
1941–1945年卫国战争战胜德国奖章	1945.5.9	14933000（到1995年1月1日）
战胜日本奖章	1945.9.30	1800000
保卫基辅奖章	1961.6.21	107540（到1995年1月1日）

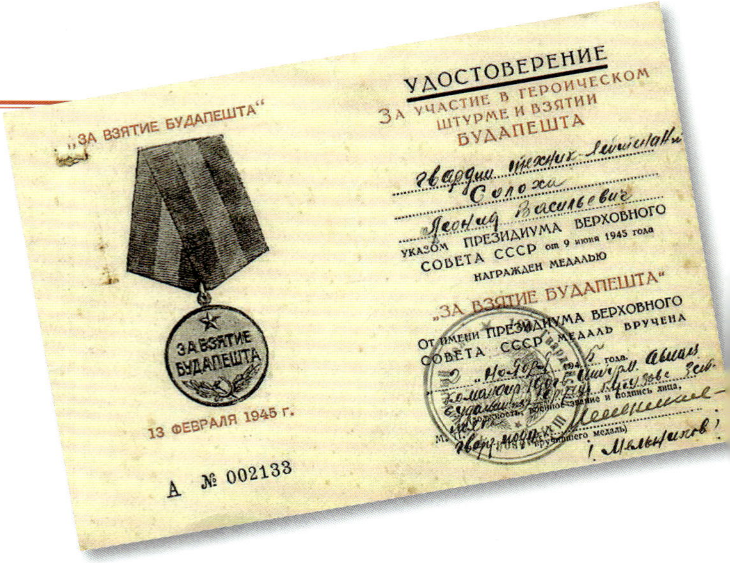

▲ 攻克布达佩斯奖章的获奖证书。

▼ 这些文件和奖章属于安德尔罗休克·普罗科普·彼得罗维奇下士（Androssiuk Prokop Petrovitch），他是近卫第31炮兵团的话务员。他获得了勇敢奖章和红星勋章，照片中同时展示的还有他在战后获得的各种纪念奖章。

A. 保卫列宁格勒奖章的获奖证书。

B. 保卫斯大林格勒奖章的获奖证书。

C. 攻克柏林奖章的获奖证书。

1　2　3　4　5　6　7　8

9　10　11　12　13　14　15

16　17

1. 保卫列宁格勒奖章。
2. 保卫莫斯科奖章。
3. 保卫斯大林格勒奖章。
4. 保卫敖德萨奖章。
5. 保卫塞瓦斯托波尔奖章。
6. 保卫高加索奖章。
7. 保卫苏联北极地区奖章。
8. 保卫基辅奖章。
9. 解放贝尔格莱德奖章。
10. 解放华沙奖章。
11. 解放布拉格奖章。
12. 攻克柯尼斯堡奖章。
13. 攻克布达佩斯奖章。
14. 攻克维也纳奖章。
15. 攻克柏林奖章。
16. 1941–1945年卫国战争战胜德国奖章。
17. 战胜日本奖章。

▲ I型劳动英勇奖章的正背面。

◄ **II型劳动英勇奖章。** 劳动英勇奖章，1938年12月27日设立，授予在工农生产劳动中达到高指标、在发展科学技术方面取得成就、在文化建设和发展苏联艺术方面做出优异成绩的苏联公民。

► 劳动优秀奖章，1938年12月27日设立，授予在进行突击工作、高效生产和发展科学技术和文化方面有功的工人、集体农庄庄员、职员、工程技术人员及其他工作人员。

▲ 一级母亲奖章。母亲奖章，1944年7月8日由苏联最高苏维埃颁布命令设立，有一、二级，分别授予养育6个和5个孩子的母亲。

▲ 二级母亲奖章。

▼根据苏联最高主席团1938年1月24日的命令设立了工农红军建军20周年奖章。1938年，该奖章授予了27575人，1939年授予了2515人。后来在1943年6月19日，根据苏联最高主席团命令对工农红军建军20周年奖章进行了修改，改为五角形挂章。截至1995年1月1日，该奖章共授予了37504人。

▲ 工农红军建军20周年奖章的证书。

▲ 佩戴工农红军建军20周年奖章的巴伦廷·亚历山大罗维奇·扎哈罗夫中校（Valentin Aleksandrovich Zakharov）。这张照片摄于1941年早期，他后来参加了卫国战争，获得了列宁勋章、红旗勋章和光荣勋章。

◀ I型工农红军建军20周年奖章。

▲ II型工农红军建军20周年奖章，根据1943年的命令发生了变化。

Имя, отчество и фамилия

Подпись владельца книжки

289361.
54723

2. Имеет право, начиная с 1-III-1941 г на получение орденских денежных выдач и на другие льготы и преимущества, согласно „Общему положению об орденах Союза ССР".

3. Книжка бессрочная.

Секретарь Президиума Верховного Совета СССР

№ 072726

1941 г.

ОБЩЕЕ ПОЛОЖЕНИЕ

об орденах Союза ССР.

1. Орден Союза ССР является высшей наградой за особые заслуги в области социалистического строительства и обороны Союза ССР.

2. Центральным Исполнительным Комитетом Союза ССР учреждены следующие ордена Союза ССР: „Орден Ленина", „Красное Знамя", „Красная Звезда", „Трудовое Красное Знамя" и „Знак Почета".

3. Орденами Союза ССР могут награждаться как отдельные граждане, так и войсковые соединения и воинские части Рабоче-Крестьянской Красной Армии, предприятия, учреждения и организации.

3

► 扎哈哈罗中校的勋章证书，上面列有他获得的勋章。

卫上述城市的军人和居民。1943年2月2日，设立了一、二级卫国战争游击队员奖章，授予在卫国战争的游击运动中的积极参加者和组织者。1944年3月3日，设立了乌沙科夫奖章，授予在海上战斗中表现英勇的海军士兵和军士。同日，设立了纳西莫夫奖章，授予海军士兵、军士以及其他冒着生命危险以自己巧妙、主动、勇敢的行动帮助海军舰艇、部队和分队顺利完成战斗任务的人员。1944年5月1日，设立了保卫莫斯科和保卫高加索奖章，授予上述地区的保卫战的参加人员。1944年12月5日，设立了保卫苏联北极地区奖章，授予直接参加保卫北极圈内地区战斗或构筑防线和防御工事的军人和公民。1945年5月9日，设立了1941-1945年卫国战争战胜德国奖章，授予直接战斗者或在教导部队、后备部队、后勤部队、院校或各机关经自己的有效工作保障了战斗胜利的人员。1945年6月9日，设立了攻克布达佩斯奖章、攻克柯尼斯堡奖章、攻克维也纳奖章、攻克柏林奖章、解放贝尔格莱德奖章、解放华沙奖章、解放布拉格奖章，授予直接参加攻打并夺取、解放上述城市或者组织领导上述战役的军人及其他人员。1945年9月30日，设立了战胜日本奖章，授予直接参加反对日本的战斗或保障这些战斗的军人及其他人员。

近卫军证章和荣誉称号

“近卫军”这一称号可以追溯到十月革命以前，在俄罗斯内战中，功勋部队也曾获得过这一称号。在卫国战争期间，为了鼓舞士气，苏联红军开始授予那些战功卓著的部队、舰艇、兵团和军团“近卫军”的称号。苏联近卫军诞生于1941年9月18日，遵照最高统帅部大本营的决定，为表彰全体人员的集体英雄主义、勇敢顽强的战斗精神和高超的军事技能 苏联国防人民委员部发布了第308号命令。该命令最早将以下各师改名：步兵第100师改称“近卫步兵第1师”，步兵第127师改称“近卫步兵第2师”，步兵第153师改称“近卫步兵第3师”，步兵第161师改称“近卫步兵第4师”。

根据苏联最高苏维埃主席团1943年6月11日的决议，凡荣获近卫军称号的部队和兵团，均授予近卫军军旗。近卫集团军军旗的旗面白红色丝绸制成，边缘饰以金色流苏，尺寸为175x115厘米。军旗的正面中央为刺绣的列宁头像，其直径为48x46厘米，上方的铭文“为了祖国”（"За нашу Советскую Родину），下方则是“苏联”的俄文缩写“СССР”。背面中央是近卫军徽章图案的刺绣，四周围绕着橡树叶环图案，花环直径60厘米；在其上方为近卫军口号——“消灭德国侵略者”（Смерть немецким захватчикам），下方是部队的名称。在旗面的三个边缘处绣有五角金星、镰刀和斧头图案。军旗旗杆为木质，呈圆形，长2.5米，直径4厘米，颜色为深棕色，底端装金属环，顶端则装有带图案的镀镍金属尖顶饰。其他级别的近卫军部队的军

▲ 1943年1月3日，时任第62集团军司令的崔可夫在斯大林格勒向近卫第39步兵师授予近卫军军旗。

▲ 近卫第10集团军司令米哈伊尔·伊里奇·卡扎科夫（1901–1979）将二级苏沃洛夫勋章别在荣获红旗勋章和苏沃洛夫勋章的近卫红旗潘菲洛夫列日察第8步兵师的红旗上，该师因于1944年11月3日收复里加而获二级苏沃洛夫勋章。

▲ 近卫集团军军旗的正面与背面。注意，这个正面与背面在许多资料上都被弄反了。这里的军旗属于近卫第8诸兵种合成集团军。

◄ 这张上色照片的主人公是一名炮兵上校，他的制服上佩戴着两枚红星勋章，下面是近卫军证章。他还获得了以下奖章：战功奖章、保卫斯大林格勒奖章、1941–1945年卫国战争战胜德国奖章和苏军建军30周年纪念奖章。

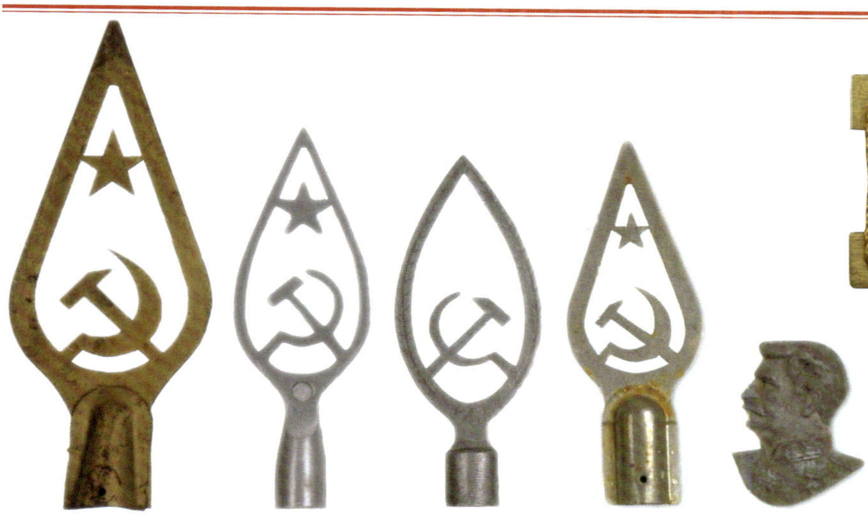

▲ 旗杆尖顶饰和一件金属涂漆制斯大林头像。

▲ 这里跳出陆军的范围介绍下海军近卫军证章。根据1942年6月19日海军人民委部第142号命令引入该证章，佩戴在右胸，在制服的第二和第三枚纽扣中间的水平位置。官方一直使用这种海军近卫军证章直到1943年。后来采用了1942年5月21日设立的近卫军证章这一统一的近卫军符号，但海军仍然有佩戴这种原属于海军的近卫军证章的情况，在战争后期甚至战后的照片上就可以看到。

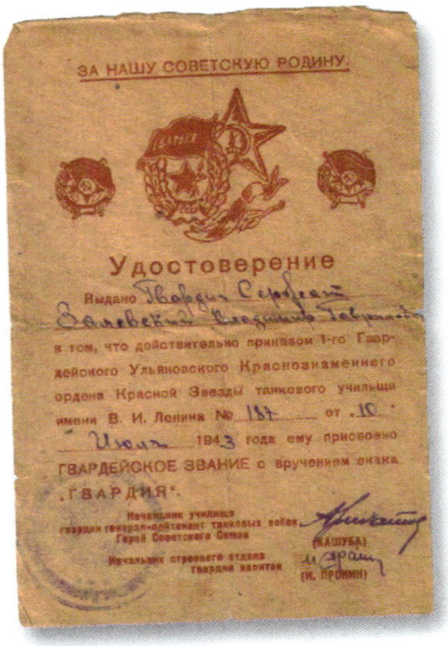

ЗА НАШУ СОВЕТСКУЮ РОДИНУ.

Удостоверение

Выдано Гвардии Сержант
Залевский Владимир Гаврилович
в том, что действительно приказом 1-го Гвардейского Ульяновского Краснознаменного ордена Красной Звезды танкового училища имени В. И. Ленина № 187 от „10“ Июля 1943 года ему присвоено ГВАРДЕЙСКОЕ ЗВАНИЕ с вручением знака „ГВАРДИЯ“.

Начальник училища гвардии генерал-лейтенант танковых войск Герой Советского Союза (КАШУБА)

Начальник строевого отдела гвардии капитан (И. ПРОНИН)

► 一张非常难得的和近卫军证章一起颁发的证书，这份证书授予了近卫中士扎尔夫斯基·弗拉基米尔·维诺格拉罗维奇（Zalvski Vladimir Gavrilovitch ）。根据获得列宁勋章和红星勋章的近卫乌里扬诺夫斯克（Oulianovsk）第一坦克学校在1943年7月10日发布的第187号命令，他在获得近卫军证章的同时，还获得了近卫中士的军衔。这份证书由学校校长，苏联英雄卡楚巴中将(Kachuba)和学校指挥官近卫上尉普罗宁（Pronin）共同签发。

▼ 近卫步兵第2师第54炮兵团普罗科片科·吉洪·丹尼洛维奇（Prokopenko Tikhor Danilovitch）的战士证内页，上面记录着他被授予近卫军证章的情况。

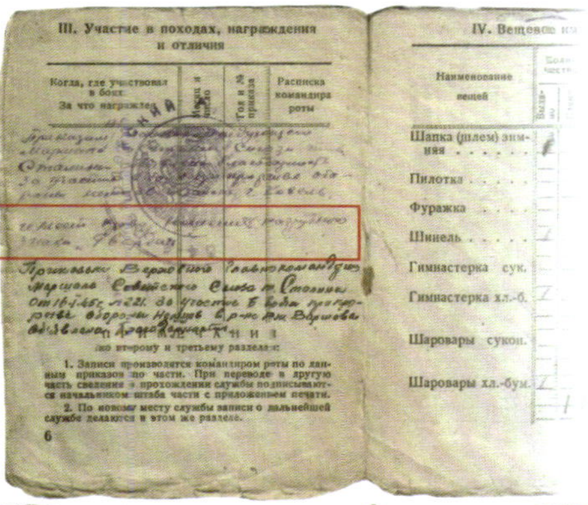

III. Участие в походах, награждения и отличия

Когда, где участвовал в боях. За что награжден	Месяц и число	Год и № приказа	Расписка командира роты

ПРИМЕЧАНИЯ по второму и третьему разделам:

1. Записи производятся командиром роты по данным приказов по части. При переводе в другую часть сведения о прохождении службы подписываются начальником штаба части с приложением печати.
2. По новому месту службы записи о дальнейшей службе делаются в этом же разделе.

6

IV. Вещевое

Наименование вещей

Шапка (шлем) зимняя
Пилотка
Фуражка
Шинель
Гимнастерка сук.
Гимнастерка хл.-б.
Шаровары сукон.
Шаровары хл.-бум.

1

2

► 第二次世界大战期间的近卫军证章。1. 早期证章的外形略圆，根据制造商的不同尺寸其形状也略有差异（47毫米×35毫米、44毫米×33毫米、46毫米×35 毫米、45毫米×35 毫米、46毫米×36毫米、48毫米×36毫米和47毫米×38毫米）。1950年以后，红旗带有流苏的特征。2. 内战时期的近卫证章带有一个红布背衬，在这里明显能看出所用的珐琅比较脆弱。

▲ *这两名坦克军士佩戴着类似的奖章和勋章，他们的左胸都佩戴着光荣勋章、战胜德国奖章、勇敢奖章和解放华沙奖章；右胸佩戴着红星勋章、卫国战争奖章和近卫军证章。此外，左侧的军士还佩戴着优秀坦克手证章。*

旗与近卫集团军军旗基本一样，只是旗面中央的近卫军徽章没有橡叶环，尺寸也缩小为38x50厘米。

1942年5月21日，根据苏联最高苏维埃主席团第167号命令，设立了近卫军证章，用于授予个人，授予的人员要求必须是近卫部队成员，而不能把这个证章当作一般奖励来普遍颁发。由此开始为苏军陆军近卫部队和兵团的军人颁发近卫军证章，而为海军近卫军人颁发的则是系有黑竖条橙黄色波纹绶带的长方形金属薄板制成的证章，同时设立近卫军军人称号，证章佩戴于右胸。授予这个证章的标准类似优秀战士证章，这名士兵需要表现出他的活力、政治热情以及在整个训练过程中良好的同志关系，或者在需要表彰却不被批准颁发奖章的时候授予。近卫证章与一个证书一同颁发，获得这个证章也会被记录在战士证里。

这个证章同时还会带来许多物质上的便利，事实上，近卫部队会获得更好的武器装备和制服。他们的工资更高，补给更好，接收的口粮也更好。另一方面，近卫部队总是要位于最前线，完成最危险的任务。在卫国战争中，荣获近卫军称号的单位有：11个诸兵种合成集团军和6个坦克集团军；1个骑兵机械化集群；40个步兵军、7个骑兵军、12个坦克军、9个机械化军和14个航空兵军；117个步兵师、9个空降兵师、17个骑兵

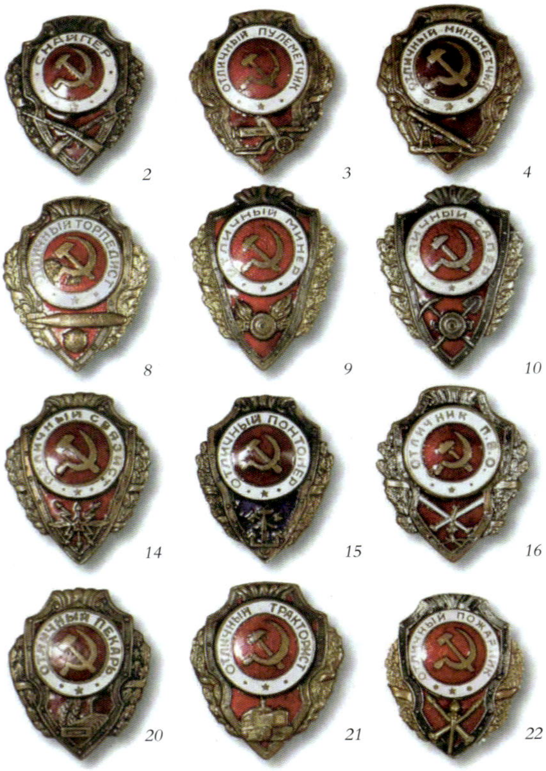

师、6个炮兵师、53个航空兵师、6个高射炮兵师、7个火箭炮兵师；13个摩托化步兵旅、3个空降兵旅、66个坦克旅、28个机械化旅、3个自行火炮旅、64个炮兵旅；1个迫击炮旅、11个歼击反坦克炮兵旅、40个火箭炮兵旅、6个工程兵旅和1个铁道兵旅；1个筑垒地域；海军的18艘水面舰艇、16艘潜艇、13个战斗快艇大队、2个航空兵师、2个高射炮兵团、1个海军陆战旅、1个海军铁道炮兵旅，以及其他各兵种大量部队。

部队也能获得某个战役的荣誉称号或者集体勋章，例如近卫第20步兵师。该师于1941年6月27日在波洛茨克地区首次投入战斗，1944年2月收复克里沃罗格（Krivoy Rog），为此，于2月26日荣获“克里沃罗格师”这一荣誉称号。因出色地完成各种战斗任务，该师于4月12日荣获红旗勋章，9月7日又荣获二级苏沃洛夫勋章。该师的公章上刻有这个荣誉称号——克里沃罗格师，师旗上带有所获的二种勋章的绶带。

优秀战士证章

这些证章授予那些经过考验，积极主动、军事训练成绩优秀、执行勤务出色、严格遵守纪律和政治上可靠的士兵个人。1939年11月14日，苏联人民委员会设立了工农红军优秀分子证章。1942年5月21日，为士兵和军士设立了一系列风格相同的优秀证章。这些优秀战士证章的主体是中世纪的俄罗斯盾牌，两侧环绕着橡树叶，底部是授予相应单位的象征图案。这

证章	设立时间
1. 工农红军优秀分子	1939.11.14
2. 优秀狙击手	1942.5.21
3. 优秀机枪手	1942.5.21
4. 优秀迫击炮手	1942.5.21
5. 优秀炮手	1942.5.21
6. 优秀坦克手	1942.5.21
7. 优秀潜艇艇员	1942.5 21
8. 优秀鱼雷手	1942.5 21
9. 优秀地雷工兵	1942.8.19
10. 优秀工兵	1942.8.19
11. 优秀卫生兵	1942.11.4
12. 优秀铁道兵	1942.12.21
13. 优秀侦察兵	1943.3.10
14. 优秀通信兵	1943.4 3
15. 优秀舟桥兵	1943.4 5
16. 优秀防空兵	1943.4.30
17. 优秀汽车驾驶员	1943.7.8
18. 优秀道路兵	1943.7.8
19. 优秀炊事员	1943.7.8
20. 优秀面包师	1943.7.8
21.优秀拖拉机手	1943.9.10
22. 优秀消防队员	1943.11.22
23. 优秀射手	1947.6.10
24~25. 优秀空军战士（两种变型）	1950

5

6

7

11

12

13

17

18

19

23

24

25

1

▲ 佩戴着“优秀坦克手”证章的近卫第100独立炮兵营上士丘宾（I.F. Chubin），摄于1945年6月。

些证章佩戴在右侧胸部，旅级及以上指挥人员（后期权利扩大到部队指挥人员）有权颁发这种证章。随后，这种证章的种类进一步扩大。二战结束后，苏联共出现了24种不同的优秀战士证章。尽管这些证章在当时的照片中频繁出现，但必须符合严格的条件才能进行颁发。事实上，士兵不论是在训练过程中，还是在前线，都要努力证明自己在政治和军事上符合条件。这种证章仅颁发给士兵和军士，并且会在他的战士证中记录。同一名士兵可以获得几种不同的证章，尤其是炮兵。因为，炮兵在获得优秀炮手证章的同时，还可以获得炮兵专业的一个分支如优秀迫击炮手证章。

战伤章

1942年7月14日，国防人民委员部第213号命令为在卫国战争中受伤的军人引入了一种特殊的识别符号，这就是战伤章。战伤章是一种特殊的荣誉，分为轻伤章和重伤章。为自己的国家抛头颅洒热血的人应该得到人们的尊重。这种证章是一种长43毫米，宽5~6毫米的镶条，带有丝绸制的饰带，红色表示轻伤，金黄色（黄色）表示重伤。在战斗中或在执行公务的时候因敌人袭击而受伤的苏军士兵有权利佩戴这种证章。

▲ 塞兹兰坦克学校的学员季莫什金（左）和他的朋友维克托的合影，摄于1945年6月。我们能看到季莫什金佩戴着轻伤章和重伤章。

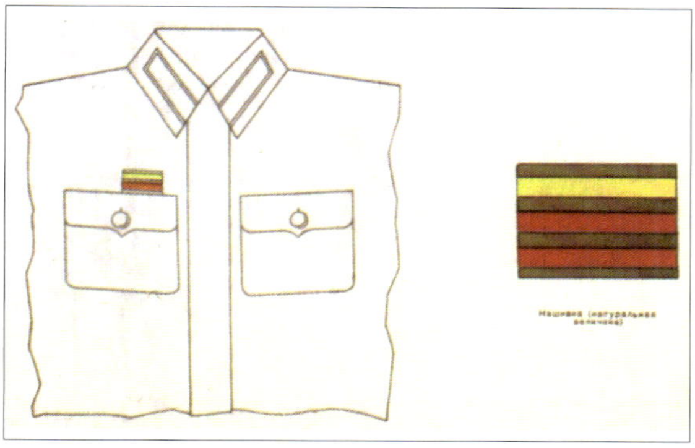

◄ 1922年型青年团员徽章。这里展示的是最初发放的1922年型徽章款式，还存在其他款式，一直使用到1944年。

► 1944年型苏联列宁共产主义青年团员徽章。1944年9月22日，苏联共青团决定改变自己的形象，将其缩写由“КИМ”改为“ВЛКСМ”，因此其团员徽章也进行了改变。这种团员徽章一直使用到1958年。

▲ 工厂用纺织品制成的轻伤章和重伤章，还存在变型版本的战伤章。

国防及航空化学建设促进会证章

国防及航空化学建设促进会是苏联群众性的军事爱国主义组织，它发展于1920年成立的军事科学协会。该协会发展很快，在20世纪20年代就成了全军性的协会，后来发展为全国性的协会。由于军事科学协会变成了群众性的国防组织，1926年7月27日改称为苏联国防后援协会。1925年，在它与航空之友协会、化学防御协会和化学工业之友协会合并的基础上成立了航空和化学工业之友协会并积极开展活动。1927年1月23日，在航空和化学工业之友协会全苏第一次代表大会的代表与苏联

共青团员证章

早在1917年2月，苏共就发起了成立工人青年团的号召。1917年4月，第一批青年组织在彼得格勒维堡区和纳尔瓦-彼得戈夫区诞生。1917年夏秋，青年团在俄国各大城市纷纷建立了，并积极参加了十月社会主义革命。1918年10月29日召开的全俄工农青年团第一次代表大会，正式把以前分散的青年团联合成俄国共产主义青年团。1924年7月，改名为俄国列宁共产主义青年团，1926年3月又改名为苏联列宁共产主义青年团。在卫国战争中，共有350万名共青团员奔赴前线，到1942年年底，苏联陆海军团组织中已经拥有240多万名共青团员，占苏联共青团员总数的三分之一。在战争年代，约有500万名苏联军人加入了共青团，180万名军人团员加入了共产党。1941-1945年，共有1050万名青年加入苏联共青团，其中有350多万名团员由于在战斗或劳动中表现出献身精神而获得各种苏联勋章和奖章。在这些人中，有1262名团员成为“苏联英雄”，60名团员两次荣获“苏联英雄”称号，40名团员获得“社会主义劳动英雄”称号。1945年6月14日，为表彰共青团在卫国战争中所建立的功勋以及教育青年所做的辛苦工作，苏联最高苏维埃主席团授予共青团列宁勋章。作为为苏联做出巨大贡献的群众性的社会政治组织，这里不能不有所提及。

◄ 苏联国防及航空化学建设促进会的会员徽章，也存在不同年份制造的不同样式。

► 1936年3月4日，为了加强训练青年骑手，苏联国防及航空化学建设促进会中央委员会确立了伏罗希洛夫骑手标准。同时，还批准成立骑兵小组、骑马运动俱乐部和学校，并于6月2日设立了伏罗希洛夫骑手证章。

► 国防及航空化学建设促进会的突击手证章，1933年9月4日批准设立，一直颁发到1941年。

▲ 苏联国防及航空化学建设促进会的会员证。

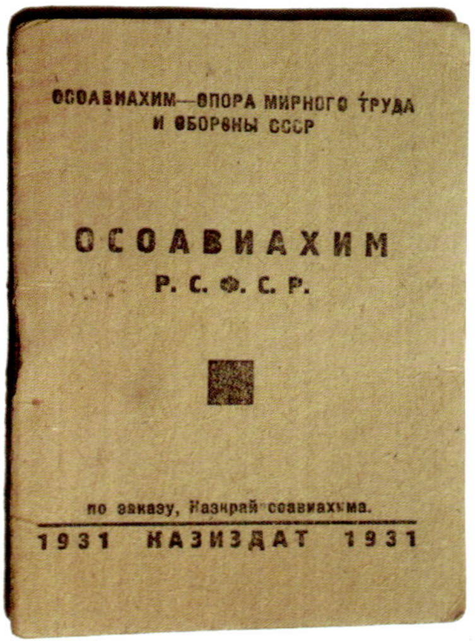

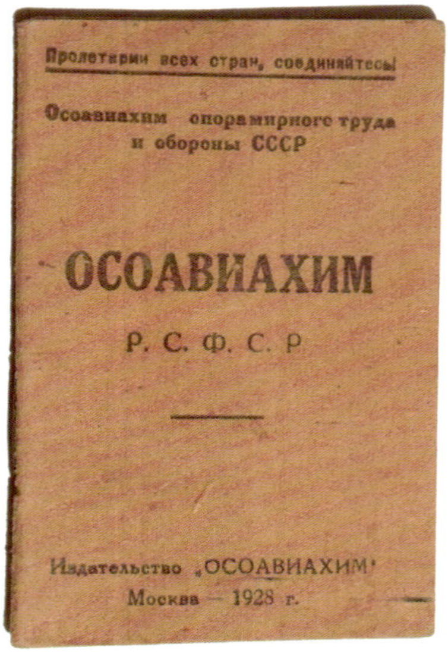

▲ 其他样式的苏联国防及航空化学建设促进会的会员证。

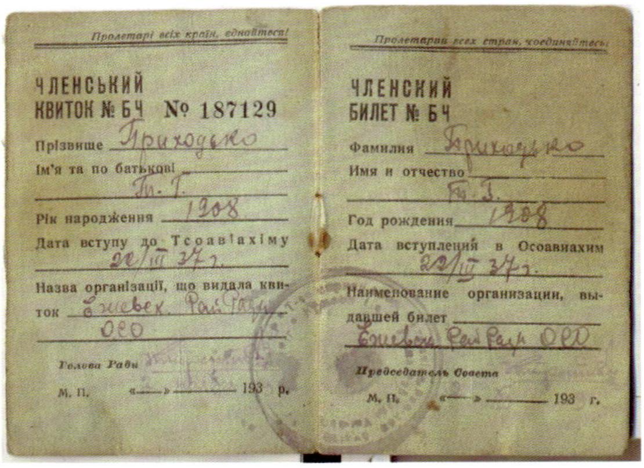

▲ 苏联国防及航空化学建设促进会的会员证的内页。

国防后援协会中央理会例行全会参加者的联席会议上，通过了关于合并这两个协会的决议，合并之后称为国防及航空化学建设促进会。其主要任务是：为加强国防力量而在劳动人民中开展群众性国防工作，协助发展航空和化学工业，在居民中传播军事知识，用苏维埃爱国主义精神教育他们。国防及航空化学建设促进会在训练后备人员方面发挥了很大的作用，到二战爆发前，约有1400万会员，组成32.9万个基层组织、15.6万个小组、26680个小队和350个支队，还有260万人在这些组织中学习各种专业军事知识。战争爆发后，其一半以上的会员加入了作战部队、民兵部队、歼击营和游击队。在战争中，该协会组织了对居民的军事知识普及，加强了地方的防空、防化学建设，开展了收集资金和物资等工作。截至1941年8月，该协会共组建了22万个负责各种国土地方防空的自卫小队和小组，共计2800多万人。至1941年年底，约有8500万劳动者受过防空和防化学的基础训练。

伏罗希洛夫神枪手证章

国防及航空化学建设促进会中央委员会主席团于1932年10月29日批准了“伏罗希洛夫神枪手”这一称号，后来在12月29日设立了同名的伏罗希洛夫神枪手证章。1934年4月10日，为了继续提高会员的射击技能，国防及航空化学建设促进会中央委员会经研究后，决定于5月28日将这种证章分为两个级别。这样，获得二级伏罗希洛夫神枪手证章就需要达到更高的要求。1934年7月设立了少年伏罗希洛夫神枪手证章，授予少先队员和中小学生。后来在苏联红军政治局的建议下，这个证章被推广为一种奖励授予苏联武装力量。1934年6月11日，根据苏联革命军事委员会第93号命令，宣布了苏联红军和红海军“伏罗希洛夫神枪手”条例和颁发程序，这个证章的授予权限被转交给了独立部队指挥人员。苏联红军的伏罗希洛夫神枪手证章的特点是齿轮上带有苏联红军的“РККА”标记，以此取代了国防及航空化学建设促进会的“ОСОАВИАХИМ”标记。

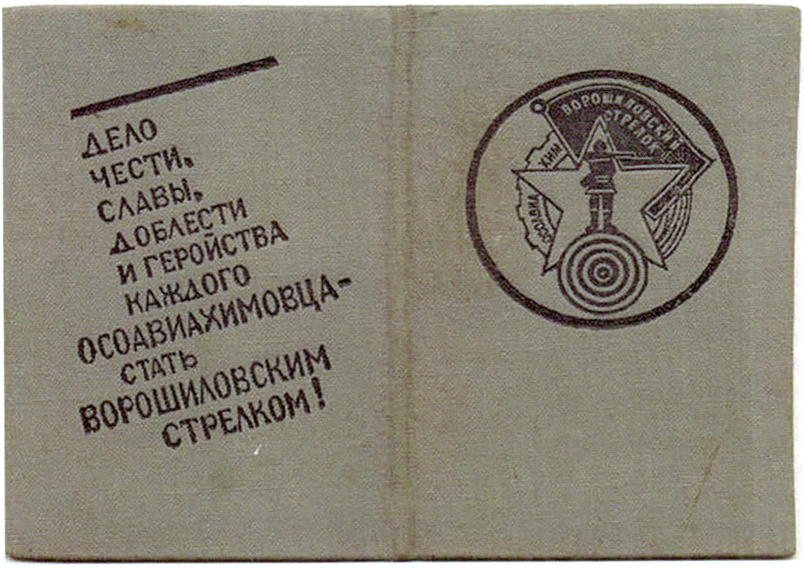

◄ 伏罗希洛夫神枪手证书的封底和封面。

▲ 苏联红军的二级伏罗希洛夫神枪手证章。

▲ 少年伏罗希洛夫神枪手证章。

▲ 国防及航空化学建设促进会的伏罗希洛夫神枪手证章。

苏军的其他证章

▲ 工农红军狙击手证章，根据国防人民委员部1937年1月10日的第2号命令设立。证章细节与设计图通过国防人民委员部1938年5月21日的第138号命令被批准采用。1938–1941年，造币厂共生产了141209枚这种证章。

▲ 汽车装甲坦克兵军用车辆优秀驾驶证章，根据国防人民委员会1936年1月3日的第1号命令设立，在卫国战争开始后停止了颁发。

▲ 坦克武器优秀射击证章，1936年1月3日根据苏联国防人民委员部第2号命令设立。如果忽视了武器的保养与存储，或因过失而发生事故，证章就会被剥夺。该证章在卫国战争开始后就停止了颁发，最后颁发的日期是1941年6月22日。

► 1938年型优秀射击证章，根据苏联国防人民委员部1938年5月21日的第139号命令设立，授予苏联红军战士和指挥人员，奖励他们在步枪、机枪、左轮手枪和手枪射击方面取得的成就，共制造了291115枚，每枚的成本为4卢布8戈比。

▼ 1936年型优秀炮兵训练证章，根据国防人民委员部1936年8月14日的第150号命令设立，授予炮兵、炮兵飞机普通战士及指挥人员。根据苏联国防部长1962年4月4日的第82号命令，优秀炮兵训练证章就此停止颁发。

▲ 1936年型优秀炮兵射击证章，根据国防人民委员部1936年8月14日的第150号命令设立，授予完美射击的炮兵、炮兵飞机普通战士及指挥人员。

跳伞证章

自从苏联建立空降兵后，直到1955年才根据跳伞次数对跳伞员进行了如下分级，并设立了相应的证章：1~5次为跳伞员；不少于5次为跳伞运动员；20~300次为跳伞运动教员，证章分为I级和II级；300~1000次为跳伞运动能手。其中，跳伞员证章是根据苏联红军空军1932年3月7日的第28号命令批准设立的，发放给完成一次跳伞的人员，它存在许多变型。

▲ 1931年型跳伞员证章。

◀ 另一款1931年型跳伞员证章。

▲ 跳伞运动员证章。

▲ 跳伞运动教员证章。

▲ I级跳伞运动教员证章。

▲ II级跳伞运动教员证章。

▲ 跳伞运动能手证章。

第五章

军衔及符号

1935-1943年军兵种符号

1922年1月31日，根据共和国革命军事委员会第322号命令，苏联红军引入了军兵种符号。这次引进的符号非常复杂，每一种符号都代表了某一种类的部队，共有40种。1924年6月20日，根据苏联革命军事委员会第807号命令，苏联引入新式领章、军兵种符号。根据国防人民委员部1936年3月10日的第33号命令，苏联又一次为军队引入新的兵种符号，与以前的军兵种符号相比，在数量上进行了缩减。

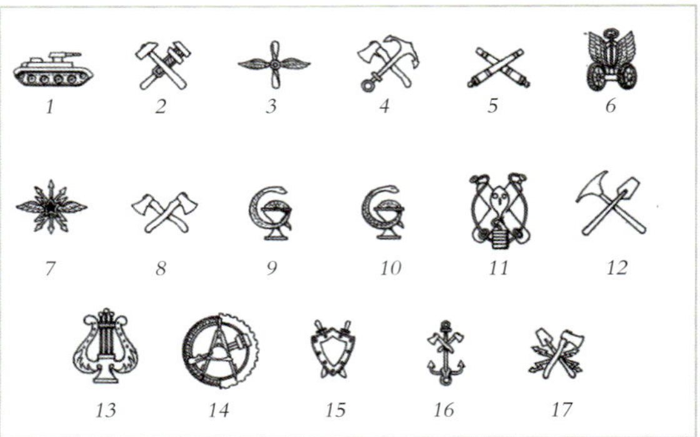

▲ 第33号命令确立的军兵种符号：1.装甲兵2；军事技术人员；3.空军；4.铁道兵；5.炮兵；6.汽车兵；7.通信兵；8.工程兵；9.军事医务人员；10.军事兽医人员；11.化学兵；12.工兵；13.军乐；14.军事经济和行政人员；15.军事司法人员；16.舟桥工兵；17.电气工兵。

注意这其中并没有步兵的兵种符号。1936年8月1日，根据国防人民委员部第165号命令，苏联改变了铁道兵的兵种符号，新符号为黄色，符号中间为红色五角星。根据国防人民委员部1941年8月1日的第253号命令，苏联引入了野战领章，所有军人的彩色军衔符号都被废除，由于这个命令，领章和军兵种符号都改用绿卡其保护色。然而，由于战争规模扩大以及苏联红军迅速增加，再加上供应困难，部队指挥人员抵制了这个命令。1942年3月30日，根据国防人民委员部第93号命令，苏联增设新的保护色版本和军需勤务符号，撤销原来旧的军事经济和行政人员符号（14）。根据国防人民委员部1942年4月12日的第121号命令，苏联增设航空技术勤务符号。

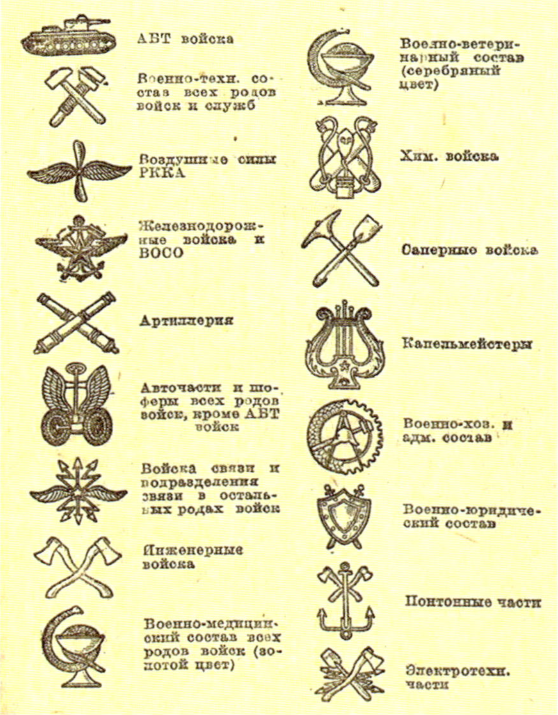

▲ 摘自莫斯科苏联国防人民委员部军事出版社于1938年出版的《工农红军内务条令》的第123页——关于军兵种符号的插图。

► 一名副排级指挥员。注意他领章上的汽车坦克装甲兵的兵种符号位置是左右对称的。

► 第11独立探照灯营的一名中尉，他的肩章上带有电气工兵的兵种符号。

▲ 苏联英雄弗拉迪米尔·库兹米奇·阿尔秋赫（Vladimir Kuzmich Artyukh 1907-1984）参加了苏芬战争，是西北方面军第7集团军独立第7舟桥营的一名司机，因在一次渡河过程中的表现勇敢，于1940年1月15日获“苏联英雄”称号，并获得第198号金星奖章，他的肩章上带有舟桥工兵符号。

组图：1936年的部分军兵种符号。

▼ 领章特写，注意上面的兵种符号。

◄ 由军迷扮演的1941年7月服役于斯摩棱斯克第38步兵师48团的下士。他头戴Ssh-40钢盔，身穿M1935制服，领章是汽车兵的黑色底版红色镶边，上面佩有汽车兵的兵种符号。他佩戴的护目镜也存在众多的变型，他的装备还包括一条腰带，腰带上携带着皮革弹夹包。这个弹药包是复制于旧沙皇时代的M1892型弹药包，可以容纳30发子弹。他还佩戴了一个军士地图包，由皮革制作的手套。他的武器是莫辛-纳甘M1938卡宾枪。

1935年的军兵种色

军兵种（专业勤务）	颜色	
	底版色	镶边色
步兵	深红色	黑色
骑兵	蓝色	黑色
炮兵	黑色	红色
汽车装甲坦克兵	黑色	红色
技术兵	黑色	蓝色
化学兵	黑色	黑色
铁道兵和军事交通勤务	黑色	蓝色
航空兵	天蓝色	黑色
军事经济和行政、卫生勤务、兽医勤务	深绿色	红色

注：根据国防人民委员1935年12月3日的第176号命令，以及 1936年8月31日的第165号命令，苏联依据军兵种和专业勤务确定红军军士和士兵的肩章兵种色。指挥人员的镶边色则改为金色。

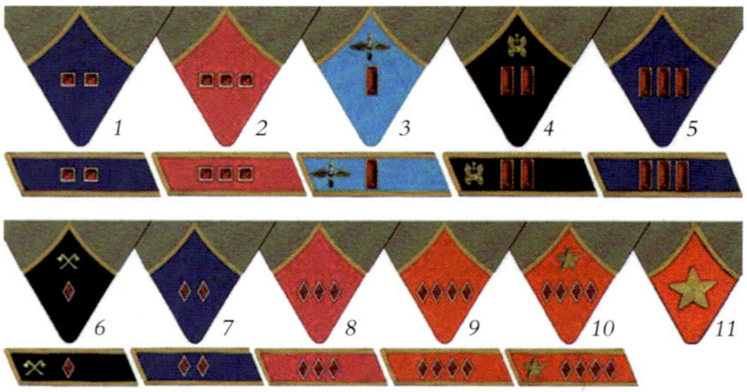

1. 中尉（骑兵）。
2. 上尉（步兵）。
3. 大尉（空军）。
4. 少校（汽车兵）。
5. 少校（骑兵）。
6. 旅级（技术兵）。
7. 师级（骑兵）。
8. 军级（步兵）。
9. 二级集团军级。
10. 一级集团军级。
11. 苏联元帅。

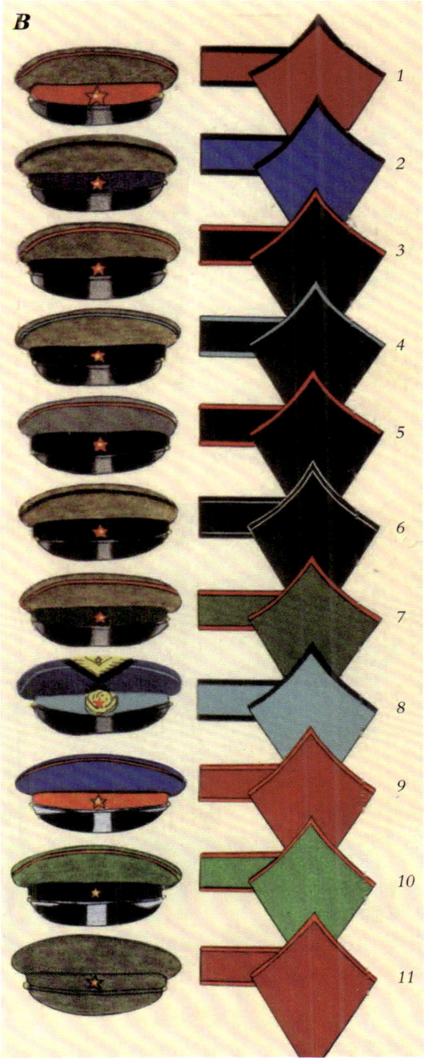

▲ **军兵种色（1935-1943）。**
A. 能看到冬季布琼尼帽和军官的大檐帽的帽徽后面带有布背衬。
B:
1. 步兵。
2. 骑兵。
3. 炮兵。
4. 技术兵。
5. 装甲兵。
6. 工程兵。
7. 卫生勤务。
8. 空军。
9. 内务人民委员部部队。
10. 边防部队。
11. 国家安全局。

◄ 一名工程兵上尉的上色照片，领章为军官样式的黑色底版金色镶边。

军衔

要研究苏联红军的军衔是相当复杂的，因为苏联红军军衔几经变化，不仅在军衔名称上，在军衔标志上也是如此。内务人民委员部的军衔则独立于正规部队自成体系。1935-1943年，苏联红军所有军衔人员的领章上都带有军种和兵种符号，同时在军官制服的上衣、马裤、船形帽、大檐帽和布琼尼帽上都带有彩色的军兵种色镶边。不同军种和兵种带有不同颜色构成的组合符号。这些符号由金属制成，别在领章上，除兽医勤务为银色外，其余全部为金黄色。其中一些军种和兵科符号可以使用别针固定在领章上，通过这些符号和领章的进一步配合，就能表明佩戴者所属的军种或兵种。尽管苏军也存在一些特别的步兵符号，但那并不是官方版本。1941年8月1日，根据第253号命令的规定，所有军种的领章和军衔均采用保护色——军绿色。紧接着8月3日颁发了第261号命令，取消了上衣和马裤的军兵种色镶边。

1935年12月3日，根据国防人民委员部的第176号命令，苏联为红军引入了新式制服和军衔。苏联红军的1935年式军衔使用时间是1935年12月-1940年11月。1935年式军衔将所有军事人员分为三个级别，分别是：1. 普通士兵和初级指挥人员；2. 指挥人员；3. 高级指挥人员（包括：军事政工人员、军事技术人员、军事经济和行政人员、军事医务人员、军事兽医人员、军事司法人员）。

▲ 1935年军衔上的珐琅标志。

苏联红军陆海军军人军衔（1935-1940）

根据人民委员会于1935年9月22日为陆军和空军引入新式军衔的第2590号决议以及为红海军引入新式军衔的第2591号决议，国防人民委员1935年9月26日颁发了第144号命令，宣布为苏联红军引入新式军衔。

士兵及指挥人员		政工人员	军事技术人员		军事经济和行政人员	军事医务（兽医）人员	军事司法人员
苏联红军陆军和空军	红海军		苏联红军 陆军和空军	红海军			
苏联红军战士 Красноармеец	红海军战士 Краснофлотец	-	-	-	-	-	-
班级 Отделенныйкомандир	班级 Отделенный командир	-	-	-	-	-	-
副排级 Младшийкомвзвода	-	-	-	-	-	-	-
大士 Старшина	海军大士 Старшина	副政治指导员级 Заместитель политрука[2]	-	-	-	-	-
少尉 Младшийлейтенант[1]	海军少尉 Младшийлейтенант[1]	-	初级军事技术员 Младший воентехник[1]	初级军事技术员 Младший воентехник[1]	-	-	-
中尉 Лейтенант	海军中尉 Лейтенант	中尉政治指导员级 Младшийполитрук[1]	二级军事技术员 Воентехник2 ранга	二级军事技术员 Воентехник2 ранга	二级军需技术员 Техник-интендант2 ранга	助理军医 （助理兽医军医） Военфельдшер (военветфельдшер)	初级军法官 Младший военюрист
上尉 Старшийлейтенант	海军上尉 Старшийлейтенант	上尉政治指导员级 Политрук	一级军事技术员 Воентехник1 ранга	一级军事技术员 Воентехник1 ранга	一级军需技术员 Техник-интендант1 ранга	主任助理军医 （主任助理兽医军医） Старший военфельдшер (военветфельдшер)	军法官 Военюрист
大尉 Капитан	海军大尉 Капитан-лейтенант	大尉政治指导员级 Старшийполитрук	三级军事工程师 Военинженер3 ранга	三级军事工程师 Военинженер3 ранга	三级军需员 Интендант3 ранга	三级军医 （三级兽医军医） Военврач (военветврач)3 ранга	三级军法官 Военюрист3 ранга

少校 Майор	海军少校 Капитан 3 ранга	营政委级 Батальонный комиссар	二级军事工程师 Военинженер 2 ранга	二级军事工程师 Военинженер 2 ранга	二级军需员 Интендант2 ранга	二级军医 （二级兽医军医） Военврач (военветврач) 2 ранга	二级军法官 Военюрист 2 ранга
上校 Полковник	海军中校 Капитан 2 ранга	团政委级 Полковойкомиссар	一级军事工程师 Военинженер 1 ранга	一级军事工程师 Военинженер 1 ранга	一级军需员 Интендант1 ранга	一级军医 （一级兽医军医） Военврач (военветврач) 1 ранга	一级军法官 Военюрист 1 ранга
旅级 Комбриг	海军上校 Капитан 1 ранга	旅政委级 Бригадный комиссар	旅级工程师 Бригинженер	三级分舰队工程师 Инженер-флагман 3 ранга	旅级军需 Бригинтендант	旅级军医 （旅级兽医军医） Бригврач (бригветврач)	旅级军法官 Бригвоенюрист
师级 Комдив	二级分舰队级 Флагман 2 ранга	师政委级 Дивизионный комиссар	师级工程师 Дивинженер	二级分舰队工程师 Инженер-флагман 2 ранга	师级军需 Дивинтендант	师级军医 (师级兽医军医) Дивврач (дивветврач)	师级军法官 Диввоенюрист
军级 Комкор	一级分舰队级 Флагман 1 ранга	军政委级 Корпуснойкомиссар	军级工程师 Коринженер	一级分舰队级工程师 Инженер-флагман 1 ранга	军级军需 Коринтендант	军级军医 （军级兽医军医） Корврач (корветврач)	军级军法官 Корвоенюрист
二级集团军级 Командарм 2 ранга	二级舰队级 Флагман флота2 ранга	二级集团军政委级 Армейскийкомиссар 2 ранга	集团军级工程师 Арминженер	舰队级工程师 Инженер-флагман флота	集团军级军需 Арминтендант	集团军级军医 (集团军级兽医军医) Армврач (армветврач)	集团军级军法官 Армвоенюрист
一级集团军级 Командарм 1 ранга	一级舰队级 Флагман флота1 ранга	一级集团军政委级 Армейскийкомиссар 1 ранга	-	-	-	-	-
苏联元帅 Маршал Советского Союза		-	-	-	-	-	-

注：

1. 根据人民委员会1937年8月5日的第1296号决议增设新军衔，国防人民委员部1937年8月20日的第166号命令将其公布。
2. 根据人民委员会1938年4月1日的第426号决议增设了新军衔，国防人民委员部1938年4月5日的第045号命令将其公布。
3. 根据海军人民委员会1940年8月19日的第487号命令，海军副政治指导员及助理政治指导员军衔被废除了。
4. 以上根据战士出版社《苏联军事百科全书》译出。在该出版社的《苏联武装力量》一书中，旅级以上可以按职务分别称为旅长、师长、军长、二级集团军司令员、一级集团军司令员。

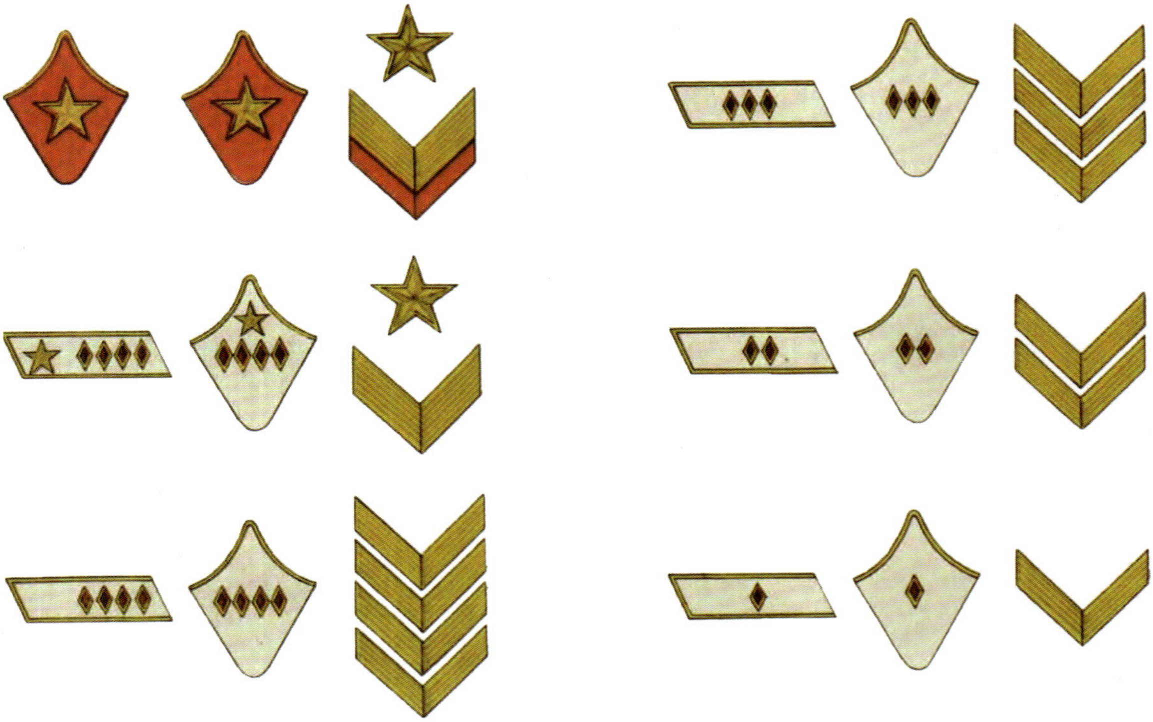

▲ 1935年12月3日，国防人民委员部第176号命令引入的新式军衔，从上到下、自左向各依次为：苏联元帅、一级集团军级、二级集团军级、军级、师级、旅级。苏联元帅为刺绣金星，大衣领章金星的直径为6厘米，制服领章金星的直径5为厘米。

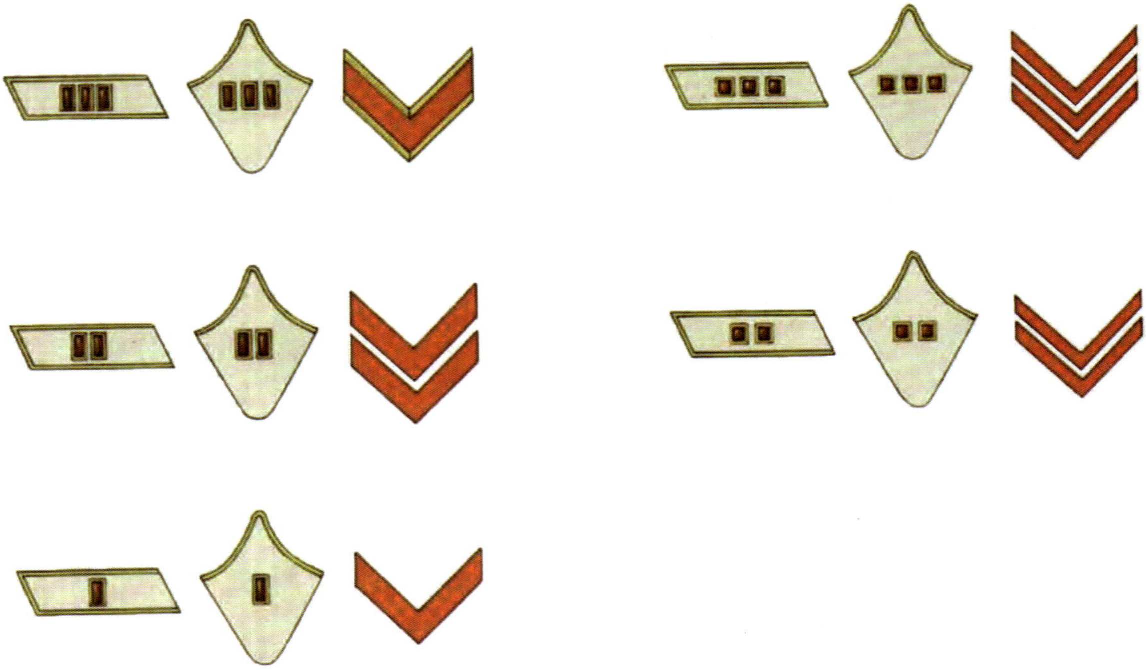

▲ 1935年的军衔标志，从上到下、自左向右依次为：上校、少校、大尉、上尉、中尉。

► 带有兵种色镶边的步兵军官船形帽。

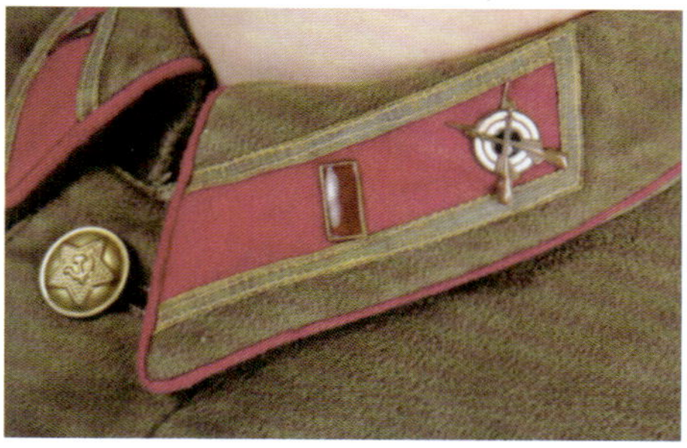

▲ 1935年式军官领章特写，第二张是缝制领章的衣领背面的特写照片，展示了军衔符号和兵种符号固定在领章上的方式。

▲ 衣袖底部的军衔袖章。

► 由军迷扮演的1941年6月服役于布列斯特要塞第42步兵师第44团的大尉。这名步兵军官穿着M1935制服，也就是著名的弗伦奇式军服，扎着带有五角星的军官腰带。他佩戴的军衔标志包括领章和袖章，船形帽带有兵种色镶边。这名军官脚穿皮鞋，腿上系着1938年式皮革绑腿。

▲ 第176号命令引入的苏联元帅军衔的细节，大衣领章上的金线刺绣五角星直径为6厘米，制服领章上的五角星直径为5厘米。这一军衔根据苏联国防人民委员1940年7月13日的第212号命令被取消。

◄ 1939年佩戴着一级集团军级军衔的库利克。他自1939年1月起任副国防人民委员兼总械部部长，1940年成为苏联元帅。

苏联根据国防人民委员部1935年12月3日发布的第176号命令引入的骑兵军衔符号

领章	袖章	军衔
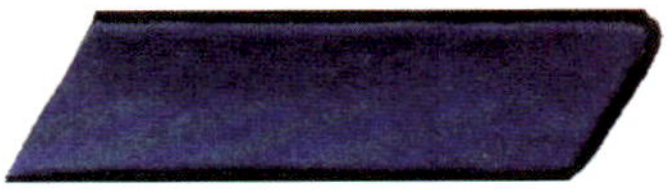	–	苏联红军战士
	–	班级
	–	副排级
	–	大士
		少尉 (1937年8月5日增设)
		中尉
		上尉
		大尉
		少校
		上校
		旅级

领章	袖章	军衔
		师级
		军级
		二级集团军级
		一级集团军级
		苏联元帅

▲ 两名苏联红军骑兵战士，注意他们的领章上并没有骑兵的兵种符号。

▲ 第202通信营的主任助理军医米赫耶夫·埃琳娜·冈查洛娃（Mikheev Elena Goncharova）。

苏联根据国防人民委员部1935年12月3日发布的第176号命令引入的军事医务人员军衔符号

领章	军衔
	助理军医
	主任助理军医
	三级军医
	二级军医
	一级军医
	旅级军医
	师级军医
	军级军医
	集团级军医

军事政工人员军衔

▲ 这些政工军军官在他们的大衣袖口上佩戴着特殊的袖章。

▲ 政工人员袖章的正背面。

苏联红军政工人员军衔（1935-1943）

领章	军衔	备注
	副政治指导员级	1938年4月5日增设
	中尉政治指导员级	1937年8月5日增设
	上尉政治指导员级	–
	大尉政治指导员级	–
	二级营政委级	–
	一级营政委级	1939年9月1日增设
	团政委级	1939年9月1日增设
	旅政委级	–
	师政委级	–
	军政委级	–
	二级集团军级政委	–
	一级集团军级政委	–

注：政工人员的袖口上镶着带有锤子和镰刀图案的红五角星，为呢绒星章，直径为55毫米。

► 由军迷扮演的1941年8月服役于斯摩棱斯克第129步兵师343团的中尉政治指导员。

◄ 领章特写。

▼ 袖章特写。

◄ ▼ 1942年的一名炮兵部队的参谋军官，左边是两名政工人员，可以从局部放大的照片上看到他们的红五角星袖章、领章和战伤章。

内务人民委员部部队、机关军人的军衔及专业军衔（1935–1940）

国家安全总局的军衔是根据苏联中央执行委员会1935年10月7日的第20/2256号决议引入的，内务人民委员部边防军及内务部队的军衔是根据人民委员会1935年10月7日的第2250号决议引入的。1935年10月10日，内务人民委员部颁发的第319号命令公布了新式军衔。后来人民委员会进行了补充规定，于1935年11月26日批准了第2542号命令，增设了国家安全总委员军衔。

内务人民委员部国家安全总局	内务人民委员部部队						
		指挥人员					
指挥人员	士兵及指挥人员 Рядовойи командныйсостав	军事政工人员 Военно-политическийсостав	军事行政和经济人员 Военно-хозяйственныйи административныйсостав	军事技术人员 Военно-технический состав	军事医务人员 Военно-медицинский состав	军事兽医人员 Военно-ветеринарный состав	军事司法人员 Военно-юридический состав
–	苏联红军战士 Красноармеец 红海军战士 Краснофлотец[1]	–	–	–	–	–	–
–	班级 Отделенныйкомандир	–	–	–	–	–	–
–	副排级 Младшийкомвзвода	–	–	–	–	–	–
–	大士 Старшина	–	–	–	–	–	–
候补衔 Кандидатназвание	候补衔 Кандидатназвание	–	–	–	–	–	–
–	少尉 Младшийлейтенант[2]	–	–	初级军事技术员 Младший воентехник[2]	–	–	–
国家安全机关中士 Сержант государственной безопасности	中尉 Лейтенант	中尉政治指导员级 Младшийполитрук[2]	二级军需技术员 Техник-интендант 2ранга	二级军事技术员 Воентехник 2 ранга	助理军医 Военфельдшер	兽医助理军医 Военветфельдшер	初级军法官 Младший военюрист
国家安全机关少尉 Младшийлойтонант государственной безопасности	上尉 Старшийлейтенант	上尉政治指导员级 Политрук	一级军需技术员 Техник-интендант1 ранга	一级军事技术员 Воентехник 1 ранга	主任助理军医 Старший военфельдшер	兽医主任助理军医 Старший военветфельдшер	军法官 Военюрист

内务人民委员部 国家安全总局	内务人民委员部部队						
		指挥人员					
指挥人员	士兵及指挥人员 Рядовойи командныйсостав	军事政工人员 Военно-политическийсостав	军事行政和经济人员 Военно-хозяйственныйи административный состав	军事技术人员 Военно-технический состав	军事医务人员 Военно-медицинский состав	军事兽医人员 Военно-ветеринарный состав	军事司法人员 Военно-юридический состав
国家安全机关中尉 Лейтенант государственной безопасности	大尉 Капитан 海军大尉 Капитан-лейтенант[1]	大尉政治指导员级 Старшийполитрук	三级军需员 Интендант3 ранга	三级军事工程师 Воентехник 3 ранга	三级军医 Военврач3 ранга	兽医三级军医 Военветврач3 ранга	三级军法官 Военюрист 3 ранга
国家安全机关上尉 Старшийлейтенант государственной безопасности	少校 Майор 海军少校 Капитан 3 ранга[1]	营政委级 Батальонный комиссар	二级军需员 Интендант2 ранга	二级军事工程师 Воентехник 2 ранга	二级军医 Военврач2 ранга	兽医二级军医 Военветврач2 ранга	二级军法官 Военюрист 2 ранга
国家安全机关大尉 Капитан государственной безопасности	上校 Полковник 海军中校 Капитан 2 ранга[1]	团政委级 Полковойкомиссар	一级军需员 Интендант1 ранга	一级军事工程师 Воентехник 1 ранга	一级军医 Военврач1 ранга	兽医一级军医 Военветврач1 ранга	一级军法官 Военюрист 1 ранга
国家安全机关少校 Майор государственной безопасности	旅级 Комбриг 海军上校 Капитан 1 ранга[1]	旅政委级 Бригадный комиссар	旅级军需 Бригинтендант	旅级工程师 Бригинженер 三级分舰队级工程师 Инженер-флагман 3 ранга	旅级军医 Бригврач	兽医旅级军医 Бригветврач	旅级军法官 Бригвоенюрист
国家安全机关上校 Старшиймайор государственной безопасности	师级 Комдив 二级分舰队级 Флагман2 ранга[1]	师政委级 Дивизионный комиссар	师级军需 Дивинтендант	师级工程师 Дивинженер 二级分舰队级工程师 Инженер-флагман 2 ранга[1]	师级军医 Диввврач	兽医师级军医 Дивветврач	师级军法官 Диввоенюрист
三级国家安全委员 Комиссар государственной безопасности3 ранга	军级 Комкор 一级分舰队级 Флагман1 ранга[1]	军政委级 Корпуснойкомиссар	-	-	-	-	-
二级国家安全委员 Комиссар государственной безопасности2 ранга	-	-	-	-	-	-	-
一级国家安全委员 Комиссар государственной безопасности1 ранга	-	-	-	-	-	-	-
国家安全总委员 енеральныйкомиссар государственной безопасности	-	-	-	-	-	-	-

注：
1.如果与内务人民委员部部队基本军衔不同时的边防军海上部队军衔。
2.根据1937年8月20日人民委员会的命令增设。

内务人民委员部军衔

内务人民委员部的军衔有自己的特色，并经历了诸多的变化，例如1935年式军衔标志在两年后的1937年就进行了改变。为便于对比以及更直观地了解，现将1935年的内务人民委员部军衔以中、俄文对比及列表的形式进行介绍，以方便查阅。

国家安全机关军衔（1935）

领章	袖章	军衔
	–	国家安全苏联红军战士
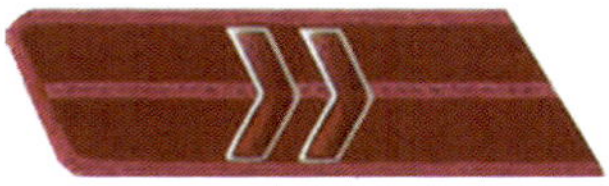	–	国家安全班级
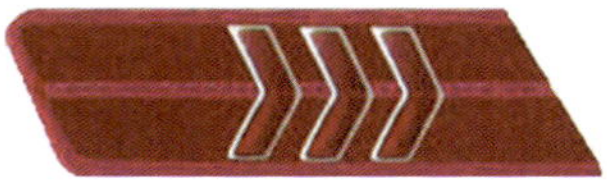	–	国家安全副排级
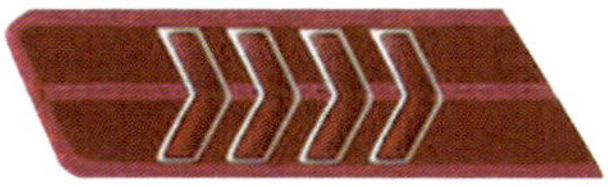	–	国家安全大士
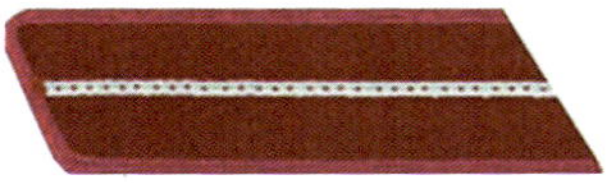	–	候补衔
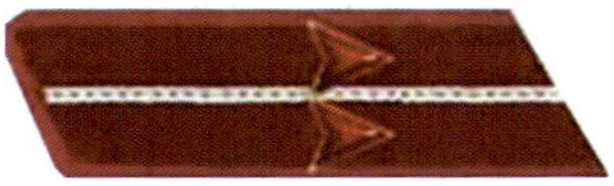		国家安全机关中士
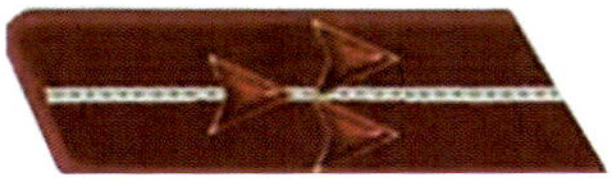		国家安全机关少尉
		国家安全机关中尉
		国家安全机关上尉
		国家安全机关大尉
		国家安全机关少校

领章	袖章	军衔
		国家安全机关上校
		三级国家安全委员
		二级国家安全委员
		一级国家安全委员
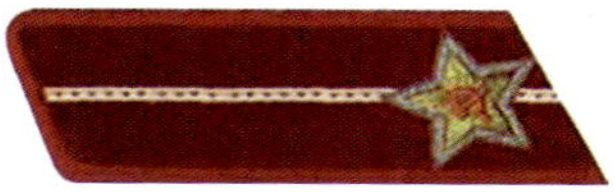		国家安全总委员

苏联根据内务人民委员部1935年10月22日的第33号命令引入的边防军军衔

领章	袖章	军衔
	–	苏联红军战士
	–	班级
	–	副排级
	–	大士
	–	候补衔
		边防中尉

领章	袖章	军衔
		边防上尉
		边防大尉
		边防少校
		边防上校
		边防旅级
		边防师级
		边防军级

内务人民委员部1937年军衔

苏联中央执行委员会和人民委员会1937年7月10日的决议，内务人民委员部部队人员转为使用苏联红军的军衔体系。为了落实这个决议，1937年7月15日内务人民委员部发布了第278号命令，使制服产生了一些变化，军衔领章及军兵种色镶边仍然保持了1935年的颜色，但领章的纵向中线被取消了。

▲► 国家安全总委员军衔的细节，同样根据第278号命令引入。大衣领章上用金线刺绣成的五角星直径为6厘米，制服领章上的五角星直径为5厘米。这个军衔根据内务人民委员部1943年2月18日的第126号命令被取消了。

内务人民委员部国家安全军衔（1937-1943）

领章	军衔
	候补衔
	国家安全中士
	国家安全少尉

领章	军衔
	国家安全中尉
	国家安全上尉
	国家安全大尉
	国家安全少校
	国家安全上校
	三级国家安全委员
	二级国家安全委员
	一级国家安全委员
	国家安全总委员

► 一名内务人民委员部边防上尉，他穿着夏季常服。

◄ 由军迷扮演的1940-1942年的一名着行军装备的内务人民委员部边防军上尉。他头戴大檐帽，身着棉套头衫，佩指挥人员腰带。我们可以通过他的袖章识别出他是一名政工人员。

▼ 由军迷扮演的1937-1943年穿着夏季常服的国家安全中士。他的左臂佩戴着内务人民委员部国家安全指挥人员臂章。

边防军军衔

苏联根据内务人民委员部1937年6月15日的第2781号命令，为边防部队引入的新式军衔

领章	袖章	军衔
	–	苏联红军战士
	–	班级
	–	副排级
	–	大士
		少尉
		中尉（1937年8月5日增设）
		上尉
		大尉
		少校
		上校
		旅级

领章	袖章	军衔
		师级
		军级

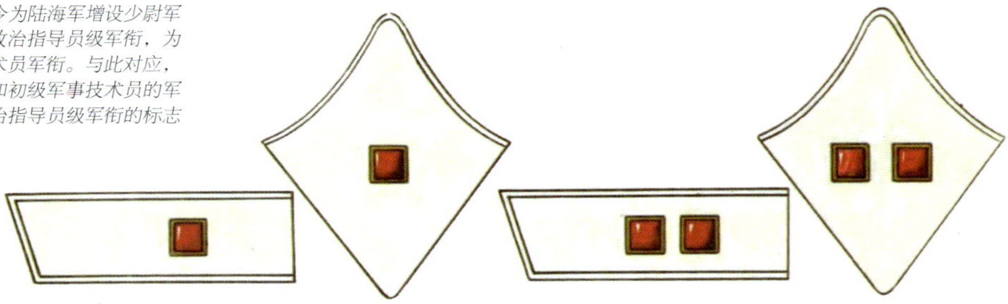

► 1937年8月20日，第166号命令为陆海军增设少尉军衔，为军事政工人员增设中尉政治指导员级军衔，为军事技术人员增设初级军事技术员军衔。与此对应，苏联也引入了新式军衔，少尉和初级军事技术员的军衔标志为一个正方形，中尉政治指导员级军衔的标志为两个正方形。

▼ 1941年6月，在最后的和平时光里，正在进行巡逻的苏联边防军人。

苏联红军1940–1943年军衔

根据国防人民委员部1940年11月2日的第391号命令，苏联改变了“初级指挥人员”这一军衔称号，引入了普通士兵的上等兵军衔。其军衔如下：苏联红军战士、上等兵、下士、中士、上士、大士。下图中，上为冬季制服军衔，下为夏季制服军衔。

苏联红军战士，1942年5月21日后列兵	上等兵	下士

中士	上士	大士

◄ *根据第391号命令引入的苏联红军炮兵士兵和初级指挥人员军衔。*

根据国防人民委员部1940年7月26日的第226号命令，苏联为上级指挥人员增设了中校军衔，为军事政二人员增设了一级营政委级军衔，并且确定中校和一级营政委级的领章标志为三个矩形，团政委级的标志为四个矩形。需要强调的是，四个“横杠”仅由上校和团政委级佩戴。这个命令同时也改变了上级和中级指挥人员的袖章，由金色丝线缝在红衬布上剪裁成人字形，注意少校和中校的袖章是相同的。下一页展示的是苏联1940年引入的新式军衔，其中上为冬季服装军衔，中为夏季制服军衔，

少尉	中尉	上尉	大尉

少校	**中校**	**上校**	
			-
			-
			-

下为袖章。

根据国防人民委员部1940年7月13日的第212号命令，苏联引入了将官军衔。特别明显的变化是将官军裤加上了彩色镶条，红色镶边用于合成军（包括步兵和骑兵）、坦克和炮兵将官，天蓝色镶边用于空军将官，深红色镶边用于其他将官，并且将官帽徽变成了圆帽徽。所有制服的将官领章样式都相同，制服领章高11厘米，宽7.5厘米；大衣领章高11.5厘米，宽8.5厘米。将官领章上的金星直径为2厘米，少将二颗星，中将三颗星，上将四颗星，大将五颗星。少将、中将、上将的肩章上佩戴着军兵种和勤务符号，并依据所属军兵种使用不同的军兵种色。1940年引入的将官军衔，最后根据1943年1月15日颁发的第25号命令被取消。

少将	中将	上将

大将	**元帅**	
		–
		–

▲ 根据第212号命令引入的苏联元帅和大将军衔，苏联元帅制服领章上的金星直径为4.4厘米，军大衣领章上的金星直径为5厘米。1940年引入的苏联元帅军衔，根据1943年1月15日颁发的第25号命令被取消。

► 由军迷扮演的1940–1943年的苏联元帅。他佩戴着1940年的苏联元帅军衔，头戴常服大檐帽。

▼ **军衔（1940-1943）。**
1. 苏联元帅。
2. 大将。
3. 上将。
4. 中将。
5. 少将。

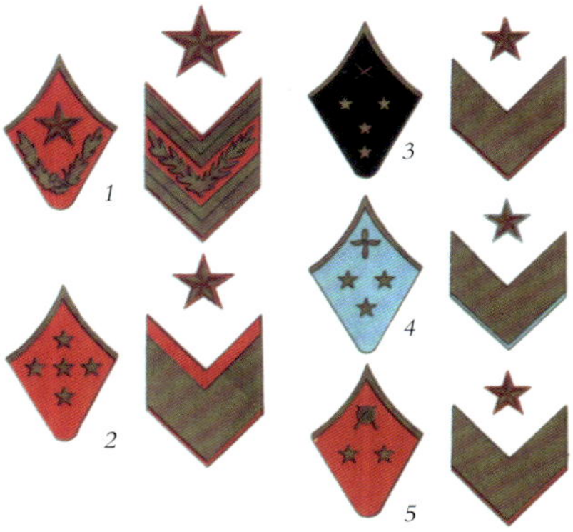

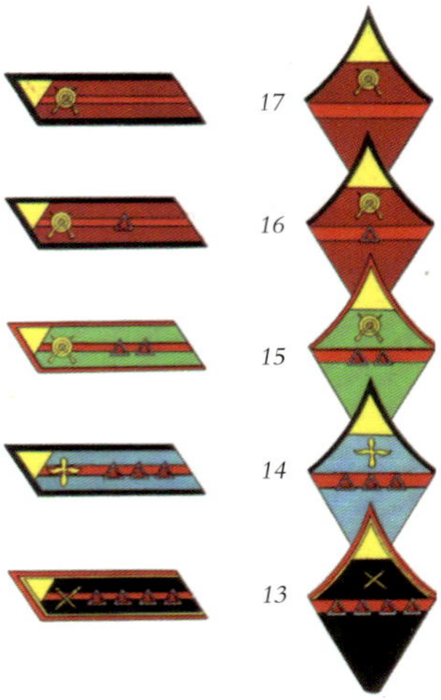

▲ **校官与尉官(中间为大衣领章)。**
6. 上校。
7. 中校。
8. 少校。
9. 大尉。
10. 上尉。
11. 中尉。
12. 少尉。

▲ **军士和列兵。**
13. 大士。
14. 上士。
15. 中士。
16. 下士。
17. 苏联红军战士（1942年5月21日后更名为列兵）。

▲ 1940年4月5日，根据国防人民委员部颁发的第87号命令，苏联为红军军校学员以及在团校中学习的苏联红军战士和指挥人员引入了一种新领章。彩图的上部为大衣领章，下部为制服领章，自左向右依次为：列宁格勒航空学校学员、喀山坦克学校学员、初级航空专业学校学员。

► 这名步兵学校学员可以通过他的领章来辨认，照片于1942年3月2日摄于斯摩棱斯克（Smolensk）。

▼ 一名炮兵学校的学员。

▼ 工程兵学校的学员，领章上带有军校名称的缩写字母和兵种符号，这张照片于1941年1月20日摄于鲍里索夫(Borissov)。

1943–1945年军兵种符号

根据1943年1月6日最高统帅部的命令，苏联为红军引入了新的军兵种符号，并于1943年1月15日以国防人民委员部第25号命令的形式确定了肩章、军衔和军兵种符号的样式和颜色。当时共确立了16种军兵种符号，分别为：1. 装甲坦克兵；2. 技术兵（化学兵、燃料供给勤务、所有兵种修理勤务部队）；3. 炮兵；4. 汽车兵和所有兵种的驾驶人员；5. 通信兵和雷达兵；6. 工程兵；7. 所有兵种卫生勤务（金黄色）和兽医勤务（银白色）；8. 工兵；9. 所有兵种的军乐人员；10. 军事司法机构；11. 所有兵种军需勤务；12. 航空兵；13. 航空技术勤务；14. 铁道兵和军事交通勤务；15. 骑兵；16. 军事测绘勤务。根据国防人民委员部1943年2月14日的第79号命令，苏联将以前军事行政的兵种符号取消了。1943年3月1日，根据国防人民委员部第115号命令，以前化学兵的由钢瓶和防毒面罩组成的兵种符号由技术兵的兵种符号取代。1943年6月22日，根据国防人民委员部第257号命令，军事测绘勤务引入了新兵种符号，在技术兵种符号上面增加了红色珐琅星。1943年11月12日，苏联增加了第17和兵种符号——道路兵。到1945年，苏军共有以下几种军兵种符号：

VI. ЭМБЛЕМЫ РОДОВ ВОЙСК И СЛУЖБ КРАСНОЙ АРМИИ

Кавалерия
Артиллерия
Авиация
Инженерно-авиационная служба
Бронетанковые войска
Инженерные войска
Саперные части
Понтонные части
Электротехнические части
Войска связи
Железнодорожные войска и ВОСО
Войска химической защиты
Военно-топографические части
Дорожные войска
Авточасти
Интендантская служба
Военно-медицинская служба (военно-ветеринарная служба)
Военно-юридический состав
Музыканты военных оркестров

ПРИМЕЧАНИЕ. На погонах золоченых — эмблемы посеребренные, на погонах серебряных — эмблемы позолоченные (кроме эмблемы военно-ветеринарной службы). На погонах сержантского и рядового состава эмблемы латунные.

◀ 摘自1945年国防人民委员部出版的《红军和海军兵种符号》内页，苏联红军共有20种符号。

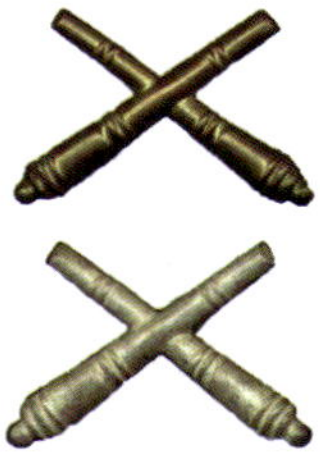
1

2

3

4

5

6

7

8

9

10

11

12

▲ **1943年军兵种符号。**
1. 炮兵。
2. 装甲坦克兵。
3. 铁道兵和军事交通勤务。
4. 技术兵。
5. 汽车兵。
6. 骑兵。
7. 军事测绘勤务。
8. 航空兵。
9. 工程兵。
10. 通信兵和雷达兵。
11. 军需勤务。
12. 航空技术勤务。

13

14

15

16

13. 军事司法。
14. 卫生勤务（金黄色）。
15. 兽医勤务（银白色）。
16. 军乐。
17. 工兵。
18. 电气工兵。
19. 舟桥工兵。
20. 道路兵。

17

18

19

20

1943年军衔

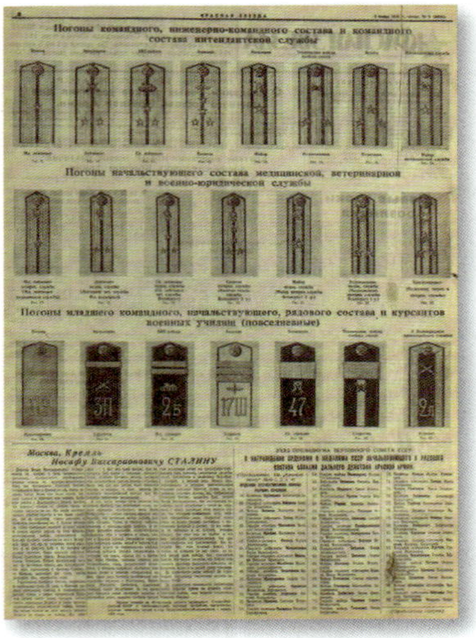

▲ 1943年1月6日，苏联最高苏维埃主席团为苏联军队引入了一种新式军衔——肩章。根据国防人民委员部1943年1月15日的第25号命令，苏联为红军引入了新式军服和军衔。1943年1月7日出版的《红星报》刊载了设立新式军衔的命令。

1

2

3

4

5

6

7

8

9

▲ 第25号命令确定的苏联元帅及将官的肩章样式。肩章呈六边形，规格为：长14~16厘米，宽6.5厘米；卫生勤务、兽医勤务和军事司法将官的肩章宽度为4~4.5厘米。苏联元帅的肩章图案为一颗大红五角星，大将为四颗星，上将为三颗星，中将为二颗星，少将为一颗星。肩章上的星徽由银色丝线刺绣制成，直径为22毫米，卫生勤务和兽医勤务将官的肩章上的星徽直径为20毫米，而苏联元帅肩章上的星徽直径为50毫米。

1. 上将常服肩章。
2. 航空兵上将常服肩章。
3. 技术中将常服肩章。
4. 技术少将常服肩章。
5. 大将野战服肩章。
6. 技术上将野战服肩章。
7. 技术少将野战服肩章。
8. 卫生勤务少将常服肩章。
9. 军事司法上将常服肩章。

▲ 军事司法、卫生勤务和兽医勤务高级、上级和中级指挥人员肩章，最右边为野战服肩章。

▲ 上级指挥人员常服肩章，自左向右依次为上校、中校、少校。

▲ 中级指挥人员常服肩章，自左向右依次为大尉、上尉、中尉、少尉。

中级和上级指挥人员的常服肩章军兵种色

军兵种（勤务）	底版色	镶边及纵线色	星徽色	军兵种符号色
指挥人员				
步兵（合成军）	金色	深红色	银色	–
骑兵	金色	蓝色	银色	银色
汽车坦克装甲兵	金色	红色	银色	银色
炮兵	金色	红色	银色	银色
航空兵	金色	天蓝色	银色	银色
技术兵	金色	黑色	银色	银色
工程技术人员				
步兵（合成军）	银色	深红色	金色	–
骑兵	银色	蓝色	金色	金色
汽车坦克装甲兵	银色	红色	金色	金色
炮兵	银色	红色	金色	金色
航空兵	银色	天蓝色	金色	金色
技术兵	银色	黑色	金色	金色
非技术指挥人员				
各兵种卫生勤务	银色	红色	金色	金色
各兵种兽医勤务	银色	红色	金色	银色
各兵种军需勤务	银色	深红色	金色	金色
各兵种军事司法勤务	银色	红色	金色	金色

注：
上级和中级指挥人员的常服肩章长14~16厘米，宽6厘米，卫生勤务、兽医勤务和军事司法肩章宽度为4~4.5厘米。中级指挥人员肩章上的星徽直径为13毫米，上级指挥人员则为20毫米，肩章上的纽扣直径是18毫米，为金色。

常服肩章

1

2

3

4

5

6

7

8

9

10

11

12

13

14

15

16

17

18

19

20

22

23

24

◄ 一名近卫工程兵上校的肖像照，此人毕业于尼古拉斯工程学院。

1. 骑兵大尉。
2. 军事测绘勤务上尉。
3. 炮兵中尉。
4. 军需勤务少尉。
5. 卫生勤务中尉。
6. 汽车上校肩章。
7. 坦克机械化部队少校肩章。
8. 装甲坦克部队工程大尉肩章。
9. 炮兵上校肩章。
10. 通信兵上尉肩章。
11. 化学兵少校肩章。
12. 技术兵大尉肩章。
13. 技术兵上尉肩章。
14. 军事测绘勤务中尉肩章。
15. 军事测绘勤务上尉肩章。
16. 工程兵中校肩章。
17. 工技术保障勤务中校肩章。
18. 铁道兵中校肩章。
19. 通信兵工程师少校肩章。
20. 航空兵上将。
21. 技术中校。
22. 步兵少校。
23. 技术兵上校肩章。
24. 铁道兵工程师中校肩章。

▲ 近距离观看肩章及镶边。

◄ 制服袖口特写。

► 由军迷扮演的1944年6月服役于博布鲁伊斯克（Bobruisk）近卫第44步兵师第128团的上尉。这名军官穿着带有两个胸袋的M1943制服，袖口带有兵种色镶边。他头戴步兵的大檐帽，帽冠为绿色，帽墙和镶边为深红色。注意他佩戴的近卫军证章，以及保卫莫斯科奖章和勇敢奖章。他的装备包括一条腰带、装在手枪套内的托卡列夫手枪及挎在肩上的PPS-43冲锋枪。

▲ 上级指挥人员野战服肩章，自左向右依次为上校、中校、少校。

上级和中级指挥人员的野战服肩章长14~16厘米，宽6厘米，卫生勤务、兽医勤务和军事司法肩章宽度为4~4.5厘米。中级指挥人员肩章上的星徽直径为13毫米，上级指挥人员则为20毫米，肩章上的纽扣直径是18毫米，颜色为草绿色。

◄ 中级指挥人员野战肩章，自左向右依次为大尉、上尉、中尉、少尉。

a　　b　　c　　d

▼ ► 军官肩章对比（左为常服，右为野战服）。
a. 上校。
b. 中校。
c. 少校。
d. 大尉。
e. 上尉。
f. 中尉。
g. 少尉。

中级和上将指挥人员的野战肩章军兵种色

军兵种（勤务）	镶边色	纵线色	星徽及军兵种符号颜色
指挥人员			
步兵(合成军)	深红色	暗红色	银色
骑兵	蓝色	暗红色	银色
汽车坦克装甲兵	红色	暗红色	银色
炮兵	红色	暗红色	银色
航空兵	天蓝色	暗红色	银色
技术兵	黑色	暗红色	银色
工程技术人员			
步兵(合成军)	深红色	咖啡色	金色
骑兵	蓝色	咖啡色	金色
汽车坦克装甲兵	红色	咖啡色	金色
炮兵	红色	咖啡色	金色
航空兵	天蓝色	咖啡色	金色
技术兵	黑色	咖啡色	金色
非技术指挥人员			
各兵种卫生勤务	红色	咖啡色	金色
各兵种兽医勤务	红色	咖啡色	银色
各兵种军需勤务	深红色	咖啡色	金色
各兵种军事司法勤务	红色	咖啡色	金色

注：
1. 属于技术兵的有工程兵、通信兵、道路兵、铁道兵、化学兵、汽车兵、军事建筑队、军事测绘部队、军事交通勤务。
2. 军需勤务包括所有军队供应勤务（供应日用品、食品、饲料、弹药，也负责房屋维修、燃料供应）和军事行政。

e f g

1. 装甲坦克部队少校肩章。
2. 步兵大尉肩章。
3. 军需勤务上尉肩章。
4. 航空兵大尉肩章。
5. 工兵中尉肩章 。
6. 步兵中尉可拆卸硬肩章。
7. 步兵上校可拆卸硬肩章。

野战服肩章

1 2 3 4 5 6 7

8 9 10 11 12 13 14

15 16 17 18 19

8. 装甲坦克部队上尉可拆卸软肩章。
9. 汽车上校可拆卸硬肩章。
10. 缝制式航空兵中尉软肩章 。
11. 缝制式航空兵少校软肩章。
12. 航空技术勤务上尉可拆卸硬肩章。
13. 工兵中校可拆卸硬肩章 。
14. 军事交通勤务和铁道兵中校可拆卸软肩章。
15. 技术少尉可拆卸软肩章。
16. 化学部队少校工程师可拆卸硬肩章。
17. 卫生勤务少尉可拆卸软肩章。
18. 军事司法少校可拆卸软肩章。
19. 炮兵少尉可拆卸软肩章。

▲ 变窄的肩章是典型的军医、兽医和军法人员使用的军衔标志。

► 由军迷扮演的1944年9月服役于第259刑事连部的军事司法少校。正在查看档案的这名少校穿着用于女军人的新式M1943连衣裙，其特征是配有整体腰带，翻领并带有肩章，贝雷帽是保存下来的制式军帽。

▲ 可拆卸的汽车兵大士肩章。

▲ 可拆卸的装甲坦克部队中士肩章。

▲ 士兵及初级指挥人员的常服肩章，自左向右依次为大士、上士、中士、下士、上等兵、列兵。肩章规格为长14~16厘米，宽6厘米，窄镶条宽1厘米，宽镶条宽3厘米，大士肩章的纵向镶条宽1.5厘米。

▲ 配军需勤务符号的肩章特写，军衔条由镀金金属条制作。

◄ 这名军需下士负责分发口粮，他的M1943制服是带衣袋的版本，他头戴的船形帽由毛料制成。他的左胸佩戴着保卫斯大林格勒奖章。

► 由军迷扮演的1945年2月服役于格丁尼亚（Gdynia）第380步兵师第1264步兵团的下士。

士兵及初级指挥人员常服肩章兵种色

军兵种（勤务）	底版色	镶边色	镶条色
步兵 (合成军)	深红色	黑色	黄色
骑兵	蓝色	黑色	黄色
汽车坦克装甲兵	黑色	红色	黄色
炮兵	黑色	红色	黄色
航空兵	天蓝色	黑色	黄色
技术兵 (工程兵、化学兵、通信兵、道路兵、铁道兵)	黑色	黑色	白色
卫生勤务和兽医勤务	深绿色	红色	白色
各军兵种初级指挥人员、非部队指挥人员	依据军兵种色	依据军兵种色	白色

◄ 士兵及初级指挥人员的野战服肩章，肩章规格与常服肩章相同。

a b c d e f

▲ 常服肩章与野战服肩章的对比（左为常服，右为野战服）。

a. 大士。
b. 上士。
c. 中士。
d. 下士。
e. 上等兵。
f. 列兵。

士兵及初级指挥人员野战肩章军兵种色

军兵种（勤务）	镶边色	镶条色
步兵(合成军)	深红色	暗红色
骑兵	蓝色	暗红色
汽车坦克装甲兵	红色	暗红色
炮兵	红色	暗红色
航空兵	天蓝色	暗红色
技术兵(工程兵、化学兵、通信兵、道路兵、铁道兵)	黑色	暗红色
卫生勤务和兽医勤务	深绿色	咖啡色
各军兵种初级指挥人员、非部队指挥人员	依据军兵种色	咖啡色

1

2

3

4

5

6

7

8

9

10

11

12

1. 炮兵或汽车坦克兵列兵肩章。
2. 炮兵或汽车坦克兵下士肩章。
3. 炮兵或汽车坦克兵中士肩章。
4. 技术兵上士肩章。
5. 列兵肩章。
6. 骑兵列兵肩章。
7. 非战斗步兵上士肩章。
8. 步兵列兵肩章。
9. 航空兵大士肩章。
10. 卫生勤务、兽医勤务上士肩章。
11. 步兵上士肩章。
12. 军事测绘勤务列兵肩章。

13

14

15

13. 军校常服肩章。
14. 坦克学校学员可拆卸肩章。
15. 缝制式坦克技术军校学员肩章。

1. 炮兵学校军官学员肩章。
2. 步兵野战服可拆卸肩章，由《租借法案》规定制造。
3. 炮兵野战服可拆卸肩章。
4~5. 步兵野战服肩章，缝在大衣上。
6. 步兵常服可拆卸肩章。
7. 工程兵野战服可拆卸肩章。
8. 空军常服可拆卸肩章。
9~10. 内务人民委员部常服可拆卸肩章。
11. 内务人民委员部上等兵常服肩章。
12. 炮兵下士常服肩章。
13. 军需部队下士常服肩章。
14. 内务人民委员部下士常服肩章。
15. 工兵上等兵肩章，镶条是从一个步兵军官的肩章上剪下来的，底版采用了一块党卫军伪装服面料制造。
16. 步兵中士野战服肩章。
17. 炮兵中士常服肩章。
18. 波罗的海海军步兵上士常服肩章。
19. 炮兵上士野战服肩章。
20. 装甲坦克部队大士野战服肩章。

► 可以很容易地通过这名军官学员的军官学员肩章识别出来他的身份。他获得的证章有卫国战争勋章、勇敢奖章、近卫军证章和优秀炮兵证章。

军大衣领章

1943年，第25号命令同时引入了新式军大衣领章，以前的菱形军大衣领章变成了平行四边形。军大衣领章为纵向佩戴，纽扣位于上端，领章长9厘米，带上镶边宽3.25厘米，镶边宽0.25厘米。军大衣领章分为常服领章和野战服领章，常服领章拥有带军兵种色的底版和镶边，而野战服肩章拥有保护色底版，且野战大衣肩章上的纽扣为草绿色。初级指挥人员和普通士兵的大衣领章则没有镶边色。元帅与将官军大衣上的领章纽扣带有国徽图案，而其他人员的军大衣上则为大约制服纽扣。元帅军大衣野战服领章拥有保护色底版，镶边为金色，卫生勤务和兽医勤务将官野战服大衣领章的镶边为银色。

苏联元帅的常服大衣领章底版为红色，镶边为金色；将官的常服军大衣肩章底版为军兵种色，如合成军（步兵、骑兵）的为红色，炮兵与坦克装甲兵将官为黑色，航空兵为天蓝色，技术兵、通信兵、军需勤务将官为深红色，卫生和兽医勤务为深绿色。将官军大衣常服领章的镶边除卫生勤务和兽医勤务将官为银色外，其余的均为金色。

除了元帅、将官以外，苏联红军其余人员的军大衣常服领章镶边根据其军兵种而有所不同，步兵为黑色镶边深红色底版、炮兵为红色镶边黑色底版、汽车坦克装甲兵为红色镶边黑色底版、航空兵为黑色镶边天蓝色底版、骑兵为黑色镶边浅蓝色底版、工程技术部队为黑色镶边黑色底版（注：两种黑色有色差）、卫生勤务和兽医勤务为红色镶边深绿色底版、军事司法勤务为黑色镶边深红色底版。

◄ 元帅肩章。
根据苏联国防人民委员部1943年2月4日的第51号命令增设的苏联元帅和兵种元帅肩章，其规格为长14~16厘米，宽6.5厘米。根据第51号命令，肩章上的星徽直径为50毫米，与苏联元帅星徽的直径相等。肩章上星徽与军兵种符号为银色，国徽和纽扣为金色。炮兵和装甲兵元帅的肩章镶边色为红色，航空兵元帅为天蓝色，工程和通信兵元帅为深红色。

▲ 装甲坦克部队将官大衣领章。

▲ 装甲坦克部队常服大衣领章。

► 装甲坦克部队野战服大衣领章，上面配有美国制造的塑料纽扣。

▲ 炮兵元帅常服肩章。

▲ 工程兵元帅野战服肩章。

▲ 航空兵元帅常服肩章。

▲ 装甲兵元帅常服肩章。

▲ 苏联元帅常服肩章。

▲ 苏联元帅野战服肩章。

▲炮兵上将野战服肩章。

▲1943年10月27日，苏联国防人民委员部第305号命令增设的兵种主帅肩章，自左向右依次为炮兵主帅、航空兵主帅、装甲兵主帅、通信兵主帅、工程兵主帅。根据第305号命令，肩章上的星徽直径减小到40毫米。

▲炮兵主帅野战服肩章。

▲航空兵主帅常服肩章。

▲苏沃洛夫军事学校是在卫国战争中根据人民委员会1943年8月21日的决议创建的，1943年9月21日，国防人民委员部第287号命令引入苏沃洛夫军事学校学员肩章。

▲根据1943年10月26日国防人民委员部第307号命令增设的专业军事中级学校学员肩章。

◄由军迷扮演的1943-1945年身着礼服、头戴礼服大檐帽的苏联元帅，佩戴着1943年的苏联元帅肩章。

内务人民委员部部队

根据内务人民委员1943年2月18日第126号命令，为内务人民委员部所属部队引入了新式肩章，并确立了新的兵种色。其肩章规格长14~16厘米，宽6厘米，军事卫生勤务、军事兽医勤务、军事司法勤务和民警肩章的宽度为4厘米。

内务人民委员兵种色（1943年）

勤务	野战服		常服	
	镶边色	纵线色	镶边色	纵线色
国家安全机构	矢车菊蓝色	矢车菊蓝色	矢车菊蓝色	矢车菊蓝色
边防军	绿色	绿色	绿色	绿色
海上边防部队：舰基勤务	未设立		绿色	绿色
岸基勤务	未设立		绿色	绿色
内务部队	矢车菊蓝色	矢车菊蓝色	矢车菊蓝色	矢车菊蓝色
民警	未设立		宝石蓝	宝石蓝

内务人民委员部国家安全高级指挥人员

内务人民委员部126号命令也引入了国家安全高级指挥人员肩章，最初这个命令引进的肩章样式并不与陆军的相同，因其形状也称为“瓶子”肩章，并进行了使用。高级指挥人员肩章包括野战服与常服肩章，类似苏联红军将官肩章，但带有矢车菊蓝色“之”字形条纹，并带有矢车菊蓝色镶边。一级国家安全委员4颗星徽，二级国家安全委员3颗星徽，三级国家安全委员2颗星徽，国家安全委员1颗星徽。这种肩章佩戴时间并不长，不久根据苏维埃最高主席团1945年7月6日通过的法令废除了。同时根据这个法令，改变了国家安全军衔称号，国家安全委员改称国家安全少将，三级国家安全委员改为国家安全中将，二级国家安全委员改为国家安全上将，一级国家安全委员弗谢沃洛德·尼古拉耶维奇·梅尔库洛夫获得了大将军衔，而仅有贝利亚一人获得的国家安全总委员军衔则获得了苏联元帅军衔。

▲国家安全委员、三级国家安全委员、二级国家安全委员常服肩章。

▲根据第126号命令引入的国家安全委员“瓶子”肩章。

▲三级国家安全委员肩章实物。

▲国家安全总委员肩章实物。

◄由军迷扮演的1943–1945年国家安全总委员，佩戴着1943年国家安全总委员肩章，头戴常服大檐帽。在苏联历史上，仅有贝利亚佩戴过这个肩章。

内务人民委员部国家安全上级和中级指挥人员肩章为金色底版，纵线和镶边为矢车菊蓝色，上级指挥人员配16毫米银色星徽，中级指挥人员配13毫米银色星徽，配金色纽扣，肩章长14~16厘米，宽6厘米（包括镶边）。

内务人民委员部边防海上部队肩章

1. 国家安全上校。
2. 国家安全中校。
3. 国家安全少校。
4. 国家安全大尉。
5. 国家安全上尉。
6. 国家安全中尉。
7. 国家安全少尉。
8. 中校。
9. 工程师少校。
10. 卫生勤务中校。
11. 大尉。

内务人民委员部部队肩章

12. 上校。
13. 工程师上校。
14. 中校。
15. 工程师中校。
16. 少校。
17. 大尉。
18. 上尉。
19. 卫生勤务上尉。
20. 中尉。
21. 少尉。

▲内务部队军士及士兵野战服肩章，底版为草绿色，镶边为矢车菊蓝色。肩章为五边形，规格为14~16厘米长，6厘米宽。

1 2 3 4 5 6 7

▲内务部队军士及士兵常服肩章，镶边为矢车菊蓝色。

1. 列兵（步兵）。
2. 上等兵（炮兵）。
3. 下士（汽车坦克装甲兵）。
4. 中士（骑兵）。
5. 上士（步兵）。
6. 大士（汽车兵及分队）
7. 军校学员。

►由军迷扮演的1943−1945年内务人民委员部边防部队少尉，他身穿内务人民委员部的M1943式夏季制服，上配1943年式军衔肩章。

▲国家安全上校。

▲中校。

▲国家安全少校。

▲工程师大尉。

▲中尉。

▲根据国家政治保安总局1932年11月20日第1058号命令引入的NKVD航空兵臂章。根据苏联内务人民委员1943年2月18日的第126号命令将其取消。

国家安全指挥人员臂章

1936年4月30日，根据内务人民委员部第152命令苏联引入了一种特殊的臂章。这种从国家安全中士到国家安全大尉都要佩戴的臂章，其椭圆和宝剑剑身为银色，宝剑剑柄、镰刀与铁锤为金色。国家安全少校上军衔人员佩戴的臂章，其椭圆为金色，宝剑、镰刀与铁锤为银色，这个臂章在两臂都可以佩戴。这种臂章根据苏联内务人民委员1943年2月18日的第126号命令被取消。

◄一枚NKVD国家安全指挥人员臂章的正背面。

▼由军迷扮演的1936年内务人民委员部边防航空兵上校。他头戴着船形帽，左袖佩戴NKVD航空兵臂章。

▲着常服的国家安全候补衔军人，其右臂佩戴着NKVD国家安全指挥人员臂章。

▲1936年，一名国家安全军士，佩戴着国家安全指挥人员臂章。

▲根据国防人民委员部1936年8月31日第165号命令，铁路车站、码头等引入军事代表和军事代表助理袖套，袖套为红色，宽度10厘米，上面用金银线绣有军事交通符号，用于执行公务时佩戴。这个袖标佩戴根据1941年3月22日的第151号命令撤销。

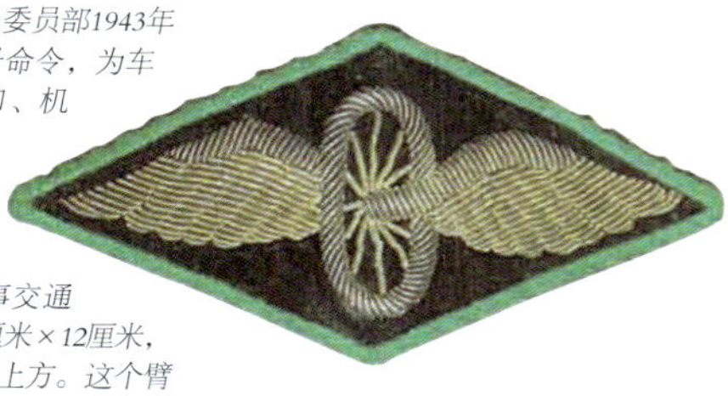

►根据国防人民委员部1943年5月18日第223号命令，为车站、码头、港口、机场引入军事交通代表及军事代表助理臂章，臂章中间金银丝线刺绣有军事交通符号，规格为8厘米×12厘米，佩戴在左袖肘部上方。这个臂章根据苏联国防部长1951年2月13日第18号命令取消。

◄由军迷扮演的着1937–1943年常服的国家安全候补衔军人。他头戴国家安全大檐帽，衣袖上佩戴着国家安全指挥人员臂章。

反坦克炮兵臂章

根据苏联国防人民委员部1942年7月1日第0528号命令，苏联引入了这种臂章。这种反坦克炮兵人员臂章为菱形，中央带有炮兵的兵种符号 。其规格为菱形边长5.4厘米，菱形对角线宽度为6厘米，长度为9厘米，镶边宽3毫米。火炮符号长4厘米，炮尾宽7毫米，炮口宽4毫米。臂章采用黑色布料制作，带有红色呢绒镶边。中间的炮兵符号对于指挥人员是金色，对于初级指挥人员和士兵是黄色。臂章佩戴在制服和军大衣左臂肘上方三分之一处。这种臂章一直佩戴到1955–1956年后根据命令被取消。

▲两枚反坦克炮兵臂章，刺绣版本用于高级军官，印制版用于士官和士兵。

▲两名反坦克炮兵部队成员，佩戴的臂章是印刷版的。

袖套

▲除了上面介绍的臂章，苏军还使用其他袖套，例如军事交通指挥人员的袖套，其中有一种是红色布料的袖套上带有一个白色字母“П”。从这张列宁格勒围困期间军事交通指挥员尼娜·达维多娃（Nina Davydova）的照片上，可以看到她佩戴了另一种军事交通指挥袖套。

▲1945年4月在维也纳郊区的一名苏军交通指挥人员正在指挥交通，一辆ZiS-5载重汽车正在通过，注意她佩戴的菱形臂章。

► 警卫值勤指挥人员的袖套是红底，上面带有字母"KH"，这种袖套仅在野战服或常服上佩戴。在这张于1945年在德国拍摄的照片中，这名军人佩戴着标准的警卫指挥人员袖标，注意他的皮革绑腿。

▲承担军事警察职责的人员的袖套（其字面意思是军事纠察）。

第六章

盔帽

钢盔

钢盔在苏联的使用很广泛。1936年，苏军引入了Ssh-36型钢盔，Ssh-36型钢盔是一款真正设计典雅的钢盔，其外形多少让人想起德国钢盔（这或许是因为其原型正源自德国钢盔）。它具有厚实的护碗；倾斜的侧边可以提供额外的垂直防护，并有助于保护听力；前伸的帽舌比后来的苏联钢盔要长，上面带有独特的顶冠，这给苏军士兵提供了可有效识别的独特标识。Ssh-36型钢盔第一次在战斗中接受检验是在西班牙和远东地区。在苏芬战争中，缴获的少量Ssh-36型钢盔被德国军事情报人员用船运回国内进行研究，德国人的结论是这种钢盔显然比阿德里安钢盔好，但并不是德国M1935型钢盔的对手。芬兰人实际上也把缴获的Ssh-36型钢盔用于自己的补给部队和民防部队。在此后的一系列战事中，Ssh-36型钢盔一直伴随着苏军出战，包括1939年入侵波兰和1940年入侵波罗的海国家，以及此后的卫国战争。在1941年德国入侵苏联的第一天，德国人就缴获了数量巨大的Ssh-36型钢盔，随后将其用于自己的民防部队。例如德国配发给空防组织和高炮补充人员的缴获钢盔，被涂装成空军的暗蓝色，并在钢盔前方贴有一个大鹰徽。

大部分Ssh-36型钢盔都带有一个苏联共产党政权的标志，也就是盔徽。盔徽是一个大的红色五角星，但它有不同的表现方式，我们通常能遇到两种基本的版本，这两种版本均采用模版印制。第一种版本可以称为“瘦星”，这种细线五角星的轮廓线条约有2毫米宽，中间带有象征共产主义的镰刀和铁锤交叉图案。我们也能遇到比较稀有的采用白漆绘制的五角星，带有这种盔徽标志的钢盔主要用于苏芬战争。第二种版本的五角星也采用模版印制，但其轮廓线条比较粗（约有3毫米宽），这种版本可以称为“胖星”。我们也能看到更为稀有的红色实心五角星，这种盔徽只在红场阅兵仪式的历史照片上出现过。

随着Ssh-36型钢盔的大范围配发，其生产太过昂贵的问题也日益突出，钢盔外扩的侧边和前伸的帽舌不仅使制造成本更加高昂，而且使得钢盔极不稳定，看起来也不合乎时代潮流。一方面，对于在战斗中剧烈运动的战士来说，这种钢盔显得过于笨重；另一方面，对于在大陆气候条件下使用的苏联士兵来说，使用这种钢盔也太冷了。军方决定从1939年开始生产新式钢盔，但Ssh-36型钢盔仍与新式钢盔平行生产，直到1941年以后逐步被Ssh-40型钢盔所取代。

1937-1938年，苏联人开始发明新式钢盔，引人注意的是这种新式钢盔大大有别于苏联现有的国内外设计。事实上，新式钢盔的外形也不同于任何现有钢盔的几何形状。这种新式钢盔设计的下一步是将在未来几十年内确立苏军作战钢盔的基本样式，从基本的Ssh-36型钢盔开始发展演变，Ssh-39型钢盔和紧随其后的Ssh-40型钢盔都成了苏联军事力量的象征。在经过不断的研制、测试、改进之后，新的钢盔获得了1939年式钢盔的型号，即Ssh-39型钢盔，于1939-1941年

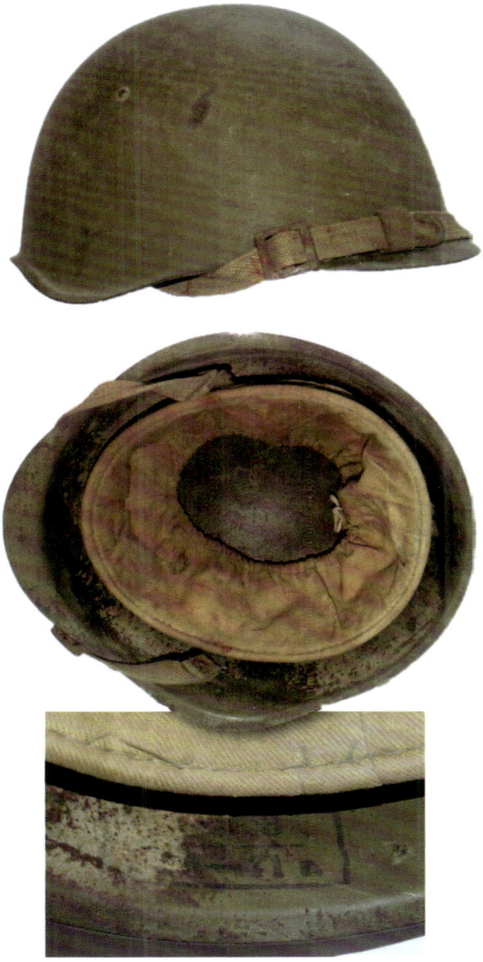

▲ 1941-1942年型Ssh-39型钢盔，简单的内衬缺少防汗带。

开始生产。1940年，苏军又引入了Ssh-40型钢盔，这种钢盔根据固定内衬铆钉的数目不同而分为两个版本。1942年，三段式内衬由六枚铆钉固定，编织下巴带的两边各由一枚铆钉固定，生产标记戳印在钢盔的内后部。配发陆军士兵的钢盔被涂为橄榄绿色，而配发给海军的则为灰色。从1938年开始，苏联出现了一种伪装盔布，但并没有被大范围采用。在战争中，还出现了由部队制造的其他类型的伪装盔布。但在卫国战争中，除了在冬季采用白色伪装外，并没有大规模使用涂装或伪装物来对钢盔进行伪装。

▼ ► *Ssh-36型钢盔。*

◄ *一顶带有红星盔徽的Ssh-36型钢盔。*

▲ *一支正在行军的苏军步兵排，大部分士兵头上戴着Ssh-36型钢盔。*

▼ Ssh-39型钢盔，可以近距离看到制造戳记，上面带有生产年份、生产厂商和钢盔尺码。这顶钢盔于1940年制造于列宁格勒。

▼ 六枚铆钉版本的Ssh-40型钢盔，制造于1944年。

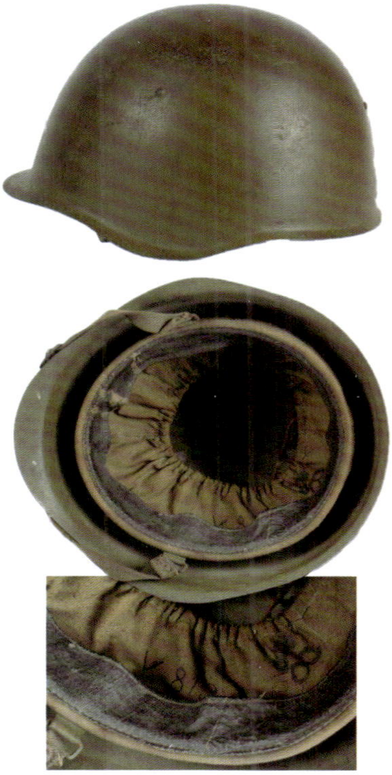

▲ 三枚铆钉版本的Ssh-39型钢盔的侧视、前视和内视图，可以近距离看到防汗带。

► 白色涂装的Ssh-40型钢盔。

◄ 六枚铆钉版Ssh-40型钢盔的侧视和内视。

◄ 1941年8月，位于前线的苏联狙击手西多罗夫（V.A.Sidorov）。他使用配有PE光学瞄准镜的莫辛-纳甘M1931狙击步枪，头戴Ssh-36型钢盔。我们可以看到钢盔前带有红色五星盔徽。

船形帽

船形帽早在1913年就被俄军航空和浮空部所使用，根据国防人民委员1935年12月3日的第176号命令，苏军开始采用这种制式军帽。空军军官船形帽为深蓝色，装甲坦克部队为银灰色，其他部队为卡其色，船形帽的外形直到今天也没有改变。船形帽的前面带有一个上漆的珐琅帽徽，军官的船形帽带有军兵种色镶边。军官船形帽同时还带有一个与军兵种色相应的五角星布衬，在布衬前面再配上一个小型的红色珐琅帽徽。后来，五角星布衬根据国防人民委员部1941年2月1日的第005号命令被取消了。

◄ 士兵和军士船形帽，注意其颜色的变化。

▲ 1945年的这名士兵以相当典型的方式来佩戴船形帽。

▲ 1939年制造的步兵军官船形帽。

◄ 帽徽后没有布衬的步兵军官船形帽，1941年2月后制造。

► 坦克军官船形帽，制造于1938年。按照规定，它用灰色布料裁剪而成。

▲ 根据国防人民委员部1935年12月3日的第176号命令，苏联为装甲部队军官引入了一种新式银灰色制服。所有与这种制服搭配的军帽都带有军兵种色镶边，包括船形帽、大檐帽。这名由军迷扮演的1940年的装甲坦克部队上校，头戴银灰色船形帽，着指挥人员常服装备。

◄ 炮兵军官船形帽，制造于1937年，珐琅帽徽后面没有彩色徽衬。

◄ 骑兵军官船形帽。

◄ 空军军官船形帽，制造于1940年，下面是生产标记的特写。

▼ 一名航空学校的学员，他戴着军官样式的船形帽。这张照片摄于1941年6月22日。

▲ 军官野战船形帽，帽徽后面同样没有布衬，缝有黑色的皮革防汗带。

大檐帽

苏联早在1924年5月13日，就根据革命军事委员会第641号命令，引入了这种夏季军帽。1927年1月11日，共和国革命军事委员会发布了第10号命令，对1924年的规定进行了调整，为骑兵和骑炮兵引入和平时期的彩色夏季军帽。1928年2月4日，苏联发布了第31号命令，为地面部队和空军部队引入夏季军帽，除骑兵、骑炮兵以及铁路和水运军事代表外，适用于所有兵种。根据1935年12月3日颁发的第176号命令，苏联引入了新式制服，包括大檐帽。大檐帽采用呢绒或精纺毛织布料制造，与弗伦奇式制服采用同样的面料，缎衬里，内部带有金属骨架；帽墙高4.3~4.5厘米，帽冠高4.8~5.0厘米；帽舌用冲压硬纸板制造，涂有黑色亮漆。下巴带用两颗黄铜制服小纽扣固定，内部配有一条防汗带。大檐帽的特征是帽冠、帽墙具有军兵种色镶边（如炮兵帽墙为黑色，兵种色镶边为红色；步兵帽墙和军兵种色镶边为深红色），帽墙前面配有一个红色的五角星珐琅帽徽。

1936年8月31日，根据国防人民委员部第165号命令，为军事交通勤务和铁道兵引入了统一制式服装。军事交通勤务和铁道兵的所有人员都佩戴制式大檐帽，其帽冠为绿色，镶边为天蓝色，帽墙为黑色天鹅绒，初级指挥人员和普通士兵帽墙为黑色呢绒。1941年2月，苏联引入了野战帽，这个引入命令同时废除了战时军帽的军兵种色镶边，全部采用卡其色面料制造，帽徽为绿色涂漆的锡制帽徽，并配发给所有获得军衔的军人，而不区分军种或兵种。

1924年的大檐帽帽冠相对较高一点，帽顶内部带有帆布衬里，防汗带采用稍显白色的帆布制造，皮革帽舌下面涂成了褐色，显得短而且更圆。1935年的大檐帽帽冠相对较低，带有一个不完全的布制衬里，防汗带采用皮革制造，代替了之前的帆布面料，冲压硬纸板制的帽舌更宽且略方，两面都涂成黑色或棕绿色。除了将军佩戴更高品质的大檐帽，其余军衔的军人，他们的大檐帽样式相同。

▲ 1924年，苏联根据第641号命令引入的夏季军帽样式。

▲ 工程兵的M1924型大檐帽，注意其帆布衬里。

◄ 照片中，这名军人佩戴着一顶带有一枚大五角星帽徽的M1924型大檐帽。

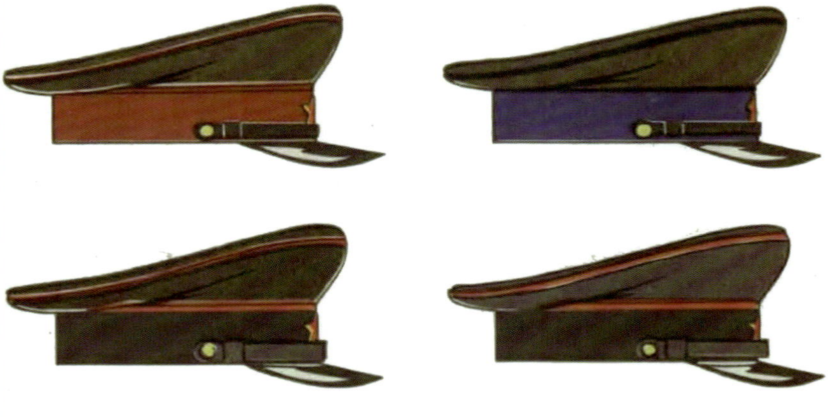

▲ 1935年，苏联根据第176号命令确定的新式夏季军帽，它带有不同军兵种色的彩色帽墙。

► M1935型大檐帽，带有深红的步兵军色种色镶边，这里展示了其内部标记细节。

► 另一顶M1935式步兵大檐帽。

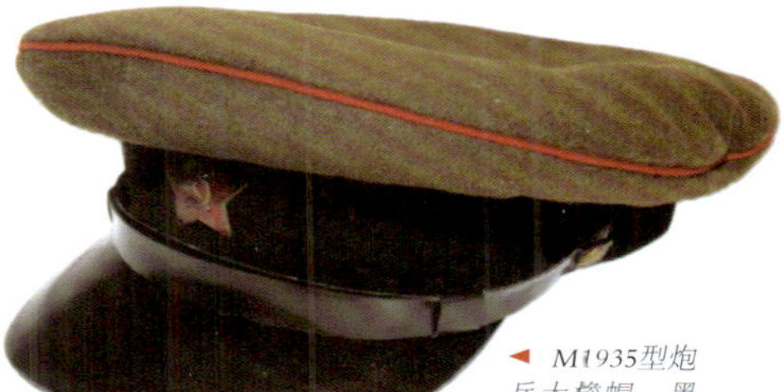

◄ M1935型炮兵大檐帽，黑色帽墙，红色镶边。

► 军绿的帽舌，这在20世纪40年代是常见的做法。

► 骑兵的M1929型大檐帽，草绿色帽冠，蓝色帽墙，黑色镶边。这是根据革命军事委员会1929年1月12日的第8号命令为骑兵和骑炮兵引入的新式大檐帽，用于骑兵、骑炮兵和骑兵军事训练学校。

▲ 顿河哥萨克部队大檐帽，这是根据1936年4月23日的第67命令引入的，帽冠为蓝色，帽墙为红色。1941年2月1日，苏联发布了第005号命令，取消这种大檐帽，但在战争中仍有军人继续佩戴。

▲► M1935式步兵大檐帽及其内部标记。

◄ 这张照片让我们看到了拥有独特外形的M1935型大檐帽。

◄ 卫生勤务人员的M1935型大檐帽，绿色帽墙，红色镶边。注意帽冠侧边的金属孔眼。

◄ 由军迷扮演的1943年穿着夏季野战服的顿河哥萨克近卫大士。他头戴1936年引入的顿河哥萨克部队大檐帽，佩戴着1943年式军衔肩章。

▲ 苏联红军总参谋军事学院的学员、教学人员和在编指挥人员佩戴的大檐帽，根据国防人民委员部1936年10月27日的第191号命令引入。这个命令还同时还引入了新式军大衣、弗伦奇式军上衣、长裤。这些制服后来根据国防人民委员部1940年4月5日的第87号命令被撤销了。大檐帽的帽冠为草绿色，高5厘米；帽墙为深红色，高4.5厘米；帽冠及帽墙上方带有白色镶边。

▲ 1936年，苏联根据第165号命令引入军事交通勤务和铁道兵大檐帽，其内部带有金属骨架，帽墙高4.3~4.5厘米，帽冠高4.8~5厘米。

▼ 根据国防人民委员员1940年7月13日的第212号命令，苏联引入了将官大檐帽。帽墙、帽墙上缘及帽冠镶边根据军兵种及勤务颜色有所不同。

► 1940年，苏联根据第212号命令引入将官常服大檐帽，它采用同制服相同的卡其色面料制作，帽顶高5厘米，帽舌涂黑色亮漆。

▲ 1940年，苏联根据第212号命令引入将官夏季常服大檐帽，这里展示的是一顶复制品。

◄▲ **野战大檐帽。**与野战服配用的卡其色帆布大檐帽，很受军官欢迎。

▲ 1940年，苏联根据第212号命令引入将官礼服大檐帽，采用与礼服军大衣和制服相同的银灰色斜纹布制作。这种大檐帽根据国防人民委员部1943年1月15日的第25号命令被废除。

▲ 根据国防人民委员部1943年5月18日的第223号命令，苏联引入了铁路区段、站点（码头）军事代表、副代表及其助手的公务大檐帽。大檐帽的帽冠为红色呢绒，帽墙为黑色天鹅绒，镶边为绿色。

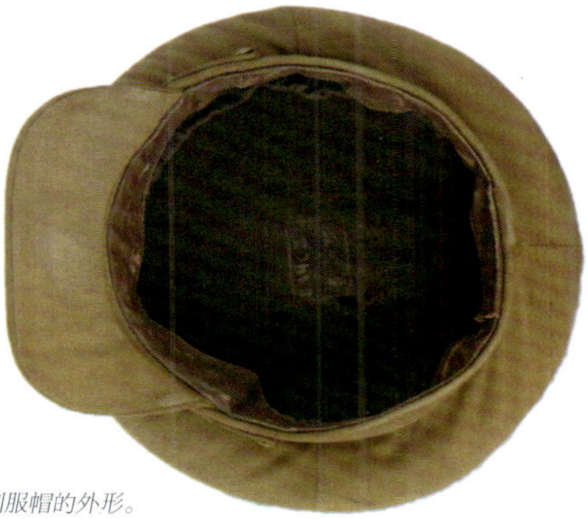

▲ 这些图片展示了野战制服帽的外形。

▼ 一名头戴野战帽的苏联英雄大尉。

◄ 这名坦克上尉佩戴着另一种版本的大檐帽，这种大檐帽显然取掉了金属骨架。他穿着1943年版本的M1935式制服，并获得了两枚红星勋章。

▼ 内务人民委员部M1935型大檐帽，根据内务人民委员部第396号命令和1935年12月27日发布的第399号命令引入，矢车菊色帽冠，砖红色帽墙，草莓红镶边，帽墙高4.3~4.5厘米，帽冠高4.8~4.5厘米。

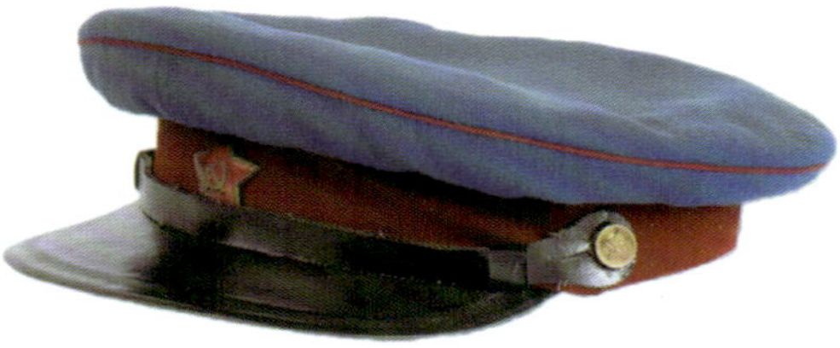

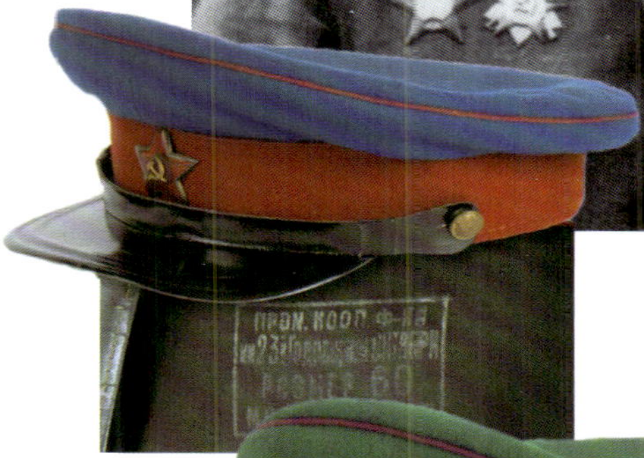

► 根据内务人民委员部1935年12月27日的第399号命令引入的边防军常服大檐帽，即M1935型边防部队大檐帽。它拥有绿色帽冠，深蓝色帽墙，红色镶边。

▲ 根据1943年1月15日发布的第25号命令引入的红军将官礼服大檐帽，其特点是帽墙前部绣有金色（银色）月桂枝图案。

▼ 根据1943年1月15日第25号命令用于将官和1943年2月4日第52号命令用于兵种元帅的礼服大檐帽。

▲ 根据内务人民委员部1943年2月18日的第126号命令引入的内务人民委员部机关和部队高级指挥人员礼服大檐帽，帽冠为矢车菊蓝色。这种大檐帽根据苏联最高苏维埃主席团于1945年7月6日发布的命令被取消了。

◄ 1943年，同样根据第126号命令引入的内务人员委员部边防军高级指挥人员礼服大檐帽。其帽冠为绿色，帽墙为深蓝色，前面绣有月桂枝图案。它也被苏联最高苏维埃主席团于1945年7月6日发布的命令所取消。

▲ 根据1943年2月18日发布的第126号命令引入的内务人民委员部高级指挥人员（不包括边防军）常服大檐帽，其帽冠为矢车菊蓝色，镶边为深红色。1945年7月6日，这种常服大檐帽根据苏联最高苏维埃主席团发布的命令被取消了。

▲ 根据1943年2月18日发布的第126号命令引入的内务人民委员部边防军高级指挥人员常服大檐帽，其帽冠为绿色，镶边为深红色。1945年7月6日，这种大檐帽根据苏联最高苏维埃主席团发布的命令取消了。

◄ 兵种元帅和将官礼服大檐帽，根据1945年4月颁发的第1412号决议引入。用于炮兵和坦克兵的兵种元帅和将官大檐帽帽墙为黑色天鹅绒。

▲ 苏联元帅礼服大檐帽，根据1945年4月颁发的第1412号决议引入。

► 由军迷扮演的1945年着礼服的苏联元帅。他扎着苏联元帅礼服腰带，佩着1943年式军衔，头戴礼服大檐帽，脖下还佩戴着元帅星。

◄ 由军迷扮演的佩戴1935年边防军军衔的内务人民委员部边防军大尉。

布琼尼帽

这是1919-1941年苏军制式服装的一种软式军帽。1919年1月16日，共和国革命军事委员会发布的第116号命令宣布红军采用这种军帽。它分为呢绒冬季军帽和布制夏季军帽，军帽前面用针线缝有一个外部直径8.8厘米，内部直径4.3厘米的五角星帽徽衬布，中央配有一个规定使用的小帽徽。1919年4月8日，共和国革命军事委员会发布了第628号命令，对冬季军帽进行了修改——改变了轮廓和布料尺寸，将帽徽布衬改为外部直径为10.5厘米，内部直径为3.5厘米的五角星。这样的修改使得帽徽显得更尖。1922年1月31日，共和国革命军事委员会发布了第322号命令，规定夏季军帽采用浅灰色或相近颜色的户外帐篷帆布、户外帐篷棉布制作，帽前改为外部直径为9.5厘米的五角星帽徽布衬，上面有一个金属的红色五角星帽徽。从此以后，这种军帽出现过多次变化。这种军帽因苏联国内战争时期的骑兵英雄布琼尼元帅而得名，是红军最有特色的军帽之一。在内战时期，布尔什维克部队就佩戴着这种军帽，有时它也被称为“伏龙芝帽”。布琼尼帽有帽檐和带纽扣的护耳。护耳平时折叠，需要时可以展开并在下颌处扣住。1924年5月13日，革命军事委员会第641号命令将夏季布琼尼帽废除了，而冬季布琼尼帽仍然得以保留，并且在1925-1926年冬季前没有发生变化。1927年9月3日，革命军事委员会第474号命令为陆军和空军引进新式布琼尼帽，原来的1922年式继续佩戴直到1928-1929年冬季结束。出于实用的考虑，新款式的布琼尼帽把原来的尖顶改短了。苏联国防人民委员1940年7月5日的第187号命令将冬季布琼尼帽取消了。M1919式布琼尼帽尖顶很高，M1922式明显降低了尖顶高度，并带有皮扣袢来固定护耳，M1927式则带有帆布扣袢。

▼ 步兵佩戴的M1919式布琼尼帽。

► 佩戴着战前的工农红军优秀分子证章的红军士兵，他头上戴着的是M1927式布琼尼帽。

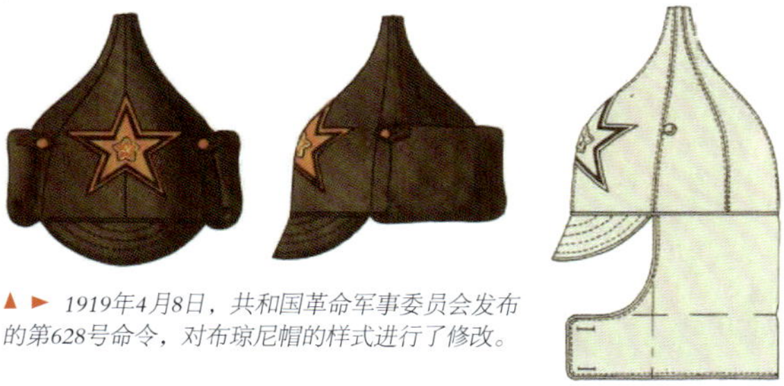

▲ ► 1919年4月8日，共和国革命军事委员会发布的第628号命令，对布琼尼帽的样式进行了修改。

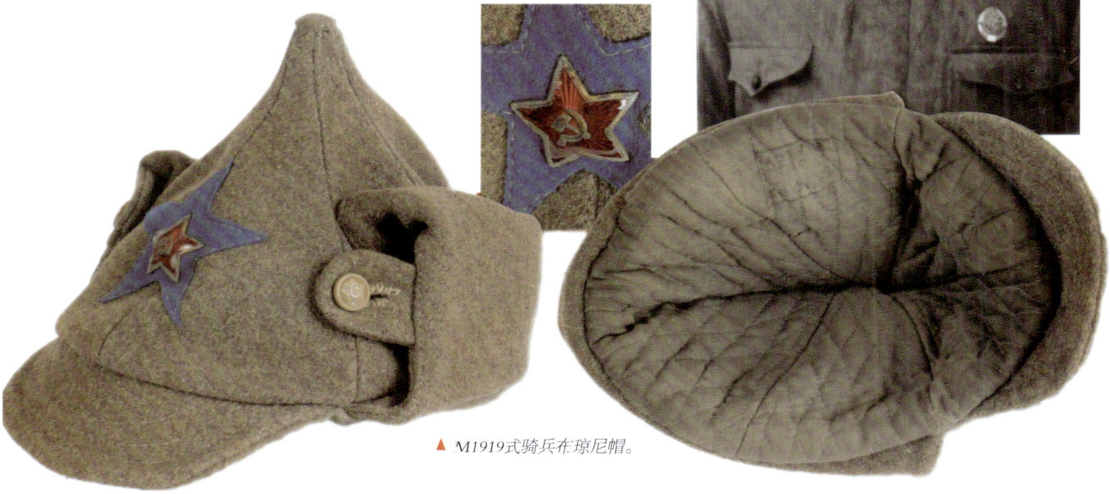

▲ M1919式骑兵布琼尼帽。

◀ 空军M1927式布琼尼帽。

▼ 在这张摄于1939年的照片上，这些步兵包括右侧的政委佩戴着巴拿马帽。这名政委穿着一件雨衣，衣袖上带着特殊政工人员袖章。

巴拿马帽

根据国防人民委员部1938年3月10日的第61号命令，苏联引入了这种巴拿马帽，用于中亚军区、北高加索军区、外高加索军区和克里米亚地区。这种巴拿马帽仅配发给在热带地区行动的部队，如在高加索、满洲和蒙古等地区服役的部队。作为一种夏季军帽，巴拿马帽采用轻便的棉料制造，衬里由红色布料制作，配有一条布制下巴带。

▲ 哈拉哈河战役期间，驻守在阵地上的红军炮兵。注意这些士兵头上分别戴着钢盔、船形帽和巴拿马帽。

▲ 摄于1939年的哈拉哈河战役，右侧是一名头戴巴拿马帽的坦克兵团政委。

冬季护耳帽

根据国防人民委员1940年7月5日的第187号命令，苏联采用了这种被称为“沙普卡（Shapka）”的护耳帽 以此取代冬季布琼尼帽。高级和中级军官的冬季护耳帽采用粗纺呢绒或灰色毛皮制作，现役军人的则采用棉布或灰色人造毛皮制作。高级、上级和中级军官的棉帽也允许自费制作，采用天然小羊皮或灰色的卡拉库尔羔皮制作。1941年2月前，这种棉帽只使用红星帽徽，1941年2月后引入了用于伪装的绿色帽徽。这种冬季护耳帽有两个帽襟，可以有效地保护耳朵和后颈。

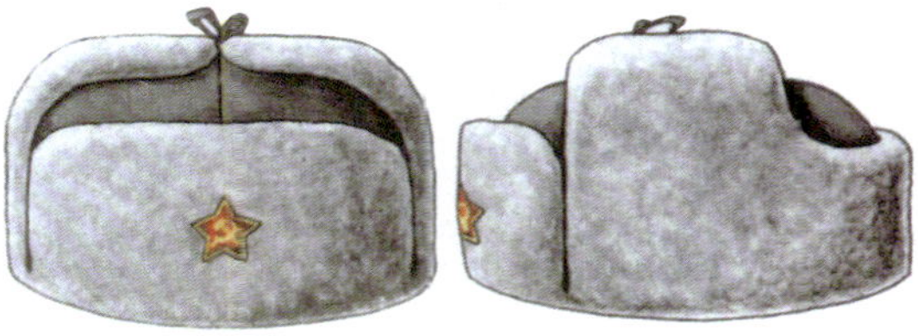

▲ 1940年发布的第187号命令引入了冬季护耳帽，这里展示的是其官方图片。

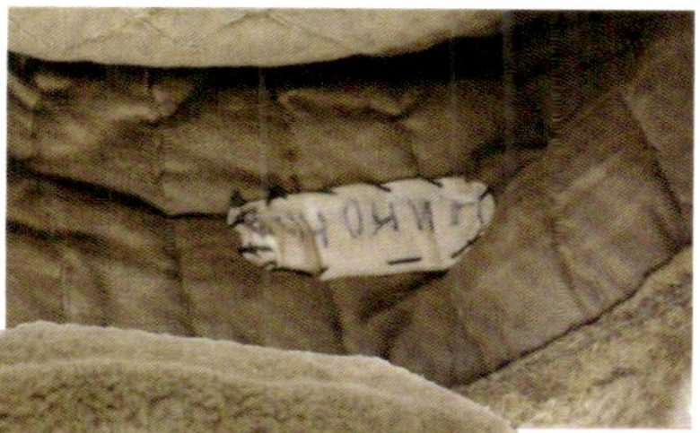

组图：几顶不同的沙普卡冬季护耳帽。

◄ 这名军人头戴略呈方形的冬季护耳帽，身穿羊毛大衣。

◄ 用卡拉库尔羔皮制作的冬季护耳帽。

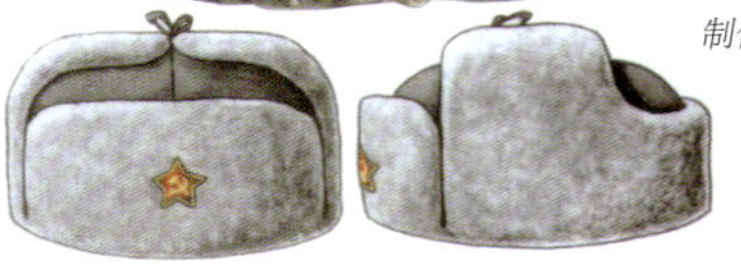

► 1931年，苏联根据第14号命令引入的芬兰式冬季军帽的样式。

▲► 军官冬季软护耳帽，冲压的锡制帽徽被涂成绿色。

▲ M1931式芬兰冬季皮帽，根据革命军事委员会1931年1月30日的第14号命令引入。1931－1940年，红军有许多种样式的冬季软毛皮帽，帽襟可以有效地保护耳朵和脖后颈，其制造原料多为毛毡、棉絮、白棉布和毛皮。

◄ 由军迷扮演的穿着冬季制服的1940－1943年内务人民委员部内务部队少校。他身穿军大衣，头戴冬季护耳帽，佩指挥人员行军装备。

► 这名上尉佩戴着一顶圆形的冬季护耳帽。

毛皮高帽

根据苏联国防人民委员1940年7月13日的第212号命令，苏联为将官引入了毛皮高帽。后来国防人民委员部在1943年1月26日发布了第40号命令，规定部队或勤务部队上校也可以佩戴这种军帽，以此代替卡拉库尔羔皮护耳帽。

▲ 照片摄于1942年，他们是布良斯克方面军的后勤中将尼古拉·亚历山德罗维奇·安季便科（Nikolay Alexandrovich Antipenko）和来自蒙古的代表。安季便科参加过苏联国内战争，1940年毕业于伏龙芝军事学院。在卫国战争期间，他于1941年7月出任西方面军第30集团军军需部部长和集团军后勤副司令。1942年7月到1945年，他先后任布良斯克方面军、中央方面军、白俄罗斯第一方面军的后勤部长、方面军后勤副司令。

▲ 一顶毛皮高帽。

► 1943年上校毛皮高帽。

► 由军迷扮演的1944年11月进入匈牙利的第151步兵师第581团少校，由于天气寒冷，这名少校穿着很重但也很暖和的M1943式大衣。他头上戴着毛皮高帽，到1943这种毛皮高帽扩展到所有兵种和勤务部队上校都可以使用，帽冠为绿色，中央带有交叉的镶边。他脚上穿的是M1940型军官军靴。

▲ 肩章特写。

▲ 局部特写。

▲ 这张摄于1942年列宁格勒的军官照片向我们展示了种类繁多的帽饰。他们头上戴着的是冬季棉帽和不同面料制成的布琼尼帽。

女军人的贝雷帽

▲ 这种毡帽或M1941式贝雷帽，专用于女性工作人员，颜色为棕绿色或蓝色，军帽前面带有一个珐琅帽徽或涂漆锡帽徽。需要注意的是，女性军人也佩戴其他标准军帽，包括布琼尼帽、冬季护耳帽和船形帽。

▲ 1941年头戴蓝色贝雷帽的女大尉。

► 一名头戴冬季护耳帽的红军女战士。

▼ 这些卫生勤务人员都佩戴着船形帽。

▼ 这两名女军官戴着棕色毛贝雷帽，其中一顶褪色非常严重。

◄ 贝雷帽的特写，这是根据苏联国防人民委员1941年8月3日的第261号命令引入的。这种呢绒无檐帽带有整体底，帽冠由四个部分构成，帽冠前部中央配有金属帽徽。

▼ 近距离展示制服上的胸假袋和红星勋章。

▲ 近距离展示卫生勤务领章以及领章在衣领内的固定方式。

▲ 袖口的镶边。

► 由军迷扮演的1941年8月服役于维捷布斯克第38步兵师第78卫生营的助理军医。这位女军官穿着M1941式制服，包括：贝雷帽，以及带有整体腰带和向下折叠衣领的连衣裙。领章为卫生勤务兵种色，绿色底版红色镶边，兵种领徽为金色。她的红星勋章别在左胸袋上方。

▼ 中间的这名女军官穿着的是女军人的M1941式制服。女军人的M1941式制服是根据苏联国防委员1941年8月3日的第261号命令引入的。1943年1月15日发布的第25号命令对其进行了局部修改。这种连衣裙是由卡其色棉料或毛料制造的翻领制服，翻袖口由两枚小制服纽扣扣合，到腰部的前襟则由四枚大型纽扣扣合。

帽徽

1918年4月，军事人民委员部首次颁布命令，规定使用红军之星作为红军的胸章。放射金黄色光芒的红五角星的周围是月桂枝和橡树枝组成的花环，中间是犁和铁锤图案，象征着解放了的劳动人民的创造性劳动、社会主义国家军队的阶级性和工农联盟。1918年7月，根据全俄苏维埃第五次代表大会的决议，红军采用了珐琅材质的红色五角星，中间带有犁和铁锤图案作为工农红军的帽徽。1922年4月13日，根据共和国革命军事委员会的第953号命令，红军之星上面的犁和铁锤图案改为锤子和镰刀图案，星尖外部直径是36毫米，内部直径是20毫米。1922年5月29日，共和国革命军事委员会取消在胸前佩戴红星的做法，只将红军之星佩戴在帽子上，作为红军军人的识别标志。1922年6月11日发布的第1691号命令又对红星进行了修订。1936年的军官帽徽外部直径为38毫米，军士及普通士兵的则为34毫米，所有军人船形帽帽徽直径则是24毫米。1936–1939年间，帽徽由两部分组成，分别是五角星本体以及锤子和镰刀图案。后来的一体式冲压金属帽徽被涂成红色或绿色，出现于1939年。1940年，苏联元帅和将官采用了两条金色圆框镶边的圆形金属花结，中央有一枚中间为锤子和镰刀图案的珐琅质红星帽徽。

► 1922年，苏联对红军帽徽进行了两次修改。

1~2. 1936年式帽徽。
3~4. 1939年式帽徽。
5. 红色的锡制帽徽。
6~7. 用于船形帽的1939年式帽徽。

▲ 内务人民委员部军帽上的1936年式帽徽。

▲ 空军布琼尼帽上的1939年式小帽徽。

▼ 野战大檐帽上的1939年式帽徽，通常上翻的下巴带会遮住部分帽徽。

▲ 布料剪裁而成的帽徽。

► 红色的五角星帽徽，带军兵种色的帽徽衬于1941年2月被取消。

► 涂成绿色的五角星帽徽。

▼ 通过观察这枚直径为34毫米的帽徽正背面，可以发现帽徽是由两个部件构成的，也可以观察到锤子和镰刀图案在五角星徽上的固定方式。

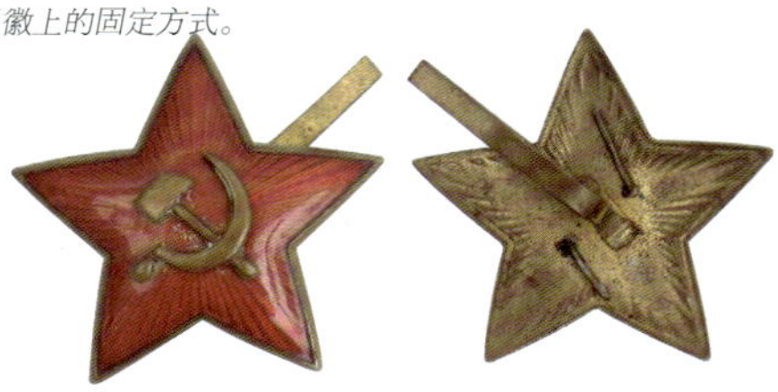

第七章

制服

▲ **M1928式夏季制服。**

这是一件棉料的M1928式制服，可以通过胸前三枚明显的纽扣识别出来。胸袋宽12.5厘米，高13.5厘米。领章为1940年式步兵领章，军衔标志为一个军士的三角形标志（下士）。衣领由三段组成，可以看到后面接合的缝纫针线。同时注意M1928式制服这种典型的领章固定方式，军衔标志和军兵种符号背面都采用金属件固定。

套头衫

制服是塑造苏联红军士兵形象的一个重要组成部分。套头衫这种军用制服起源于18世纪末，在当时，这种制服用来作为操练服或在军营内作为勤杂服使用，然后逐步演变成一种夏季制服。在俄日战争中，由于白色太过显眼，这种制服被染成了绿色，然后这种制服被进一步推广，从1912年开始变成了各个季节的野战制服。一战时期，这种套头衫带有两个胸口袋，纽扣眼位于左襟，通过纽扣扣合。这种制服为立领，肩章可以拆卸，或者永远缝在上面。布尔什维克一上台，就取消了俄军的肩章，但保留了这种制服样式。这种制服在发展史上出现过多次变化，包括：根据1919年4月8日发布的第628号命令，带有两个底袋，翻袖用两枚纽扣扣合，胸前襟纽扣为隐藏式；根据1922年1月31日发布的第322号命令，夏季制服用浅灰色棉布制造，改为直翻领；根据1923年2月27日发布的第419号命令，纽扣图案改为苏联的象征符号（五角星背景上带有锤子和镰刀）；根据1924年5月30日发布的第702号命令，改为两个胸袋，底袋去除；根据苏联革命军事委员会1924年的第992号命令，制服纽扣必须采用星形图案的小尺码金属纽扣；根据苏联革命军事委员会1929年7月19日的第190号命令，为陆军和空军引入M1928式制服（现在分为一种棉料的夏季制服和一种呢绒的冬季制服）。制服前襟有三枚纽扣，两个胸口袋，配有袋盖并用纽扣闭合，袖口配有两枚纽扣，这种制服有六种身高规格。

▲ 1929年，第190号命令确立的M1928式夏季和冬季制服绘图。

► 一名佩戴M1928式大檐帽，穿着M1928式呢绒制服的第6机械化旅的政委。

M1935式制服

根据1935年12月3日发布的第176号命令，苏联确立了一些新式制服，包括军大衣、大檐帽、船形帽、弗伦奇式军服和套头衫等。这些新制服同时在衣领上配用新的1935年式军衔标志，军官则在衣袖上配有军衔袖章。士兵和初级指挥人员的M1935式制服有两个胸袋，宽12.5厘米，高15.5厘米，袖口配有两枚小纽扣，手肘部位带有加强层，衣领通过一个或两个金属小钩闭合。这种制服剪裁相当宽松，其下摆达到大腿中部，因此可提供额外的御寒作用。白色的假领通过大针线缝在衣领上，防止制服在这个部位过早磨损。如果士兵没有这种白色假领，可以剪一块白布替代。尽管M1935式制服是标准样式，但同时也有几种变型。女兵制服的纽扣固定方式不同，卫生勤务人员收到的制服带有四个衣袋，而某些狙击手的制服，胸前纽扣则被改为隐藏式。

当战争于1941年爆发时，许多军人仍然穿着M1928式制服，M1935式制服才刚开始普及。根据1940年11月2日发布的第391号命令，苏军采用了新的军衔标志。事实上，据估计，在1941年仍有60%军人佩戴着1935年式军衔。1941年第一周的战斗表明，德军狙击手和机枪手完全能够辨认出苏联红军的制服和军衔，红色的星星和闪亮的纽扣在很远的地方就能被看到，因此，根据国防人民委员部8月1日的第253号命令，苏联对这种制服进行了如下修改：废除作战部队和补充部队的军衔袖章、彩色领章和金属纽扣。对于所有军兵种的领章、军衔标志和纽扣，原则上都采用一种褐绿色的保护色。但现实的情况有些不同，当时的照片显示褐绿色领章制造的数量很少，佩戴的就更少了。军官则依然保留着他们的彩色领章，除了军士，其他军衔人员仅摘除了他们的领章。

► 一名身穿M1935式制服的步兵，头戴布琼尼帽。

▼ 衣领现在由两部分组成，仍旧有四条缝线。领章可能增加了制作线，后背依旧是缝制式。步兵兵种符号的背面为开口钉脚，将其穿过衣领布料，这是使用军衔标志的一种后期的制作模式。

► M1935式制服，胸襟上的纽扣被一个布襟隐藏了，领章为带有步兵色的1940年式，中间带有一条红色的纵线。这件制服上佩有工农红军优秀分子证章和伏罗希洛夫神枪手证章。

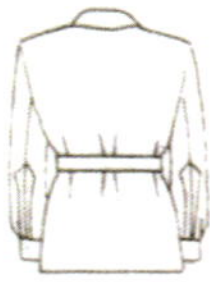

◄ 第176号命令采用的士兵和初级指挥人员的M1935式制服，它几乎保留了以前的样式。

► 由军迷扮演的1941年9月服役于第44步兵师第305团的通信兵，他携带着一把配有锹套的长把工兵锹。M1935式制服上配有1935年式军衔，领章是黑色底版、蓝色镶边。他背着M1938型背包，装备着弹夹包、水壶、装在袋内的防毒面具，头上的钢盔仍是Ssh-36型。作为技术部队的一员，他装备着莫辛-纳甘M1938卡宾枪，其较短的长度更为实用。

M1935式军官制服

军官的野战服仅在衣领边和衣袖带有军兵种色镶边，衣领为立翻领，通过两个小钩扣合。胸贴袋一般较小，配有袋盖，袋盖通过一个制服纽扣扣合。衣袖佩戴有军衔袖章，袖口带褶，由两枚纽扣扣合，衣袖上并没有肘部加强层。

► 这名炮兵大尉穿着带有军兵种色镶边的M1935式军官制服。

◄▲ 根据第176号命令采用的M1935式军官制服的插图。

► M1935式军官制服的复制品。

► 胸口袋非常明显，领边和衣袖带有军兵种色镶边。通常纽扣应该被遮盖住，但我们仍然能经常看到胸襟上的纽扣。这件制服的主人获得了一枚红星勋章。

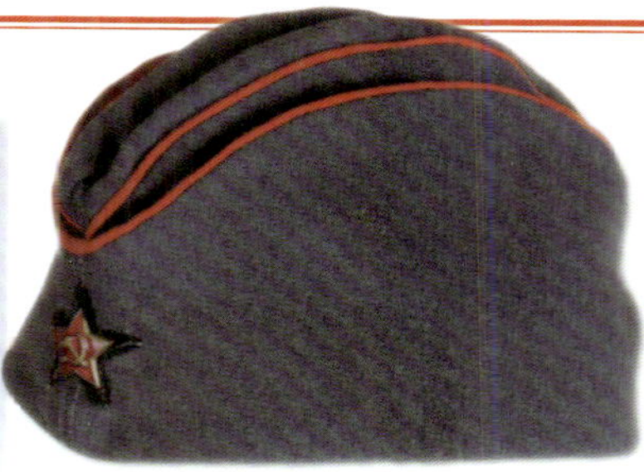

▲ 带镶边的船形帽。

► 由军迷扮演的1941年服役于奥尔沙（Orsha）第14坦克师第28坦克团的大尉。根据第176号命令，坦克装甲部队配发一种银灰色制服，其领章是黑色底版，金色镶边。他穿着的马裤是蓝色的，带有红色镶边，但也有银灰色马裤。

◄ 照片中的这位军官佩戴着帆布版本的坦克帽，并配有特别为坦克装甲部队制造的双镜片护目镜。

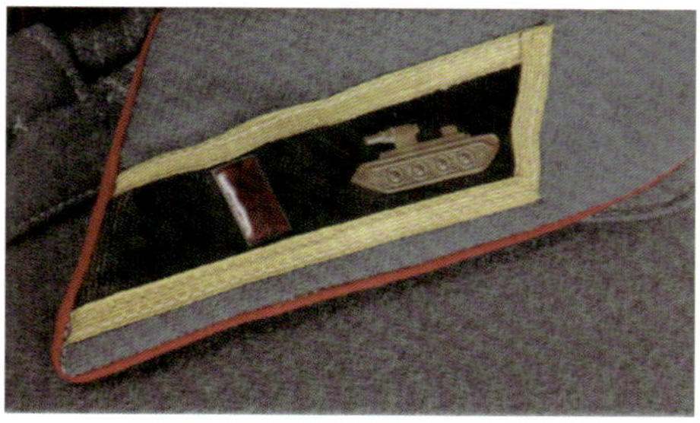

▲ 领章和袖章特写。

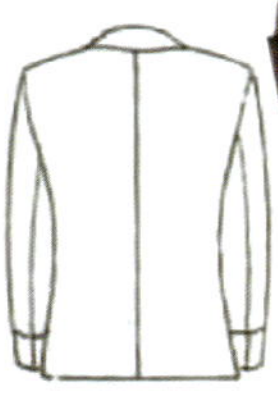

▲ 双镜片护目镜。

弗伦奇式制服

早在战前，苏联军官便拥有一种带有军兵种色镶边的被称为“弗伦奇”的制服，它是根据1935年12月3日发布的第176号命令引入的，用于空军和汽车装甲坦克部队军官。这种制服由呢绒或精纺面料制作，空军为深蓝色，汽车装甲坦克部队为银灰色，带有棉衬里，单排扣，拥有五枚纽扣，扣眼位于左襟。该制服还拥有大翻领、直衣袖并且袖头带有军兵种色镶边，汽车装甲坦克兵为红色，空军为天蓝色，四个衣袋都配有袋盖。这种制服配合白色衬衫和黑色领带穿着。根据1941年2月1日发布的第005号命令，这种制服被取消了。弗伦奇式制服的名称来自英国陆军元帅约翰·登顿·平克斯通·弗伦奇。

▼ **M35/41式制服。**
在这件制服上，1941年8月1日的253号命令得到了严格的遵守，制服纽扣、领章和军衔都变成了褐绿色。战时制造的制服，领口的金属钩依然存在，制服纽扣被涂成了无光泽的绿色。

▲ *衣袖衬里有一整块衬布，以延长这件制服的使用寿命。*

◀ *由军迷扮演的穿着银灰色弗伦奇式常服的汽车装甲坦克兵少尉，他佩戴这1935年式军衔，头戴船形帽。*

▲ *1935年的一名装甲坦克部队少尉，穿着银灰色的弗伦奇式制服。*

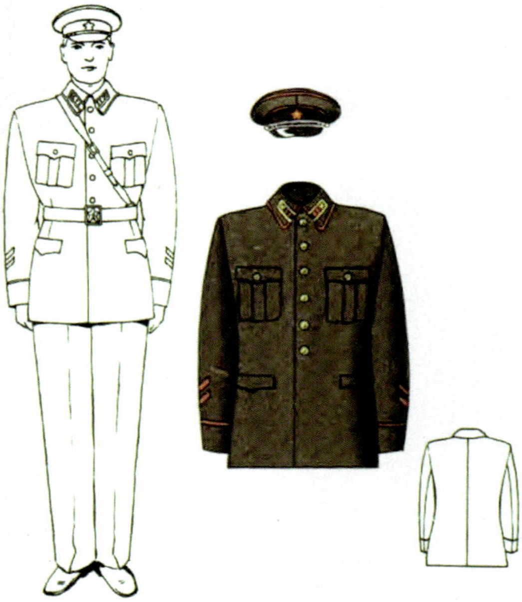

▲ *根据1935年12月3日的第176号命令，除了空军和汽车装甲坦克部队军官外，苏联红军的其他军官穿着另一种弗伦奇式常服，这种常服采用草绿色面料制作，单排扣，由六颗大型制服纽扣闭合。衣领为翻领，由一个金属钩扣合。胸前带贴袋，并带有袋褶，配有袋盖，袋盖由一枚制服纽扣扣合，下摆带有两个侧衣袋，配有和胸袋一样的袋盖。这种制服同样根据1941年2月1日的第005号命令被取消了。*

M1943式制服

1942年7月29日，苏联设立库图佐夫勋章、亚历山大·涅夫斯基勋章、苏沃洛夫勋章。1942年11月10日，苏联最高苏维埃主席团发布了《关于授权方面军司令员、舰队司令员、集团军司令员、区舰队司令员、军长、师长、旅长、团长颁发苏联勋章、奖章和胸章的命令》，以迅速为战场上表现突出的官兵授奖，提高部队士气；1942年12月21日，苏联发布命令，授予各部队新式样的红旗；1942年12月22日，苏联设立了一系列保卫奖章，包括保卫列宁格勒、保卫斯大林格勒、保卫敖德萨和保卫塞瓦斯托波尔奖章，授予保卫战参加者。在其他应对措施之外，根据苏联国防人民委员部1943年1月15日的第25号命令，苏联重新恢复了沙皇时代的肩章。祖国处于危急之中，战斗依然在斯大林格勒进行，苏联国土的大部分仍然处在德国的占领下。新式军服和新式军衔的出现标志着苏军开始以新的面貌面对战争。根据斯大林的指示，必须在1943年2月1日至15日间，将新式制服和肩章发给整个苏联红军！

1943年1月15日的第25号命令引入了一种新式制服，这就是M1943式制服。这种制服改为立领，这也是同1935式制服的外表明显的不同之处。这种制服的领口用两枚小制服纽扣闭合，前襟由三枚纽扣闭合，袖口仍由两枚纽扣闭合，早期产品没有肘部加强层。标准样式制服的肩部带有佩戴肩章的肩袢，袖章被取消了。M1943式制服也有两种版本，分别为夏季的棉制服和冬季绿褐色的精纺毛料制服。配发士兵和军士的制服没有胸口袋，配发军官的则带有内胸袋，并配有袋舌。配发这种制服时，同时还会给士兵配发一套肩章和两枚纽扣，还有三条白色的假领，配发制服的情况也会写进士兵的战士证。

M1943式士兵/军士制服

军士制服的外形与军官制服类似，但没有胸口袋、镶边和肘部加强层。第一批M1943式制服在靠近衣领口的地方没有小孔眼，肩章上的纽扣无法进行固定，因此军人只好自行开孔，经常撕开面料。此外，这种制服的肩部没有固定肩章的肩袢，苏军士兵不得不用针线自行缝制。尽管也有一些缝制式肩章，但有的士兵不管肩章带不带肩章舌，就把肩章直接缝在了制服上。

► *M35/43式制服。在新式M1943制服未普及之前，这种制服也被广泛使用。M1928式或M1935式制服都配有拆卸式或缝制式的新肩章，尽管没有官方的正式型号，但后者通常被称为M35/43式。这种型号的制服一直使用到战争结束，甚至在战后几年仍有使用。*

◄ *1941–1943年，保持战时作战状态的中将。他身穿将官1940年式常服，注意其保护色领章和没有镶条的卡其色马裤以及卡其色大檐帽。*

▲ *在等待配发新式制服的同时，苏军对M1935式制服进行了修改，加入了肩章后继续在部队中使用。*

▶ **1943年式野战服肩章。**
肩章纽扣并不全部是标准的压印着红军之星图案的黄铜纽扣，还存在大量的黄铜、锡制（4个针眼）、塑料和角质纽扣，同时，苏军也使用民用纽扣和缴获的德军纽扣。
1. 步兵肩章，缝在肩部（没有损坏、没有剪裁的样本，时间是1945年）。
2. 步兵肩章，带有肩舌，这里展示的是下士肩章。
3. 步兵肩章，缝在肩部，较厚且硬。
4. 步兵肩章，带有肩舌，时间是1943年。
5. 步兵肩章，由美国根据《租借法案》提供的原料制造。

▼ **M1943式制服。**
制服由厚布料制作，其颜色并不能经受长时间的穿用和洗涤，立领带有两枚可见的闭合纽扣。其肩章为野战肩章，深绿色底版，还有炮兵或坦克兵的红色镶边。同时，制服还佩戴有战功奖章、近卫军胸章、优秀迫击炮手胸章及上方的两枚战伤章（一枚重伤章和一枚轻伤章）。这张制服的背面视角显示了肘部加强层的特征，但这一特征并没有出现在第一批配发产品中。

▼ 另一件第一种样式的M1943式制服，纽扣由黄铜制造。制服上佩戴有I型勇敢奖章和保卫斯大林格勒奖章。肩章为野战样式，带有步兵色的镶边。这件制服带有肘部加强层。

▲ 近距离观看肩章，注意当增加纽扣时制服的扣眼，以及缝在上面的布环。由于废料回收的规定，肩章采用织物的下脚料制造。

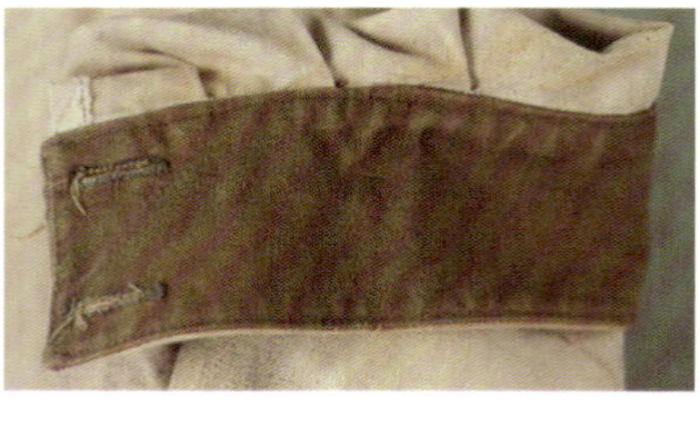

▲ 加在袖口内的衬布。

▶ 这名军士穿着没有胸袋的早期M1943式制服，纽扣为锡质。

▼ 最后配发给军官的M1943式制服带有胸袋。图中这件制服仍然保持着最初的颜色，纽扣为黄铜制品，肩部带有肩袢。

► 这件离开工厂的制服已经配有安装肩章的扣眼和肩袢。

▼ 部分制服由几个部分制成，如下摆的前片和后片之间带有一块三角料。

▲ 士兵和士官的M1943式制服插图。

▼ 用于寒冷季节穿着的一件毛料制服，纽扣是大型制服纽扣，戴手套时容易扣合。

▼ ► 右图为一件战争后期的制服标记。下图为毛料马裤上的标记。苏军制服很少注明生产日期，其油墨印记总能在制服内里的折边处被发现，位置在内里的前面或后面。M1935式制服的标记包括形式完整的表明服装制成年份的印记（如1939、1940），并且一般也包括生产厂名。M1943式制服俄标记印在一个正方形框或长方形框内，一个代表年份的俄语字母“г”后跟着两位代表年份的数字；尺码大小由一个字母“P”跟着数字1、2、3或4来表示。有时，生产标记仅有生产厂名或者两个首位数字是“19..”的印记。

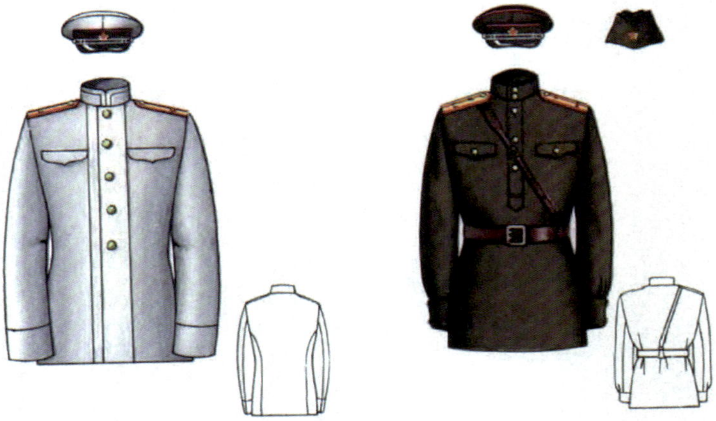

◄ 1943年，第25号命令采用的校官和尉官的制服的插图，左边为M1943式夏季白色常服，右为M1943式制服。

▼ 一件M1943式军官制服，配有两个胸口袋，并且在衣袖上带有军兵种色镶边。由于过度磨损，制服上的缝线变得非常明显。制服上佩戴着近卫军胸章、两枚勇敢奖章和保卫塞瓦斯托波尔奖章。肩章为深绿色的上尉野战服肩章，肩章上只有一条纵线和小型星徽。

▲ M1943式军官制服的复制品，配有两个由灰色或白色帆布制造的内胸袋，还配有以一枚纽扣固定的袋盖。衣领口有两个扣眼，肩部带有固定肩章的肩袢，一些制服的袖口上带有军兵种色镶边。

▲ 这名少将身穿M1943式制服，其常服肩章非常清晰；装备着M1932行军装备，其左肩带上配有哨套。

► 由军迷扮演的1943年9月服役于哈尔科夫第81步兵师第410团的少校。他穿着新式M1943式制服，装备着皮革材质的M1932行军作战装备。

▲ 近卫第30机械化旅坦克团的指挥官博索夫（Bosov）中校，穿着配有常服肩章的M1943式制服的。

制服的生产

战争爆发时，苏军在服装供应上遇到了困难，大量储备由于部队匆忙撤退而被毁掉，留在原地的则被敌人缴获。苏联的大片领土被德军占领，损失了包括生产原料和一系列轻工业企业所在的重要地区。不仅原料、燃料和电力不足，人力与运输工具也不足，同时由于企业从西部迁往东部，使情况变得更加复杂。为了应对战争，苏联动员了数以百万计的男女参军，同时需要装备这些军人。由于大规模扩军，在服装保障上苏军遇到了严重的困难，直到1942年，苏联在各兵种的制服保障方面仍然很困难。苏联开始广泛动员地方工业企业和手工业合作社完成军事订货，并开始采用更多种类的材料，特别是皮革代用品，此外还简化工艺过程，大量增加被服的生产。战争开始后，取消了作战部队的制服使用期限，并改变军队的供应标准和服装样式，同时采取了一系列厉行节约的措施。1942年，国防委员会决定从3月1日起按照国防委员会批准的月限额，按实有人数给各方面军和军区发放被服，而作战军队中的被服只有在查明其磨损的原因以及完全无法继续穿用后才予以更换，换下的旧军服和皮靴还要交回仓库，凡未上交旧军服和皮靴的方面军和军区，不发给新装。为节省新军服以满足作战部队的需要，军区后勤部队和机关的士兵、军士以及后备部队流动人员，一律领用旧军服，在开赴前线之前再换发新军服。对作战部队的后勤机关和后勤部队，同样是发放旧军服。同时，组织被装修理，从1942年5月开始，苏军成立了各级修理所对服装进行修理。1942年下半年，搬迁的企业开始恢复生产，同时新建立了一些新的纺织企业，以完成苏军的订货。由工厂始终按照严格的规范来大规模生产M1935制服和其他制服装备，因此在战时我们能看见标准样式的制服、长裤、船形帽等制式装备。从1943年起，苏军开始有计划、稳定及时地进行服装的供应，1944年冬季，除正常穿用军服外，又为全体军官发了一套新的毛料制服。苏军向东进攻陆续解放了一些东欧国家，开始就地进行被服的采购。需要提及的是，在整个战争期间，有20个集中营工厂持续进行制服的生产，这些集中营工厂的囚犯在爱国主义思想和自由的工作状态下以相当快的速度进行制服的生产。同时还要提及的是《租借法案》也发挥了重要作用，美国和英国向盟友提供了制作苏联红军制服所需的数百万米的棉布和毛布原料。采用英国或美国援助的原料由苏联生产的制服，或由盟友生产的苏军制服，都进行了改进以更利于制造。事实上，美国制造商在规范上有时更加自由，例如在胸袋、袖口镶边的制作方面。纽扣也由美国或英国制造，并带有制造商的名字，如RAB公司、纽约州新罗谢尔雷克斯制造公司（Rex）、芝加哥便利纽扣机械公司(Handy Button Mach. Co)等。在战争中，苏军消耗了3800多万件军大衣、7000多万套布军服、11700万套内衣、约6400万双皮靴、约2000万套桁絮棉衣和马裤、1100万双毡靴、200多万件毛皮短大衣和许多其他被装用品。

► **美国制造的M1943式制服。**
通过宽大的胸袋和简单的衣袖，可以看出M1943式制服不同于苏军制服原有的样式，纽扣也是美国制造的绿色塑料纽扣。

▲ *一名穿着新式M1943式野战服的上尉，梳着苏军部队中的典型发型。*

▲ *这名少尉穿着配发给士官以下军衔人员的没有胸袋的M1943式野战服。*

内务人民委员部制服

▲ 内务人民委员部M1935式制服，是根据内务人民委员部1935年12月27日的第396号及第399号命令，为内务部队和机关指挥人员引入的，后来根据1937年7月15日的第275号命令被取消了。这里展示的是一件复制品。

▲ 内务人民委员部部队指挥人员M1937式制服复制品。M1937式制服根据内务人民委员部1937年7月15日的第275号命令采用。它配有两个配有袋盖的胸贴袋，袋盖由一个小制服纽扣扣合。这种制服根据1943年2月18日的第126号命令被取消了。

▲ 内务人民委员部M1943式制服的复制品。这是根据内务人民委员部1943年2月18日的第126号命令为内务人民委员部部队和机关指挥人员引入的制服。这种制服带有特殊的胸袋，后来根据苏联最高苏维埃主席团1945年7月6日的命令取消。需要注意的是，内务人民委员部的肩章并不呈尖角状，而是呈梯形状。

► 1943年着夏季制服的内务人民委员部边防部队中尉，他头戴大檐帽，身穿制服，下着马裤，脚穿长筒靴。

勋饰佩戴

在M1935式制服上，所有的徽章、奖章和勋章都佩戴在左口袋上，除了1942年7月14日引入的战伤奖章缝在带有衬背布的右胸口袋上方。在M1943式制服上，奖章需佩戴在左侧，并按照规定顺序佩戴：金星奖章佩戴在所有勋章和奖章的上方，然后在其下方靠近制服门襟处开始按规定顺序佩戴。勋章佩戴在右侧，也需要按规定顺序佩戴，高级勋章靠近胸前的纽扣，例如红星勋章要尽可能位于右远侧，一级苏沃洛夫勋章要更靠近纽扣。

近卫军胸章和其他优秀战士证章也佩戴在右侧。如果制服有胸袋，勋章和证章应佩戴在其胸袋上方。

不能在新式1943制服上佩戴战前的徽章，例如国防及航空化学建设促进会的徽章。当然，上面说的只是理论上的顺序，许多当时的照片和后期拍摄的照片显示，战士们并没有严格遵守上面的顺序和位置佩戴勋章和奖章。另一种常见的做法是将近卫军胸章佩戴在右侧胸口袋的纽扣上，从而避免证章的针脚穿过制服面料。

▲ M1943式将官常服插图。

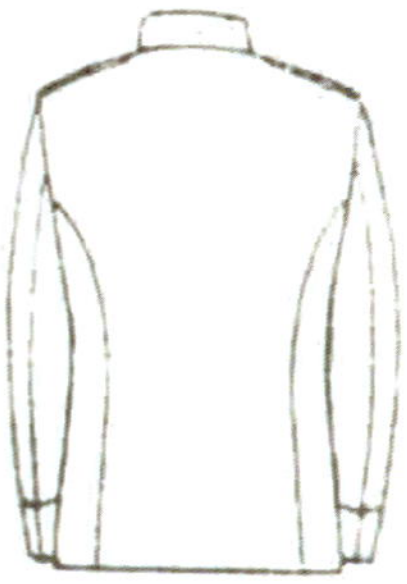

▼ 1941–1945年卫国战争中忘我劳动奖章，1945年6月6日设立。

◄ **M1943式将官常服。**
根据1943年1月15日的第25号命令引入的将官常服，为单排扣，胸前由五枚大型制服纽扣闭合；常服为硬立领，领高4.5~4.8厘米，由2个或3个金属钩扣合，并且带有军兵种色镶边。同时，也存在由白色帆布制造的夏季制服，由五枚纽扣闭合，直袖口，配有两个带袋盖的胸袋，并没有军兵种色镶边。

◄ 由军迷扮演的1943–1945年的炮兵元帅，他穿着M1943式常服，头戴M1943式常服大檐帽，佩戴着1943年式炮兵元帅肩章。

► 穿着M1943式将官常服的坦克部队少将巴瑞辛尼可夫（I.N.Baryshnikov）。

◀ M1943式军官常服插图，根据第25号命令，苏联也为校官和尉官引入这种常服，样式与M1943式将官制服基本相同。

▲ 1944年5月，穿着M1943式常服的波德波里若夫上校（I.A.Podporinov），其制服上佩戴着野战肩章。从战时苏军的许多照片来看，很多军人并没有严格按照着装条令来穿用制服。

▼ 这名已经获得红星勋章的军官穿着M1943式常服，他还获得了I型勇敢奖章和保卫斯大林格勒奖章。

◀ 可以清晰地看到这名军官的M1943式常服上的军兵种色镶边。

▲ *M1943式士兵/士官礼服插图。*

▲ *根据第25号命令采取的M1943式校官/尉官礼服插图。*

M1943式礼服

苏联根据1943年1月15日的第25号命令引入了M1943式礼服。配发士兵和士官的礼服为单排扣，在左侧扣合，有五枚大型黄铜制服纽扣；礼服为硬立领，由两个小金属钩和钩环扣合，领边及上缘带有军兵种色镶边，领部带有一条金色条饰的领章。步兵镶边色为深红色，炮兵、汽车坦克装甲兵、卫生和兽医勤务为红色，空军为天蓝色，骑兵为浅蓝色，工程技术部队为黑色。领章通过机器缝制，不包括镶边，其尺寸为8.2厘米长，2.7厘米宽。步兵领章兵种色为深红色，炮兵和汽车坦克装甲兵为黑色，空军为天蓝色，骑兵为浅蓝色，卫生和兽医勤务为深绿色，工程技术部队为黑色。

M1943式军官礼服

这种礼服是根据1943年1月15日的第25号命令采用的，并被所有武装部队中校官、尉官所使用。礼服为深绿色毛料制服，单排扣，前襟由五枚大制服纽扣闭合，全部为黄铜纽扣。礼服为硬立领，领口由两个或三个小金属钩与钩环扣合。衣领、左襟、袖口都带有兵种色镶边。步兵、行政和军法勤务的兵种镶边色是深红色，炮兵、汽车坦克装甲兵、卫生和兽医勤务是红色，空军是天蓝色，骑兵是浅蓝色，工程技术部队是黑色。领章由机器缝制，不包括镶边，其尺寸为8.2厘米长，2.7厘米宽，上面缝有一条或两条金色或银色丝线绣制的节杖饰，节杖饰长5.4厘米，宽6.5毫米，条间距

◄ *由军迷扮演的穿着M1943式礼服的步兵近卫中士，他系着腰带，肩佩1943年式常服肩章，头戴钢盔。*

▼ *在莫斯科举行的胜利阅兵式上，苏联士兵展示了缴获的德国战旗。*

为0.5~1毫米，袖口则缝有竖式节杖饰。步兵、行政和军法勤务的领章军兵种色为深红色，炮兵和汽车坦克装甲兵为黑色，空军为天蓝色，骑兵为浅蓝色，卫生和兽医勤务为深绿色，工程技术部队为黑色。

▲ 1944年在保加利亚首都索非亚的三名苏军军官，中间这名军官穿着M1943式礼服，佩戴着红旗勋章和红星勋章。

► 由军迷扮演的1945年6月服役于莫斯科的第48步兵师第22团的上校。1945年6月24日，在莫斯科红场举行了盛大的胜利阅兵式，为此，这名上校穿上了礼服。制服采用绿色面料制作，衣领和前襟边缘都带有兵种色镶边，由于他属于校官，领章上面还缝有两条条饰，袖口有两个节杖饰。这名军官获得了如下勋章：两枚红旗勋章、一枚二级卫国战争勋章。他获得的奖章有军功奖章、保卫莫斯科奖章、解放布拉格奖章、战胜德国奖章和两枚捷克奖章。

▼ 一件步兵上校礼服，带有深红色镶边、金色条饰领章和战斗部队的袖口节杖饰。这名军官已经获得红星勋章、卫国战争奖章和近卫军胸章。他获得的奖章有：战功奖章、保卫莫斯科奖章、解放布拉格奖章、1941－1945年卫国战争战胜德国奖章、苏军建立30周年奖章和两枚捷克奖章。

▲ 这件上校军官礼服带有炮兵、汽车坦克装甲兵技术部队的红色军兵种色镶边，衣领和袖口带有技术部队的银色节杖饰。这名军官已经获得了红星勋章、卫国战争奖章和优秀坦克手证章，他还获得了1941－1945年卫国战争战胜德国奖章、解放布拉格奖章和1941－1945年卫国战争中的忘我劳动奖章。

▲ 一名穿着带有刺绣节杖条饰礼服的中尉。

▲ 这名少尉穿着袖口带有由丝绸缝制的节杖条饰的礼服。

将官和苏联元帅礼服

第25号命令引入的将官和苏联元帅礼服为银灰色，单排扣，六枚纽扣。衣领为硬立领，高4.5~4.8厘米，带有彩色镶边及双金绣边；同时，衣领前端沿着金边将官礼服绣有金色月桂枝图案，苏联元帅礼服则是橡树叶图案。翻袖口上缘带有彩色镶边，将官礼服袖口缝有三条金色垂直节杖饰，而苏联元帅则为橡树叶图案。

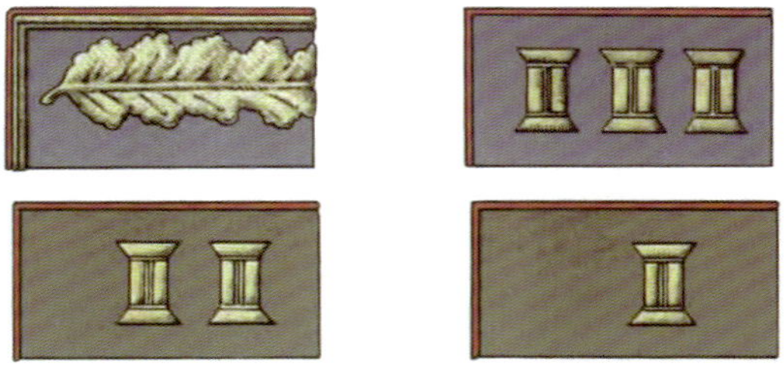

▲ M1943式礼服袖口绣饰，从左至右、从上到下依次为苏联元帅、将官、校官、尉官。

▲ 将官礼服插图。

▲ 礼服领饰插图，它展示了苏联元帅（上）和将官（下）领是饰图案的不同。

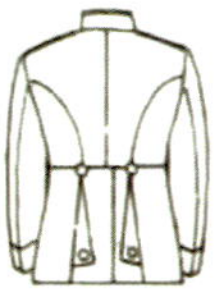

▲ 用金属模压而成的坦克部队军官礼服节杖饰。

▲ 用金属冲压而成的工程坦克军官礼服节杖饰。

◄ 军迷扮演的苏军大将，他穿着M1943式礼服，注意袖口的三条节杖饰，及衣领上的月桂枝图案。他头上戴的是礼服大檐帽。

礼服饰

军衔	袖饰	领章
将官（不包括元帅）		－
校官（勤务）		 炮兵
尉官(战斗兵种)		 空军
士官	－	 骑兵
士兵	－	 工程和技术部队

内务人民委员部的M1943式礼服

根据内务人民委员1943年2月18日的第126号命令，苏联为内务人民委员部所属部队、机关、院校引入了这种礼服。礼服为卡其色，双排扣，两列纽扣每列个六枚；礼服为硬立领，由两个小金属钩扣合，领口及上边带有呢绒布料制成的军兵种色镶边。袖口为翻袖，同样带有军兵种色镶边。领口和袖口绣有金色或银色的节杖条饰。校官和尉官礼服前襟也带有军兵种色镶边，边防部队的镶边色为绿色，其余部队则是浅蓝色，同时带有相对应的肩章。

▲ 一群士兵的合影。其中，有两名军人穿着双排扣的礼服。

▲ 一名内务人民委员部中校的M1943式礼服，礼服上的所有条饰都为刺绣制品。前襟佩戴的勋饰有红旗勋章、军功奖章和保卫高加索奖章。最右侧则是全俄肃反委员会-国家政治保安局十五周年纪念荣誉工作者证章，证章底部带有全俄肃反委员会-国家政治保安局的缩写。

◀ 由军迷扮演的内务人民委员部边防军中校，他头戴大檐帽，身穿内务人民委员部M1943式礼服，佩戴1943年式肩章。

◀ 由军迷扮演的1943－1945年的边防部队上士。他身上穿着内务人民委员部M1943式礼服。

▼ 这名军官穿着内务人务委员部的双排扣礼服。

M1945式礼服

根据总军需部1945年4月的第1412号决议，政府为苏联元帅和将官引入了新式礼服，这就是M1945礼服。 苏联元帅礼服为波涛蓝色毛呢面料，双排扣，每列各六枚大型金色制服纽扣，其中左侧往下数第二枚纽扣是可拆卸的，礼服左襟带有红色的呢绒镶边。苏联元帅礼服是硬立领，领端略圆，衣领后部高度为4.5~6.5厘米，前部为4~6.2厘米，衣领由一个金属钩扣合，也带有红色的呢绒镶边。礼服的衣领前端也带有规定的金色橡树叶刺绣图案。礼服为直袖翻袖口，上缘也带有红色镶边，袖口同样饰有刺绣而成的金色橡树叶图案。对于兵种元帅，衣领和袖口部分的面料及颜色根据军兵种而有所不同，例如空军元帅的礼服是天蓝色，炮兵和坦克兵元帅的礼服则是黑色。对于将官，礼服的衣领和袖口部分为波涛蓝色面料，区别是衣领前端、袖口刺绣图案不同；而且根据军兵种的不同，图案色泽有金色和银色之分，卫生勤务、兽医勤务和军法勤务为银色，其余军兵种和勤务为金色。航空兵元帅、坦克兵元帅和将官礼服根据苏联国防部长于1949年2月24日发布的命令被取消，其余礼服根据苏联国防部长在1954年4月9日发布的第45号命令被取消。

▲ 苏联元帅的M1945式礼服。

▲ 1945年，身穿M1945式礼服的喀尔巴阡山地区内务人民委员部边防部队的指挥官伊利亚·伊万诺维奇·杰姆申少将(Ilya Ivanovich Demshina 1906–1980)。

◄ 由军迷扮演的身穿M1945式礼服，头戴礼服大檐帽，扎着礼服腰带的装甲坦克兵元帅。注意其衣领与袖口部分的面料及颜色有所不同。

▲ 合成军的M1945式将官礼服。

◄ 坦克部队、坦克工程勤务、炮兵及炮兵工程勤务保障将官的M1945式礼服。

► 工程兵、技术兵、通信兵、军需勤务将官的M1945式礼服。

◄ 卫生、兽医和军法勤务将官的M1945式礼服。

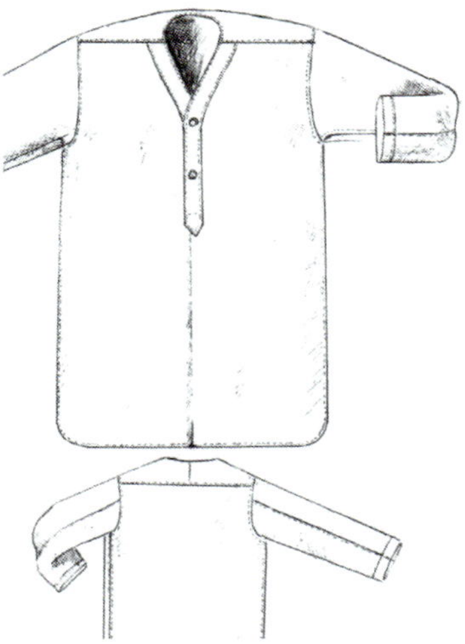

► 士官和士兵有一种无领白色衬衫，分为棉料的夏季制服和棉毛的冬季制服两款。

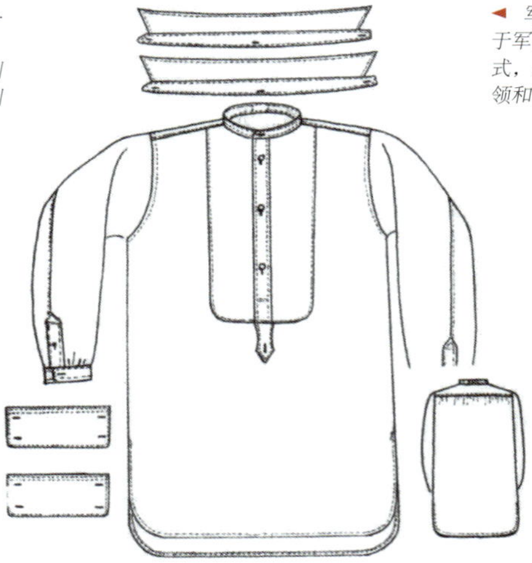

► 军官衬衫，它不同于军士及士兵的衬衫样式，还带有可拆卸的假领和袖口。

马裤

苏联红军早在1924年就采用了马裤，后来根据1935年的第176号命令，采用了新式马裤。配发给汽车坦克装甲部队的新式马裤是银灰色的，而其他部队的新式马裤则是深蓝色的。军官马裤带有两个侧口袋，一个表袋，一个后口袋，而且马裤侧缝带有镶边。普通士兵的夏季马裤采用斜纹布制作，腰带里子是染色棉布。马裤门襟由三枚纽扣扣合，裤腰则用一个金属钩和一枚纽扣扣合，此后也存在一些变化。1941年2月1日，根据国防人民委员第005号命令，这种1935年式马裤被取消了，但一直过渡到1941年10月1日才开始采用新式制服，直到1942年末老式制服库存供应使用完才全部完成新旧制服的替换工作。根据1943年1月15日发布的第25号命令，除了汽车坦克装甲部队的银灰色马裤外，又为红军指战员引入了新式马裤。

► 蓝色军官马裤。

► 几件军官马裤。

▲ M1938式军官马裤，蓝色为常服，褐绿色为野战服。

▲ 一条马裤的前后局部图。

◄ M1938式士兵/士官马裤的复制品，带有膝部加强层。

► M1938式军官马裤的复制品。

▲ 几件并排摆放的士官和士兵马裤。

女军人

女军人制式常服是M1938式连衣裙，一种中膝长度的短裙，颜色为卡其色或蓝色。M1941式连衣裙则是根据1941年8月3日的第261号命令引入的，常服带有下翻领（配领章），并配有一条腰带。M1943式连衣裙与M1941式连衣裙类似，立领并配有肩章。在野外，女军人的裙子则用男兵的马裤替代。

军大衣

1935年12月3日，苏联根据第176号命令引入了新式M1935式军大衣，汽车坦克装甲部队的军大衣是银灰色，空军部队的是深蓝色，其他部队的则是深灰色。指挥人员的军大衣为双排扣，每排各四枚黄铜纽扣，翻领，领端配大衣领章。旅级以上指挥人员的军大衣在袖口和衣领处带有彩色镶边，二级集团军级以上指挥人员的军大衣则在袖口、衣领和前襟边都带有军兵种镶边。普通士兵的军大衣前襟用五个金属钩扣合，翻领由一个小钩扣合。

▲ 女军人的M1941式连衣裙，同时配有一顶贝雷帽。

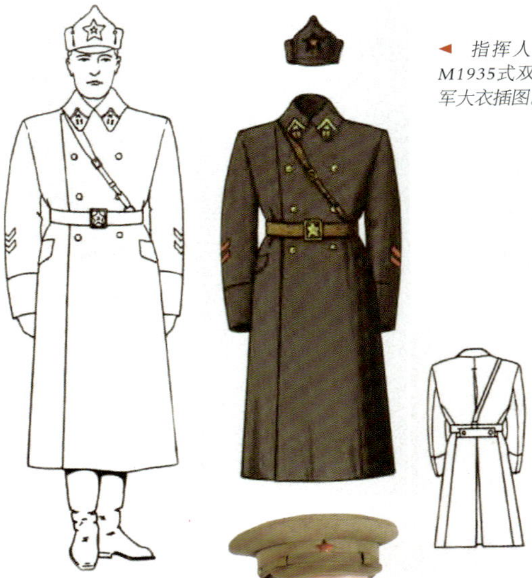

◄ 指挥人员的M1935式双排扣军大衣插图。

► 由军迷扮演的1942年3月服役于莫扎伊斯克（Mozhaisk）第82步兵师第310团的中尉。他穿着配有1941年8月1日第253号命令引入的野战大衣领章的军大衣。这名军官佩戴着的M1924式野战大檐帽，由卡其色帆布面料制造，并配有帽徽。他系着1935年式的腰带，并且上面携带着纳甘左轮手枪套。

▲ 1941年确定的领章保护色及其细节。

► 军大衣的后部视图，展示了后腰带的细节。

▲ 格奥尔·格里戈罗维奇·洛林上尉（Georg Grigorovitch Lorine）穿着双排扣的M1935式军大衣。

▲ 一支运输部队的两名士兵，他们穿着M1935式军大衣，带有尖袖口和标准的大衣领章。

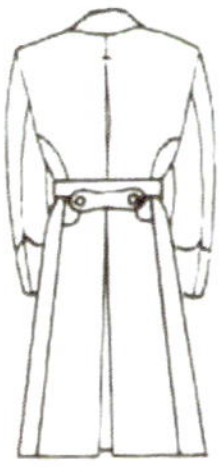

◄ 1935年，苏联根据第176号命令确立的士官和士兵军大衣样式。

◄ 士兵和初级指挥人员的M1935式军大衣，前襟由四个挂钩和钩眼闭合。这张照片显示了上等兵军大衣菱形领章的细节：1940年式领章上有一个横条杠，底色为步兵的深红色。这种大衣也采用根据《租借法案》由别国的提供的褐色毛料制造。大衣的生产标记上，“50”为尺码，“P2”表示胸围，“42”则是制造年份。

▲ 这名士兵头上戴着钢盔，钢盔下是毛料的巴拉克拉法帽。大衣上的步兵领章为深红色，带有黑色镶边，上面的珐琅兵种符号不是标准的兵种符号。

▲ 衣领的后部视角及其构造特写。

▼ 大衣背部带有后腰带。

▼ ► 大衣内部的生产印记。

► 由军迷扮演的1941年12月服役于莫斯科第331步兵师第1116步兵团的红军战士。在二战爆发后的第一个冬季，新的填有衬料的服装并没有配发给所有的红军战士，因此这名步兵仍然穿着M1935式军大衣，我们可以通过衣领标签和直袖口辨认出来。他头上戴的冬季军帽是布琼尼帽。

▲ 由军迷扮演的着冬季制服的三级军医，她头戴芬兰棉帽，身穿军大衣，脚穿长筒靴，着日常行军装备。

► 由军迷扮演的着冬季常服的中将，他身穿厚呢常服军大衣，佩1940年式军衔符号，手上戴着皮手套，脚上穿着皮靴。

▲ 这张照片拍摄于1939年9月，照片中的两名军人都穿着M1935式军大衣。我们可以明显看出因军衔不同，军大衣的样式也有所不同。

► 女军人的军大衣是根据1941年8月3日的第261号命令采用的，它使用灰色呢绒制造，双排扣每列各五枚纽扣。军大衣为开翻领，由金属钩扣合，上面配有大衣领章。大衣带有两个侧口袋，口袋上带有直横袋盖。

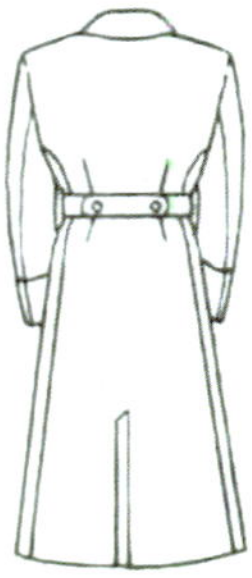

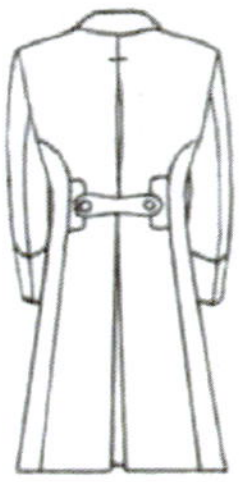

◄ 根据1940年7月13日的第212号命令引入的将军常服军大衣，由卡其色厚呢面料制作，双排扣，每列各六枚纽扣，翻领上面带有金属小钩，大衣领上带有制式领章。这种军大衣根据1943年1月15日的第25号命令被取消。

M1943式军大衣

根据最高苏维埃主席团1943年1月6日的决议，国防人民委员部于1943年1月15日发布了第25号命令，为红军全体人员引入新式制服，其中就包括将官常服军大衣。将官常服军大衣采用卡其色厚毛料制作，双排扣，每排各六枚大型纽扣。前襟侧边、衣袋盖、大衣背部的扣袢、衣领和袖口都带有军兵种色镶边。大衣后开口，由四枚小纽扣扣合，骑兵和骑炮兵的军大衣则是五枚纽扣。

► 由军迷扮演的穿着M1943式军大衣的苏联元帅。

◄ 士兵和军士的M1943式军大衣带有肩章，配有纽扣的大衣领章和直翻袖口。

► 由军迷扮演的1945年4月在柏林郊区作战的第312步兵师第1079团的列兵，他们身穿着军大衣。

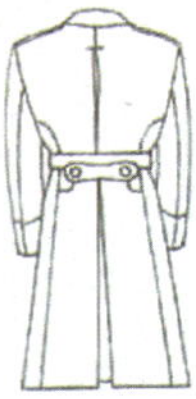

◄ 一件M1943式士兵/军士军大衣的复制品。

◄ 这名士兵头戴野战帽，身穿配有大衣领章的M1943式军大衣，很容易让人回忆起沙皇时期的士兵装束，这张照片摄于1945年3月26日。

► 摄于1943年4月27日的东线战场，照片上的军官穿着M1935式制服和M1943式军大衣。

▼ 由军迷扮演的1944年9月服役于罗马尼亚第1462自行火炮团的坦克手。由于已立秋，这名坦克手获得了一件配发的军大衣。美国依据《租借法案》制造的大衣不同于苏联制造的样式，它用双排扣取代了金属钩，后腰带也变得更宽，纽扣上的制造标记是“纽约雷克斯·新罗谢尔”（Rex New Rochelle NY）。

▲ 穿着M1943式军大衣的军官，左侧军官手持PPS-43冲锋枪。

▲ 由于内衬改用一块塑料板，肩章变得更硬了。

◄ 第25号命令确立的校级和尉级军官军大衣样式。

◄ 一件校级和尉级军官军大衣的复制品。

组图：由军迷扮演的穿着双排扣夏季大衣的卫生勤务军官。这种大衣也可称为风衣，它佩有卫生勤务的常服肩章，非战斗部队的肩章具有银色底版。（注：细心的读者可以发现大衣领章与前面介绍的并不吻合，应该是军迷扮演时使用的服装出现了细节错误。）

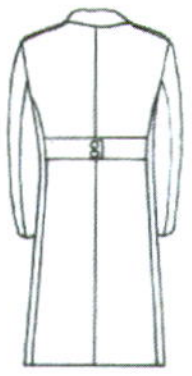

► 1943年，穿着夏季大衣的三名坦克装甲部队军官。

▲ 1943年5月18日，国防人民委员部发布了第223号命令，为将官、校官和尉官引入夏季大衣。这种大衣为双排扣，每列各有三枚大型制服纽扣，翻领则由第四枚纽扣扣合。大衣略微贴身，衣袋为横向设计，带有袋盖。

棉衣

冬季，苏联红军使用得最为普遍的服装是桁絮棉服装，包括桁絮棉衣、棉裤、毡靴和护耳帽。桁絮棉衣是根据1941年8月25日的第283号命令引入的，拥有立翻领，服装外表带有平行的缝线，由五枚大制服纽扣扣合，腰部后侧边带有两个腰带环。棉衣带有两个侧衣袋，棉裤也拥有两个口袋，腿部由带子扎紧。

► 这件棉衣前襟由五枚黄铜纽扣闭合，衣袖则由一枚木质纽扣闭合。

► 由军迷扮演的1943年2月服役于斯大林格勒第29步兵师第128团的战士。从照片中，我们能够看到苏军的冬季制服，包括以下一些服装：冬季护耳帽、棉衣和棉裤，右边士兵还穿着毡靴。左边士兵装备着SVT-40半自动步枪，他身上的装备还包括：腰带、皮革弹匣袋、刺刀、工兵锹。右边这名久经沙场的老兵还装备着PPSh-41冲锋枪，他的帆布皮革腰带上挂着一个帆布弹鼓包。

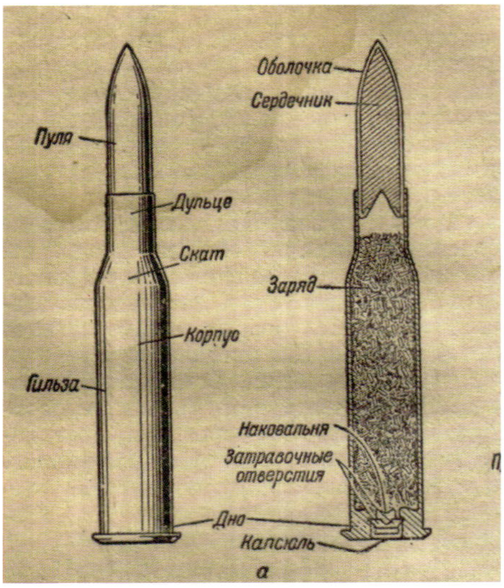

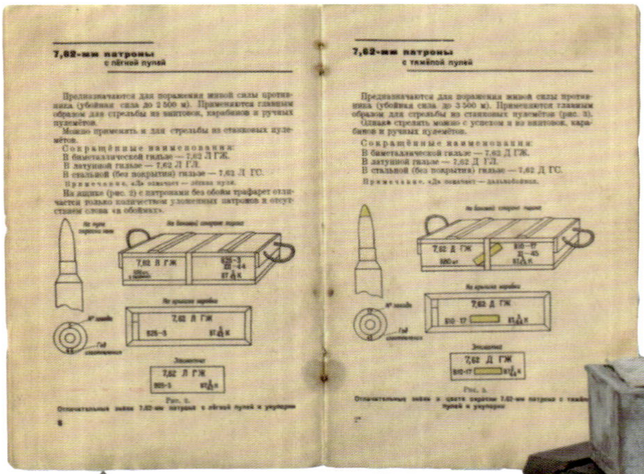

▲ 由军迷扮演的1945年2月服役于格丁尼亚（Gdynia）第380步兵师第1264团的列兵。他正从包装箱中取出子弹，在将弹药交给前线前都要先行取出。他在制服外面穿着棉衣和棉裤，棉衣上面佩有肩章，他脚穿的靴子由皮革和帆布面料制作。

◀ 红军的弹药采用马口铁皮箱来储存，盖子上面带有不同子弹的编码和色条。我们同时也能看到黑色皮革弹夹包、7.62毫米弹夹和一本供军械弹药识别使用的小册子。

M1935式夹克衫

这种冬季制服由卡其色斜纹浸渍防水面料制作，衣襟两侧都带有纽扣袢，可以通过五枚大制服纽扣在任意一侧扣合，翻领由一个小金属钩扣合。这种制服有两个侧斜下摆衣袋，并带有直型袋盖。前襟和后背带有褶饰，背部还有两个金属腰带挂钩。上衣为直袖口，袖袢上带大制服纽扣。

▲ 穿着绗絮棉衣的红军战士。

▲ 1942年，第116坦克旅穿着M1935式夹克衫的坦克手。

► 一件M1935式夹克衫。

► M1937式帆布夹克衫为双排扣，每列各五枚纽扣。衣襟两侧分别带有五个纽扣眼，可以在任意一侧扣合，翻领采用一个金属钩扣合。夹克衫拥有两个侧口袋和两个胸袋，配有袋盖，其中胸袋袋盖由一枚纽扣扣合。

羊皮大衣

革命军事委员会于1931年10月23日发布的第210号命令采用了羊皮大衣为制式制服。这种大衣使用羊皮制作，用金属钩扣合。羊皮大衣拥有宽下摆，并带有两个斜下摆口袋。羊皮大衣的翻领采用白色软毛外露的羊皮制作，用一个金属钩和缝在领内的布袢扣合。1940年，这种大衣改用条状皮革制作的扣袢和纽扣进行扣合。

► *由军迷扮演的1945年2月服役于西里西亚第287步兵师第866团的上尉。这名上尉穿着暖和的羊皮大衣，可以在袖口看到外翻的羊毛，大衣由黄铜纽扣闭合，在大衣肩部可以看到根据1943年命令采用的肩章。沙普卡护耳帽是军官样式的，带有一个涂色的五角星帽徽。他戴的连指手套由灰色帆布面料制作，身上佩戴着M1932行军装备。*

▼ *右边的士兵穿着羊皮大衣，装备着波波莎冲锋枪。红军制式羊皮短大衣是根据苏联革命军事委员会1931年12月23日的第23号命令引入的，由羊皮制作并由小钩扣合，带有两个衣袋。翻领由白色软毛外露的羊皮制造，由缝在领内的小钩扣合。1940年，这种羊皮短大衣改用外面的扣袢配合纽扣进行扣合。*

▼ *1941年，利久科夫上校（A.I. Lizyukov）正在与穿着羊皮大衣的坦克兵们交谈，这些大衣均采用纽扣和扣袢进行扣合。*

组图：由军迷扮演的1944年12月服役于布达佩斯第180步兵师第42团的中尉，为了防止在野外被雨水淋湿，他披着一个1943年采用的带有大型风帽的帆布斗篷，上面带有两个可以伸出胳膊的大开口。

手套

1

▲ 不同样式、不同颜色的手套。

2

3

4

1~4. 皮革长筒手套。

◄ 连指手套插图。

► 制式毛绒帽。

鞋类

皮鞋及靴子自沙皇时期就已经开始使用了，苏联红军在夏季主要穿着皮鞋和高筒皮靴，冬季穿着毡鞋，高级指挥人员在冬季则穿着毡靴。苏联根据军衔等级供应不同质量的靴鞋，军官因其职责和职务总是比士兵穿得更好。在和平时期，红军穿着皮鞋进行训练和从事其他杂务，皮靴则作为检阅制服的一部分。从1938年开始，军官仅穿着皮靴。在冬季，高级军官则穿着外观更漂亮且带有白毡帮的皮靴。战争爆发前，在军用靴鞋方面苏军进行了许多修改和改良。战争爆发后，由于靴鞋储备不足，供应状况也不理想，在配发部队后还需要进行大量的修整，军人们同时也使用一些缴获和民用的靴鞋。二战爆发后，后备部队有时穿着各种各样的靴鞋投入战斗。1943年以后，苏军开始大量接收由美国和英国依据《租借法案》提供的军鞋，或按苏军款式制造的靴鞋。

▲ 在这张照片中可看到有红军战士穿着缴获的德国皮靴。

▼ 军士、士兵的皮鞋和布绑腿，M1938型皮鞋具有和其他高筒靴一样的橡胶鞋底。

◄ 压制的毡靴是冬季服装的一部分。

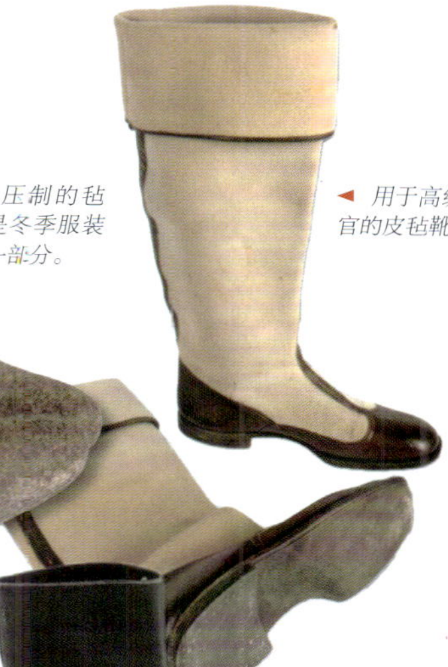

◄ 用于高级军官的皮毡靴。

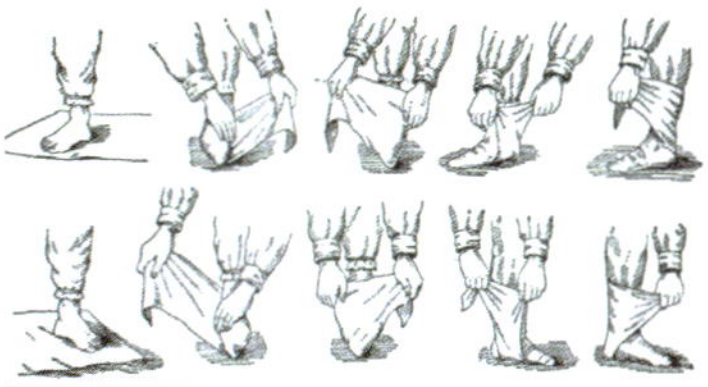

▲ 这份图解展示了如何使用俄罗斯著名的包脚布，包脚布为一块长方形布料（约30厘米x90厘米），夏季为棉布，冬季为绒布，女兵配发的则是浅褐色的丝袜。

◄ 士官和士兵的高筒靴，或全部由皮革制成，或带有沥青帆布帮面。

► 军官皮靴和马刺，这些皮靴完全由皮革制成，靴筒和软帮由许多褶皱皮革制成的，鞋底很光滑。

▲ 依据《租借法案》，由美国为苏联制造的苏军样式皮鞋。

▲ 红军的一个修理所正在修理靴鞋。

特种制服

机械化部队人员，例如坦克组员和驾驶员，在野战服外还可以穿着蓝色连体工作服，这种工作服在左手边有一个胸口袋，腿袋在右边。坦克组员配有一种皮质制服，包括皮夹克和皮马裤。这种短皮夹克也由其他军衔和中尉穿用，长皮夹克则只配发给上尉以上的军官。

▲ 在战前，还存在一种连体工作服的变型，虽然没有具体的文件加以描述，但通过照片证明这种变型连体工作服确实存在。这种连体工作服与M1935工作服主要的不同在于扣合方式上，它没有拉链而采用纽扣闭合。图中这两名坦克兵就穿着这种变型工作服，其中右侧军人的腰带是根据《租借法案》由美国供应的。

绑腿

绑腿用不同的机织品制成，并将外表染成黑色，其规格为250厘米长，10厘米宽，带子的长度为70厘米。在战时，我们还能看到苏军缠着灰色、绿色、卡其色或黑色绑腿，也出现过其他的颜色。同时，还有简易生产、长度更短的绑腿，但大部分绑腿的制造符合上述规格。军官使用的是皮绑腿，而士官和士兵则是布绑腿。

▲ 保存完好的军官皮革绑腿。

► 穿着M1935夏季工作服的一名坦克兵。

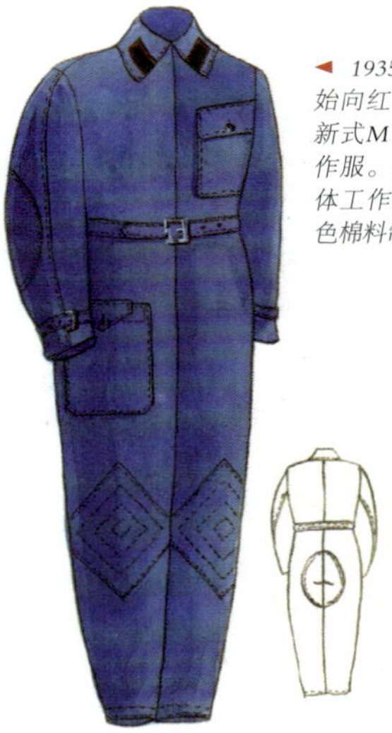

◄ 1935年，苏联开始向红军供应这种新式M1935夏季工作服。这是一种连体工作服，由深蓝色棉料制作。

▲ 在这张纪念照中，左边的军人穿着的是蓝色连体工作服。

▲ 这张图片展示了配发给摩托化部队人员的工作服，这种工作服上衣部分配有一个拉链。

▼ 工作服的生产标记。

► 由军迷扮演的1944年9月服役于罗马尼亚第1462自行火炮团的坦克手。坦克手穿着带有腰带的蓝色连体工作服，是典型装甲部队和摩托化部队装束。在工作服内，他还穿着M1943式制服和马裤。

◄ 汽车坦克装甲兵的M1937夹克衫复制品。

► 这名上士穿着一件特种坦克手夹克衫，它采用防水帆布面料制成。

▼ 装甲部队的M1934皮制服，包括皮夹克和皮马裤。

► 由军迷扮演的1936–1940年佩带行军作战装备的汽车装甲坦克兵上尉。他戴着皮质坦克帽，上面配有护目镜，身上穿着连体工作服。

▲ 汽车坦克装甲兵的M1937夹克衫，为双排扣，采用五枚纽扣闭合。衣襟两侧都带有纽扣眼，可在任何一侧扣合，翻领则采用一个金属钩扣合。这种夹克衫拥有两个下摆口袋，两个胸袋，并配有袋盖。衣袖口带有袖袢，由一枚纽扣扣合。

◄ 这张照片展示了苏联红军早期使用的M1929皮夹克。

► 穿着M1929皮夹克的一名坦克兵，其领章上的“53”可能代表独立第53坦克营。

▼ **汽车坦克装甲兵的M1929皮夹克。**
1929年12月24日，苏联开始向汽车坦克装甲部队供应特种皮夹克。这是一种双排扣翻领短皮夹克，每排各有五枚纽扣，翻领立起时可以用缝在上面的一个小金属钩挂紧。这件上衣带有两个胸口袋和两个水平下摆口袋，都带有袋盖，其中两个胸口袋盖由纽扣扣合，袖袢采用两枚纽扣扣紧。

► **汽车坦克装甲兵的M1934皮夹克。**
这种双排扣皮夹克两侧各有四枚纽扣，但仅在左襟有四个扣眼。它的翻领上有一个金属挂钩，前襟有两个胸口袋和两个水平下摆口袋，并带有袋盖，同时还有两个垂直开口的口袋。皮夹克的袖袢仅有一枚纽扣。它的后背为整体式，后腰缝有双层腰带，上面带有一颗绘五角星图案的大型黑色金属纽扣。

► 这款汽车坦克装甲兵的M1934皮夹克，每列各有五枚纽扣的双排扣皮衣，它的在衣襟两侧都有扣眼，翻领上有一个金属挂钩，还有两个带有袋盖的下摆口袋。从后背的缝合线可以看出这种皮夹克由两部分构成。

◄ 由军迷扮演的汽车装甲坦克兵上尉，他身穿M1934皮夹克，头戴坦克帽。

► 由军迷扮演的1942年1月服役于沃尔科夫第46坦克旅第1营的中士，穿着M1934皮制服，皮制服能在坦克内为穿着人员提供包括御寒和防火在内很好的保护。这名中士的装备还包括腰带和在身旁携带的手枪套，坦克帽是用于冬季的型号。

▲ 领章特写。

▲ 皮夹克的假袋和纽扣细节。

► 用于装甲车辆乘员的羊毛衬里坦克帽细节。

◄ ► 皮马裤采用同皮夹克一样的面料制造，裤口为帆布制，以便掖进长靴内。皮马裤由前半部分和后半部分缝合制成，带有两个边斜口袋，门襟由五枚纽扣和一个挂钩闭合。

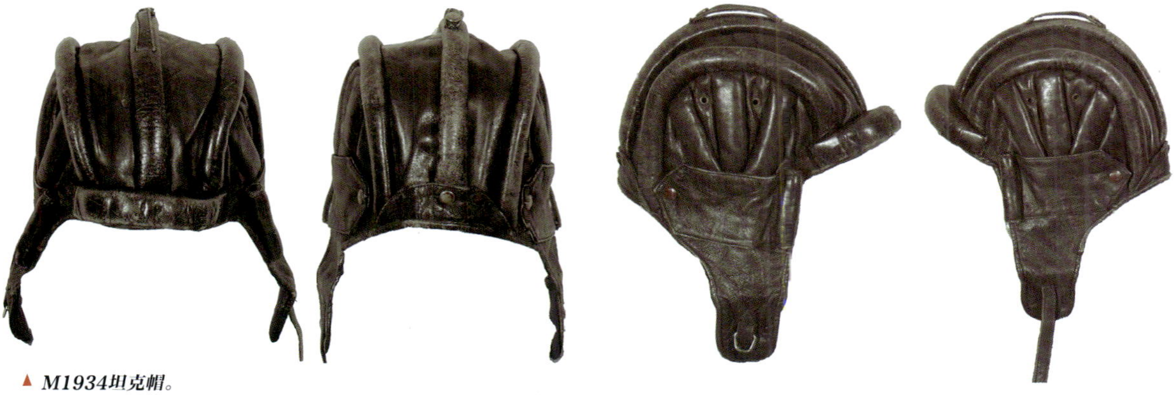

▲ **M1934坦克帽。**
这种皮工作帽带有绒布衬里，帽子主要由横向与纵向的填充条来提供防撞能力，填充条内塞满了毛发。

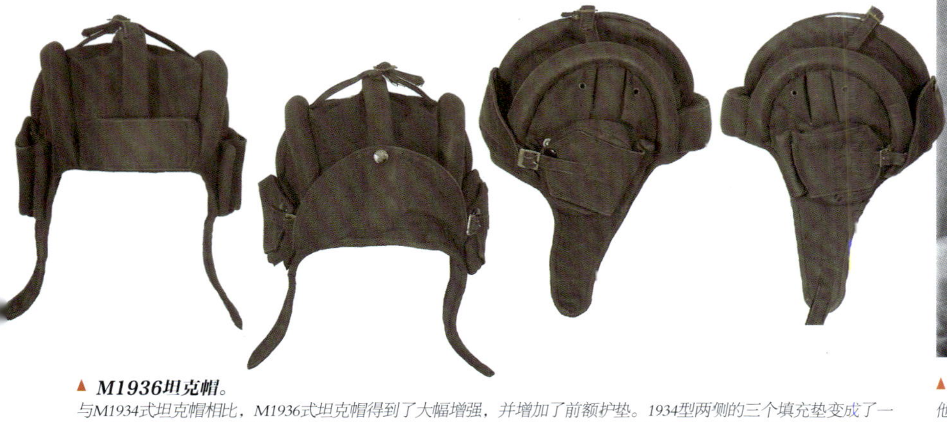

▲ **M1936坦克帽。**
与M1934式坦克帽相比，M1936式坦克帽得到了大幅增强，并增加了前额护垫。1934型两侧的三个填充垫变成了一个，耳机部分进行了改进以利于调整使用通讯耳机，填充条内塞满了毛发和工业丝棉，后来透气孔也被取消了。

▲ 一名英俊的坦克兵大士的肖像照，他头上戴着坦克帽，注意护目镜带有侧镜片。

伪装服

尽管10年前就已经开始试验，但直到1936年在苏联红军中才出现了伪装服，并且在战时才成为普遍装备。最初，披风和伪装服上面带有有色斑点（斑点外形为阿米巴虫形状），它们共有四种颜色，分别是夏季、春秋季、荒漠和山区伪装色。夏季迷彩是绿色背景上带有大块的黑色斑点，秋季迷彩为棕色背景上带有大块的褐色斑点。伪装服由两部分组成，顶上有一个迷彩罩衫用于遮盖钢盔，还有一个面罩以遮盖脸部。伪装服两侧带有开衩，可供佩戴者在穿用伪装服后携带装备。迷彩裤也比较肥大，腿底部可以用一条带子扎紧，每侧都带有开缝，可供士兵取用穿在里面马裤口袋内的物品。我们还能看到用相同面料制造的罩衫，同时也能看到1938年出现的阿米巴伪装盔布，但由于未知原因，这种盔布从来没有普及过。在1938年的对日作战中，苏联红军伪装服，也就是阿米巴迷彩服第一次出现。

在战争期间，苏联又补充了一系列伪装服，包括伪装衬衫和长裤。1941年出现了第二种样式的两件式伪装服，服装外表面缝了一些人造伪装草状物，几乎与以前设计的样式相同，但没有面罩和整体手套。同时也出现了新的伪装色，同样根据轮廓外形被称为“桦木”和“阔叶”迷彩。桦木迷彩出现于1943年，为灰绿色背景上带有一些小白树叶。1944年出现了同样用于秋季的伪装图案，但添加了大块褐色块。1945年引入了锯齿图案，与以前版本类似，但树叶由许多小正方形组成，秋季版本有褐色块特征，夏季版本为淡黄色背景，称为“方桦木”。

有时，苏军会将新伪装色绘在现成的变形虫迷彩服上，这样就出现了更为复杂的迷彩图案。由于生产染料短缺，而战斗却急需伪装服装，战士们就自行设计和使用了大量的伪装色，数量远比官方规定的多得多。根据苏联红军不同的估计，其伪装色约有20~30种之多。伪装服不只用于空降部队，还为侦察兵、强击工兵和狙击手等战士使用。

▲ 右边的侦察兵穿着迷彩裤和野战上衣，同时注意他腰带上携带的M1940战斗刀。

▲ 1944年7月列宁格勒方面军在纳尔瓦(Narwa)，这两名侦察兵装备着PPSh-41冲锋枪，穿着阿米巴伪装服。

▲ 1941年穿着阿米巴夏季伪装服的士兵正在进行边防巡逻。

柳德米拉·米哈伊尔洛夫娜·帕夫利琴科（Lyudmila Mikhailivna Pavlichenko 1916-1974）

她是苏联卫国战争中战绩第一名的女狙击手。年轻时，她就常参加一家射击俱乐部的活动，很快就成了一名神枪手。战争爆发后，她报名参军，成为第25步兵师的一员。军方本来想让帕夫利琴科担任战地护士，但帕夫利琴科对此表示明确拒绝，并如愿成了一名女狙击手。1941年8月，第25步兵师奉命保卫巴亚耶夫卡（Belyayevka）附近的高地，帕夫利琴科在那里取得了最初的战果，她使用一支带PE4瞄准镜的莫辛那甘7.62毫米狙击步枪，击毙了两名敌军。此后的两个半月，帕夫利琴科随军在敖德萨作战，期间打死187个敌人。德军攻占敖德萨之后，苏军撤往克里米亚的塞瓦斯托波尔，帕夫利琴科在此战斗了八个月。到1942年5月，帕夫利琴科击毙257名德军士兵的战绩已经引起苏军的注意，并得到了广泛宣传。6月，帕夫利琴科被迫击炮炸伤。由于苏军对她的高度重视，在她伤好之后，即让她离开战斗部队。最终，帕夫利琴科在二战中的毙敌人数为309名，其中包括36名敌军狙击手。1942年下半年，苏联政府安排帕夫利琴科访问加拿大和美国，宣传其战争事迹。在白宫，她得到了富兰克林·罗斯福的接见，成为美国总统接见的第一位苏联公民。回到苏联，她继续为苏联红军培养和训练狙击手，直至战争结束。1943年10月25日，她获得“苏联英雄”称号，并获得第1218号金星奖章。

▼ 由军迷扮演的1943年8月服役于别尔哥罗德近卫第90步兵师272团的狙击手，穿着带有“阿米巴”的伪装服。在这里展示的是夏季版本伪装服，在战争初期，这种伪装服就非常普遍了。这套特殊服装是新印制的，因此色泽非常的鲜亮。在战争期间，苏联组建了几个狙击师，这名狙击手装备了配有PU瞄准镜的SVT-40半自动步枪。

▲ 穿着夏季阔叶迷彩服的苏联红军侦察兵。

▲ 1943年9月穿着阿米巴伪装服的女狙击手斯克里尼科娃(R. Skripnikova)和贝科娃（A. Bykova）。

▲ 近距离观察整体手套。

► 由军迷扮演的1944年8月服役于纳瓦（Narva）第131步兵师第482团的侦察兵。

◄ 这名侦察兵穿着夏季伪装服，上衣和裤子上附有一些人造草状物。这款伪装服的样式几乎与阿米巴伪装服相同，没有面罩，但具有整体手套。这种服装非常宽大，装备可以放在内部携带，武器是PPS-43冲锋枪。

▼ 1943年7月，正在库尔斯克战斗的苏军士兵，身上穿着夏季伪装服。

▲ 由军迷扮演的1944年10月进入德布勒森的近卫第59步兵师第183团的侦察兵。由于扮演的是一名近卫部队人员，他穿着1943年引入的新式伪装服。这种伪装服图案由灰绿背景和众多白色树叶图案组成，被称为桦木迷彩。两件式服装没有整体手套，但仍保留了面罩，以及大得可以覆盖钢盔的风帽。他装备的武器是带弹夹的PPSh-41冲锋枪。

▲ 由军迷扮演的1945年8月进入奉天的近卫第1空降师第13团的空降兵。1945年8月18日至27日，空降兵在中国东北参加了对日作战。这名军人已经配发了新式的带有锯齿图案的伪装服，这种图案被称为“方桦木”迷彩，与1943年设计的图案类似，叶片由众多的小方块组成。这种服装存在添加了褐色块的秋季版和展示在这里的具有淡黄背景的夏季版。这名军人的装备包括：一条帆布皮革腰带、RGD手榴弹袋、水壶、PPS-43冲锋枪弹匣袋和M1940战斗刀，野战帽由帆布制成。

▲ 右边的炮兵穿着雪地长袍，连指手套用长带于衣服连在一起。

▲ 第一种和第二种样式的雪地伪装服一起使用到战争结束，钢盔也被涂抹上了白色涂料。

► 由军迷扮演的1942年2月服役于苏希尼奇（Sukinichi）328步兵师第1103团的侦察兵。这位侦察兵穿着的白色雪地服最初是在苏芬战争期间设计用于滑雪营的，通过9颗大纽扣闭合并且带有一个相当大的风帽，因此可以在风帽内佩戴钢盔。手套也不可或缺，手腕处的细绳可以很好地调节松紧，这在侦察部队内是比较普遍的做法，PPSh-41冲锋枪也要用一条简易的白色布条进行伪装。

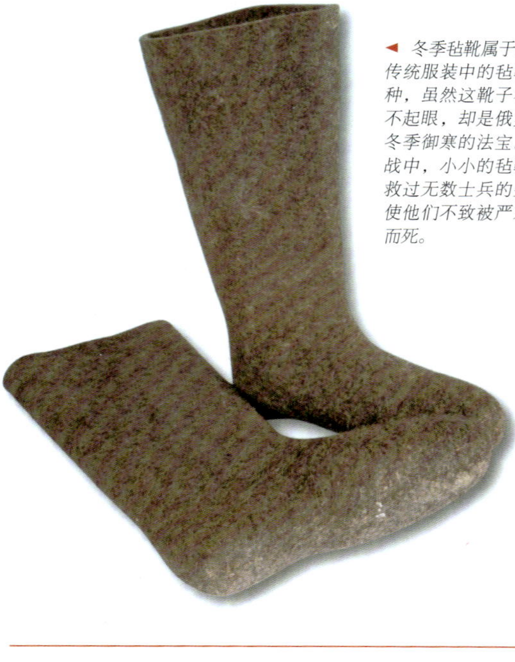

◄ 冬季毡靴属于俄罗斯传统服装中的毡靴的一种，虽然这靴子看起来不起眼，却是俄罗斯人冬季御寒的法宝。在二战中，小小的毡靴曾挽救过无数士兵的生命，使他们不致被严寒冻僵而死。

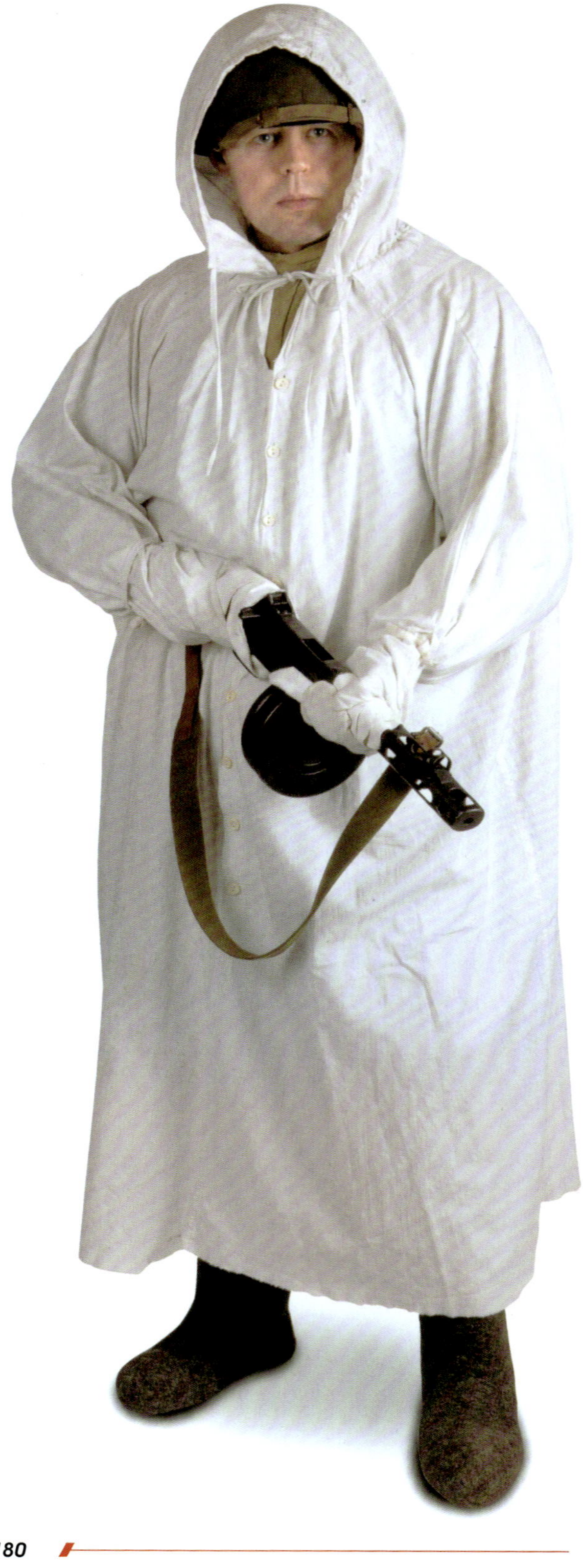

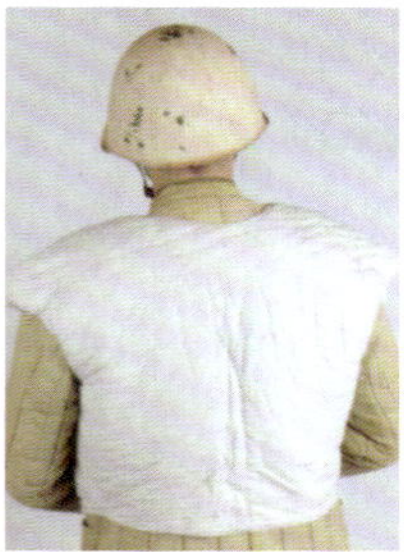

◄ 沙普卡护耳帽可以戴在钢盔下面。

► 由军迷扮演的1943年1月服役于列宁格勒第126步兵师第533团的侦察兵。白色雪地罩衫现在被夹克和长裤组成的新服装替代了，可以在里面穿一件衍恕棉衣用于保暖。这种雪地服的设计与罩衫类似，由棉布制作，也非常宽大，同时带有调节细绳，还有一个大风帽和整体手套。过去老兵曾表示，这种服装很脆弱，在三四次巡逻之后，就不得不进行更换。

▼ 穿上白色的雪地服，并伪装武器，这里展示的是一支带弹匣的PPSh-41冲锋枪。

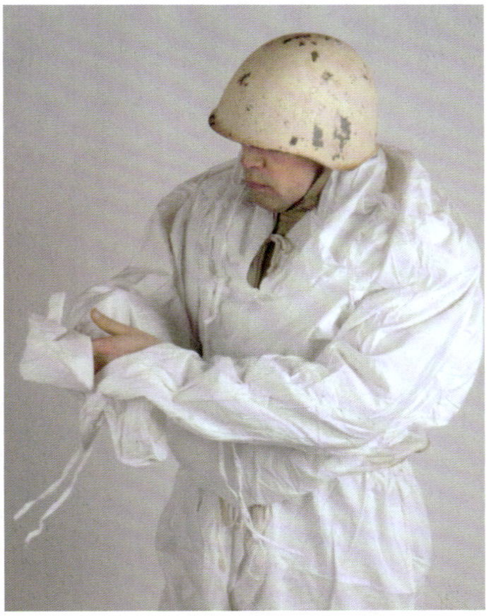

▲ **16毫米制服纽扣（用于衣袋和衣袖）。**
1~3. 黄铜纽扣。
4. 钢铁纽扣。
5. 铝质纽扣。
6. 黑色涂装锡质纽扣。
7. 塑料纽扣。
8. 锡质纽扣。
9. 白锡纽扣。
10. 铝质纽扣。
11. 胶木纽扣。
12~13. 钢和铝制纽扣的正反面。
14. 粒状表面的锌质纽扣。
15. 缴获的德国纽扣。

18毫米肩章纽扣。
16. 锡质纽扣。
17. 黄铜和钢铁质纽扣。
18. 涂漆钢质纽扣。
19. 美国制造的纽扣（也有绿色塑料）。
20. 黄铜纽扣，圆顶形。

22毫米大衣和大衣领章纽扣。
21~22. 黄铜和锡质纽扣。
23. 海军用纽扣。
24. 空军用纽扣。
25. 技术人员用纽扣。

▲ 元帅和将官纽扣。这是一种大型纽扣，并且在背面带有生产厂名。

第八章

个人装备

◀ ***带有饭盒的M1936背包。***
这张图片展示了可在M1939背包内携带的野战装备，图片上部显示的是帐篷雨披，它被卷成了马蹄形状。背包里面装有：战斗口粮、饭盒、饭盒套、面粉袋、盐袋、个人卫生用品、牙粉和烟草袋。

尽管苏联红军已经建立起来，但许多装备仍然是沙皇时期的。苏联设计并制造了更容易制造、更加简洁，并完全适应野外使用的制式装备，皮革装备开始淘汰，取而代之的是棉织物或是帆布与布革混合材料制成的装备。由于在战争开始后，苏联面临的形势一分不利，苏联组织将前线地区的城乡居民、工厂企业和交通工具向大后方进行疏散转移。由于生产装备的工厂搬迁，暂时无法进行生产，这意味着在整个1942年苏联都将严重缺乏装备。

背包

M1936背包呈正方形，装备着皮革背带，士兵和军士背包版本的识别特征是包盖上带有系饭盒的皮袢，而军官版本则没有这个特征。M1939背包由帆布制造，带有两个外口袋，外口袋带有袋盖，袋盖的边缘和背包盖边缘带有褐色皮革包边，包盖系带也为褐色皮革。M1941背包仅生产了六个月，外形与M1939背包一样，但袋盖系带改为编织系带。M1930物品袋的设计灵感来自沙皇时期的M1910背袋，这种背袋是一种帆布背袋，带有整体背带，并且可以在袋子顶部打结以系紧背袋。

▲ *1936年4月引入的M1936背包。*

▼ ***M1939背包。***
与M1939背包一同展示的还有制式衬衫和长内衣裤。

◀ *士兵背包内携带的一组收藏信件，这种信件折叠方式是苏联邮局所特有的。注意部队邮政所的编号和军事监察员的印戳。*

▲ M1939背包是1939年7月采用的装备，比M1936背包更加先进。

▼ 第58号命令中的M1941食品袋的插图。根据该命令，食品袋的基本规格为：长250毫米，后壁宽185毫米，侧壁宽120毫米，袋盖长170毫米，袋子重270克。

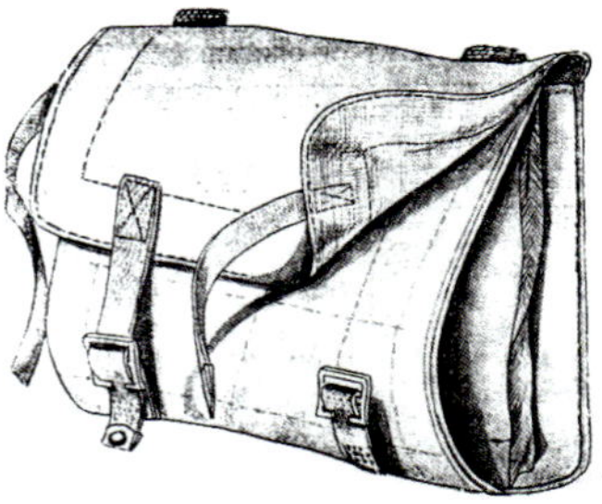

▲ 第58号命令确定的苏联红军步兵步枪手轻便行军装备样式的插图。

► 图片上展示的是一个烟草袋以及一包配发的马合烟草。烟草袋上绣有克里姆林宫的图案。

▼ 图片上展示了金属烟盒、刻有图案的安全火柴、马合烟草包、一些小铜板、一张1938年的3卢布钞票、陆军小册子、一个用德国子弹壳制作的汽油打火机。

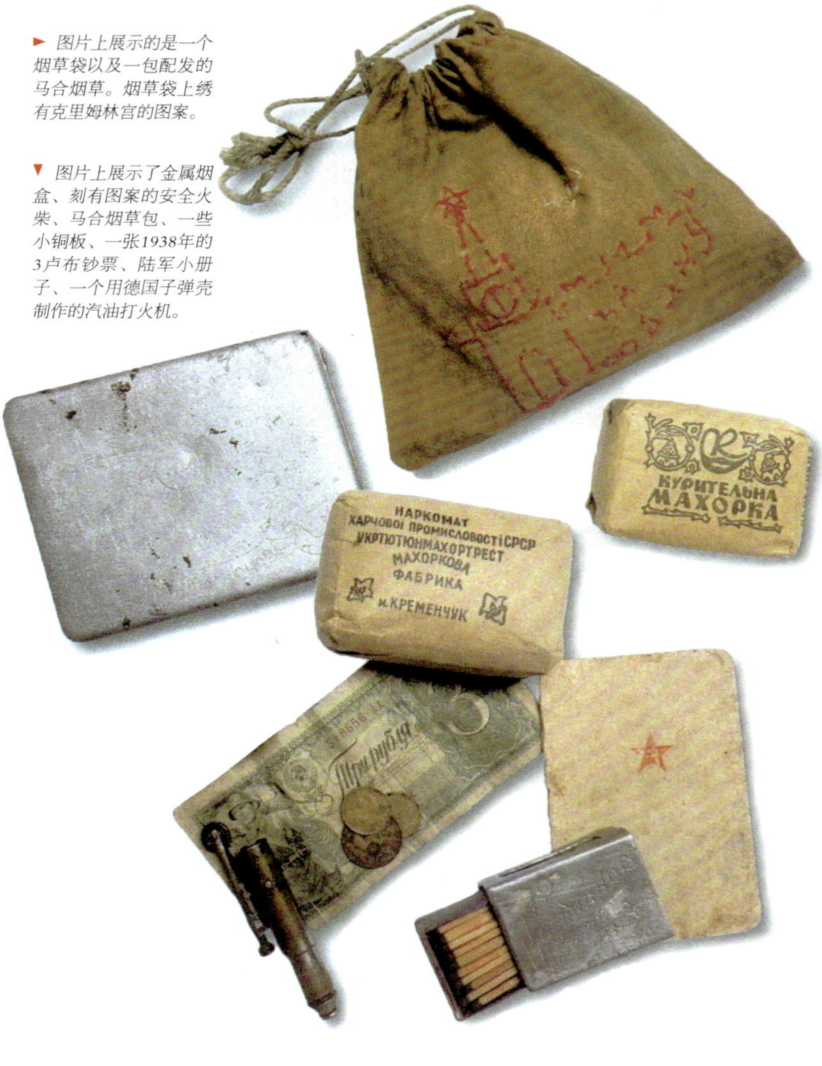

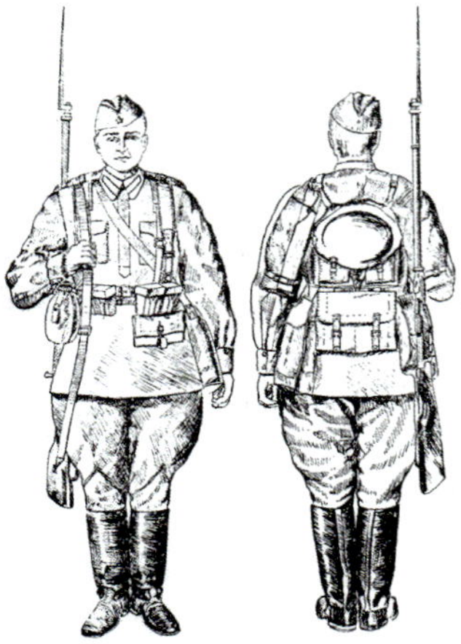

▲ 第58号命令确定的苏联红军步兵步枪手完整行军装备样式的插图。

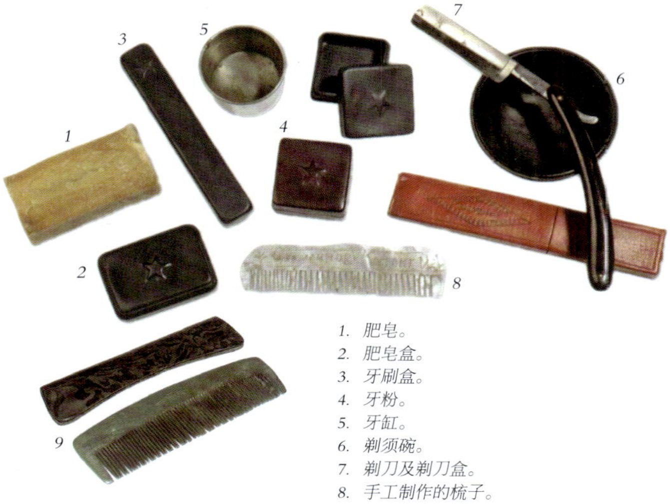

1. 肥皂。
2. 肥皂盒。
3. 牙刷盒。
4. 牙粉。
5. 牙缸。
6. 剃须碗。
7. 剃刀及剃刀盒。
8. 手工制作的梳子。
9. 不同样式的梳子。

▼ M1930物品袋和采用腰带携行的M1941食品袋。

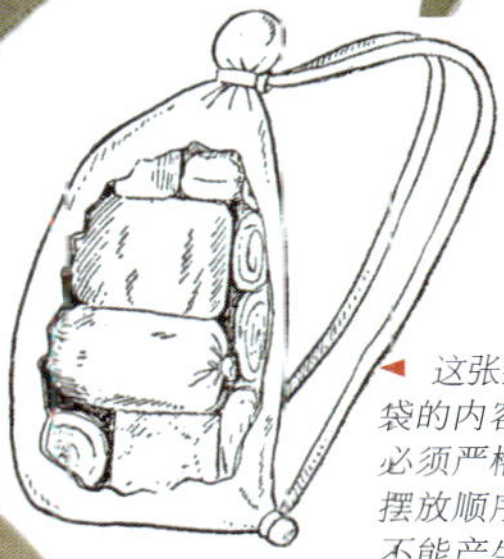

◀ 这张插图展示了M1930物品袋的内容物。使用这种物品袋必须严格按照军方规定的物品摆放顺序来放置物品，物品间不能产生晃动，以防止产生声响。士兵需要学习按照规定顺序来放置物品，以保证在战斗装备和紧急集合时方便使用其内容物。从上到下依次为：个人卫生用品、备用包脚布、饭盒和饭盒套、战斗口粮。

▼ **M1941背包。**
根据国防人民委员部1941年1月31日的第58号命令，为苏联红军初级指挥人员和士兵引入了M1941食品袋和M1941背包，M1941背包的正式名称是苏联红军步兵战斗背包。背包的基本规格是：外壳长315毫米，外壳宽300毫米，背包底宽120毫米，肩带宽阔部分长345毫米，背包重1000克。

10. 黄油盒。
11. 脂肪盒。
12. 剃须碗。
13. 手工制作的梳子。
14. 肥皂。
15. 打火机。
16. 小圣像。
17. 卷烟纸。
18. 火柴。
19. 面粉袋。
20. 盐袋。
21. 包脚布。
22. 手工制作的火柴壳套。
23. 国际象棋。

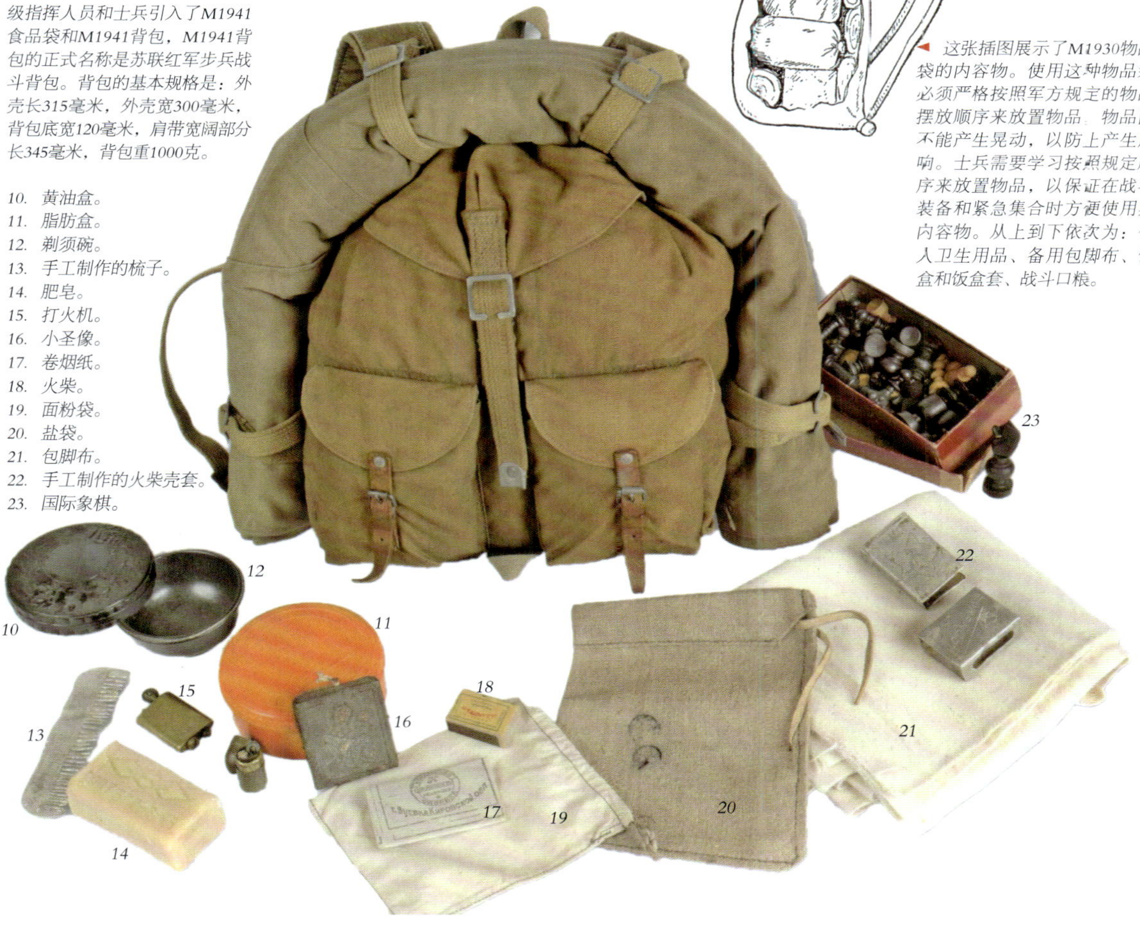

▲ Ssh-36钢盔的侧视图，其盔顶外形非常有特色，像一个小鸡冠。

▲ M1935军衔领章上面覆盖着步兵的深红兵种色，镶边是黑色，一颗珐琅材质的三角形符号是下士的军衔标志，非官方的步兵兵种符号是靶环上两支交叉步枪。右侧细节照片是前期组织军事训练的苏联国防及航空化学建设促进会会员徽章。

▲ 背包的前背带钩挂在弹夹包的顶部。

▲ 在手臂下面，背包的前背带的另一头挂在背包的底部。

► 由军迷扮演的1941年6月服役于明斯克第8步兵师第229步兵团的下士，这名下士一身作战装束，包括：Ssh-36钢盔、M1929套头衫、M1935马裤和M1938长靴。身上的装备包括依附有饭盒的M1936背包，背包上系着帐篷和其他宿营用的装备。皮带上面挂着玻璃水壶、带皮套的工兵锹、配皮鞘的刺刀和黑色皮革弹夹包，武器是M1891/30莫辛-纳甘步枪。

► 背部视角，展现了他所携带的装备的一些细节。

▼ 带有饭盒的M1936背包，工兵锹和玻璃水壶挂在腰带上。

▲ 水壶和工兵锹带有帆布套，搪瓷水杯通过防毒面具袋盖的系带挂在上面。

▲ 额外的长方形帆布弹药袋采用腰带携行。

▲ 侧面视角的钢盔和装备。

► 这张背部视角的照片很好地展示了携带这些装备的方式。

◄ 挂在腰带上的SVT-40半自动步枪刺刀和M1941食品袋。

▲ 由军迷扮演的1941年8月服役于诺夫哥罗德第70步兵师第329步兵团的上士。1940年式的步兵领章中部有一条红色中线，上面带有三颗黄铜珐琅三角星，其内上角镶有一颗金色的三角星，寓意为“军士是军队之母’。

► 这名上士穿着于1939年引入的新式野战制服，头戴的Ssh-39钢盔带有圆形内衬，身着M1935套头衫，下穿士官和士兵的M1935马裤，着M1938长靴。他的装备包括一个由皮革和帆布制造的M1939背包，包上带有帐篷卷。皮腰带上面挂着M1937弹夹包袋、一个额外的绿色帆布弹药袋、M1941食品袋、玻璃水壶、带帆布套的工兵锹、配金属刀鞘的SVT-40刺刀、防毒面具袋、搪瓷水杯。他使用的武器为SVT-40半自动步枪。

行军作战装备

► M1932式军官行军作战装备，根据苏联革命军事委员会1932年9月19日的第183号命令引入，作为苏联红军地面和空中的中级、上级、高级指挥人员的制式行军装备。这套军官制式装备共有13种装备，包括以下部分：带有腰带扣的50毫米宽的外腰带、两条长的后肩带、两条短的前肩带、透明板、左轮手枪套、配两条布背带的地图包、配哨套、哨绳的哨子、哨子在左胸肩带上携带。还有容量为0.75升，配软木塞的铝制军用水壶以及军用水壶套、装在镜盒内的双筒望远镜、防毒面具、军刀长挂件、军刀短挂件等。这套装备的皮革部分主要采用小牛皮制造，颜色为暗褐色。装备配用连接的金属附件，包括扣环、弹簧钩、锁扣都采用镀镍的铁丝制造，颜色接近于白色。这套装备可以根据不同的服装和携带的武器采用不同的方式组合佩带，M1932式军官行军装备的武装带也有两种佩带方式，即双肩带方式和单肩带方式。

▲ 关于M1932式皮革作战装备的两种佩戴方式的绘图，分别为双肩带和单肩带使用方式。左侧从左到右携带的装备分别为：玻璃水壶、左轮手枪、地图包。

▲ 配有哨套和哨绳的哨子。

▲ M1932式军官行军作战装备，配有交叉的肩带和连接军刀或手枪套的各种挂件。

▲▼ 着M1932式军官皮革装备的人体模特的前后视图，装备包括双筒望远镜、地图包、手枪套和口哨。

◄ 由军迷扮演的1941年8月服役于罗夫诺第124步兵师第781步兵团的少尉。这名步兵少尉穿着配有M1935式领章的M1935套头衫，头戴有步兵深红兵种色镶边的船形帽，蓝色的马裤是1935年军官样式，脚穿软皮军官长靴，身上的装备包括：M1932腰带、武装挂带（其中一条上面挂着哨子）、左轮手枪、双筒望远镜和地图包。

▲ 这张照片摄于1934年的乌里扬诺夫斯克州，是三名乌里扬诺夫斯克装甲兵学校毕业生的纪念照。照片中他们身上都装备着M1932式装备，采用双肩带的方式佩戴。

► 这张照片摄于1935年，是一名坦克兵中尉军官穿着弗伦奇式军上衣的留影。他身上装备着M1932式装备，这里仅展示了一个肩带。

▲ 指挥人员制式常服装备，根据国防人民委员部1935年12月3日的第176号命令引入。这套装备主要包括：一条带有五角星腰带扣的外腰带，一条长肩带，一条带有带扣的短肩带以及连接件等。装备的皮革部分采用结实且具有高光泽度的皮革制造，金属附件则采用钢丝和黄铜制造。外腰带即M1935型军官腰带，其基本尺寸为：外腰带50毫米宽，1050~1150毫米长，2.5毫米厚。腰带由两层皮革制造，每层厚度分别为1毫米和1.5毫米，两层皮革黏合后再紧压在一起，并在边缘和中间进行缝合。外腰带挂环由特殊材料制作，厚1.5毫米。长肩带被剪切为特定变窄的形状，宽度随长度由30毫米降到20毫米，长度为900~950毫米；短肩带宽20毫米，长度为250~300毫米，长短肩带厚度都为1.5毫米。这些装备采用10号天然捻线缝制，丝线的颜色为皮革色。所有这些皮革制品的边缘都进行过处理而显得平滑。

这套装备的金属附件有几种，这里重点介绍下腰带扣。腰带扣主要由外框和五角星组成：外框，总宽58毫米，总长48毫米，厚2.5毫米，外框壁宽6.5毫米，轻微向外弯曲。五角星则为冲压制造，直径50毫米，凸起的边缘宽2毫米。五角星内部有两个整齐的圆凸框，直径20毫米左右，内圈内有交叉的锤子和镰刀图案，背景是从中心向外散发的光芒线，光芒线一直散发到圈外直到五角星边框。五角星牢固地焊接在腰带扣外框前面，组合成整体腰带扣。

► 1935年，佩戴着M1935装备的赫罗姆瑟科（M.N.Hromchenko）中校。

腰带

▼ 初级指挥员和苏联红军战士的腰带采用天然的褐色皮革制造，腰带厚度不小于2.5毫米，宽度为35毫米，长度将近1150毫米。腰带配有一个单齿锡铁矩形腰带扣，腰带扣旁有一个20毫米宽的固定袢带，在腰带的另一端有一些配合腰带扣的齿孔。需要说明的是，这些腰带还具有不同宽度的版本。比如，1938年出现了一种帆布腰带，带有部分皮革加强，并且在整个战争中使用得非常普遍。

▲ 1936年，来自萨拉托夫坦克学校（Saratov tank school）的杜秋科（I.A.Tuzyuk）中校系着M1935外腰带。

1~3. 编织腰带。
4. 美国援助的腰带。
5~8. 单齿扣皮革腰带。
9~10. 各种样式的士兵帆布腰带。

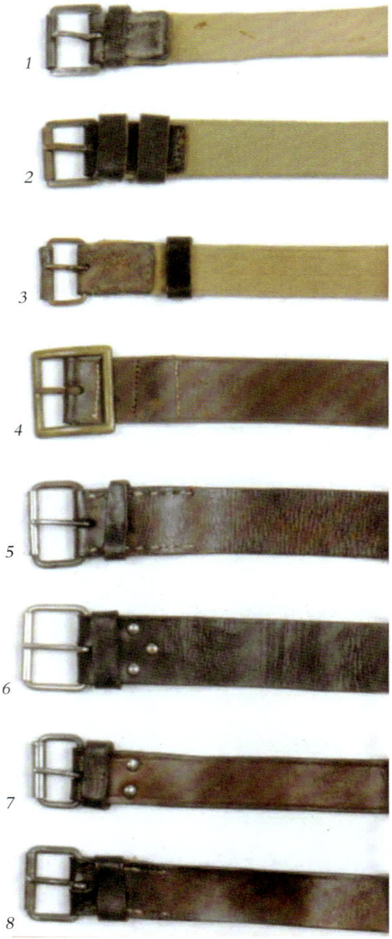

▲ 使用弹夹给步枪压子弹。

► 由军迷扮演的1945年4月在柏林郊区作战的第312步兵师第1079团的列兵。这里展示了1945年年初苏军步兵的标准装备，包括Ssh-40钢盔、M1943式军大衣、马裤、军靴和绑腿。这名战士系着一条帆布腰带，上面携带着皮质弹夹包。他的武器是配有折叠刺刀的莫辛-纳甘M1944卡宾枪，身上还挎有一条弹药带。

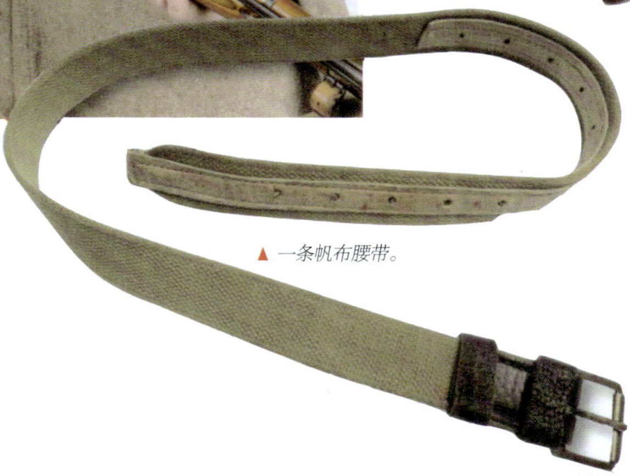

▲ 一条帆布腰带。

▲ 军大衣肩章特写。

▲ 腰带上的生产标记，时间是1944年。

指南针

◄ 两件袖珍指南针。

▼ 这里展示了一张军用比例地图，装有几支蜡笔和一支胶木铅笔的可拆卸地图包，一件袖珍指南针，一块军官手表和配发的口哨。

◄ 一件军用指南针。

▲ 展开腕带的军用指南针。

饭盒、水杯

苏联红军使用三种类型的饭盒：M1924型为圆形，配有把手；M1926型与M1924型类似，但更高；M1936型看起来像德国饭盒样式，并配有一个帆布套。用餐时，军官使用的杯子和盘子内带有苏联红军（RKKA）的标记。

◄ 各种型号的饭盒，从左至右依次为：M1926圆饭盒、德国风格的M1936饭盒、搪瓷盘、搪瓷或铝制水杯、制式和手工制作的餐具。

◄ 为了胜利和战友干杯，摄于1945年5月9日的柏林。

▼ 一件1940年的M1936饭盒把手上的标记。

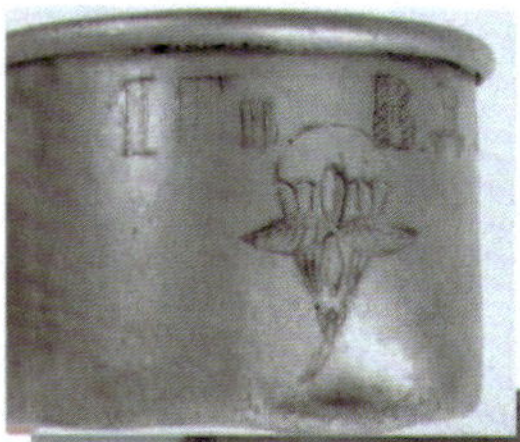

◄ 苏军士兵同样喜欢将他们的装备个性化，例如这个铝质水杯，它属于一名空降兵军士。

► 一件1940年的M1926饭盒底部的标记。

▼ 帆布饭盒套。

▲ 一件1938年的M1936饭盒盖上的标记。

◄ 这里展示了甜点与汤盘，上面的“RKKA”标记清晰可见，还有奶盅、带有苏联标记的刀叉、制式伏特加玻璃酒杯和传统的面包。

水壶

水壶由铝或玻璃制造，容量为0.75升。士兵可以通过一件棉壶套将水壶挂在腰带上，对于医务人员，壶套也可以配上长背带，将水壶挎过肩部携行。

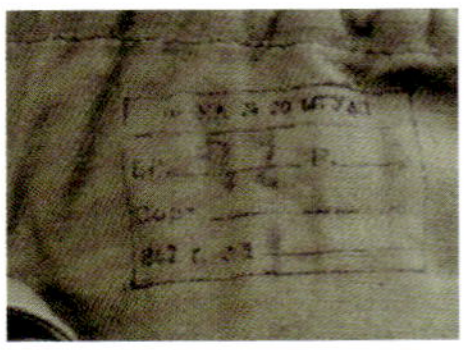

◄ 一件1942年水壶套上的标记。

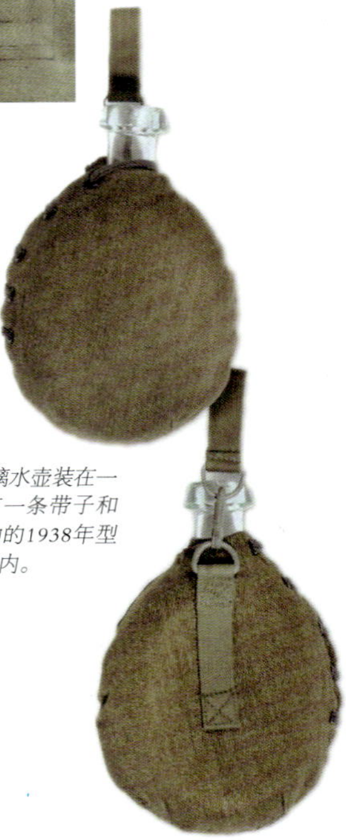

► 玻璃水壶装在一件配有一条带子和腰带钩的1938年型水壶套内。

▲ 水壶和壶套，卫生、勤务人员可以将最左侧的水壶斜挎在肩上。

▲ 1939年型铝质水壶底部的标记。

▲ 玻璃和铝质水壶。

工兵锹

苏联使用的工兵锹是沙皇时期的样式，装在皮革或帆布锹套内挂在腰带上携行。沙皇时期，工兵锹的锹身是直式的，而苏联时期的型号则是尖式的。大型工兵锹用于构筑防御工事和挖掘战壕，此外，苏军还配发了钢丝钳、镐头等工具。

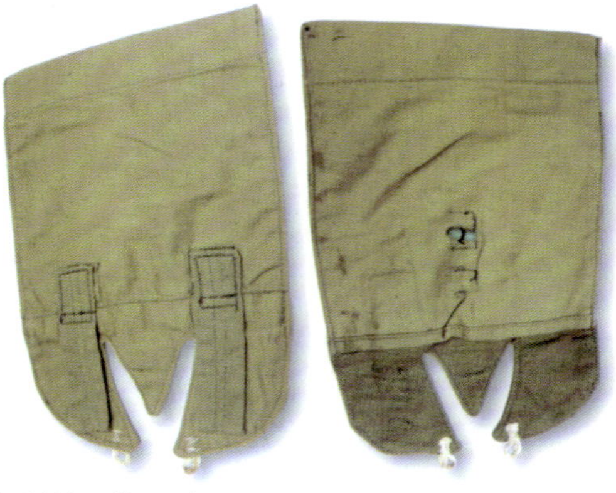

▲ 完好的锹套，时间1941年。

◄ 钢丝钳，分为大型和小型。

▲ 各种型号的工兵锹和锹套，在图片顶部横放的是一把供排级单位使用的大型工兵锹。

► 工程兵背包，可以挎过肩部背负，并能通过一条腰带系紧。背包主袋内可以装地雷和炸药，小口袋用来装引信、引爆线等。

▲ 帐篷布/雨披，采用结实的帆布制造，规格为1.7×1.7米，前面用木牙扣闭合，其中一边可以用一条细绳收紧成风帽形状，可以通过一边带有的开缝伸出一只手臂。

胸甲

二战期间，苏军发展了多种型号的胸甲，包括SN-38型、SN-39型、SN-40型和SN-42型胸甲，实际上就是防弹背心。SN-38型胸甲在1939-1940年由雷西文斯基冶金厂生产，据估计总产量超过1万件。在二战中，苏军使用最为广泛的胸甲是SN-42型。这种胸甲采用2毫米厚的36SGN钢板制造，其规格为厚1.8~2.2毫米，重3.3~3.5公斤，防护面积0.2平方米。这种胸甲在第700厂，即雷西文斯基冶金厂生产，其月产量为20000件，1942年10月供应了7000件，11月和12月又各供应了20000件。这种胸甲还有一些变型，如2毫米厚的胸甲重3.5公斤，4毫米的重8公斤。胸甲下的裙片可以覆盖腹部，胸甲带上面带有折叶，因此可以将胸甲折叠以便于运动。这种护甲用于强击工程部队，也用作强击工兵清扫地雷的护具，以及火焰喷射器手的防护装备，在斯大林格勒战役期间首次投入使用。

◄ 最高统帅部预备队强击工兵部队战士，身上穿着胸甲。

◄ ► 工兵锹上的标记，左边的铁锹孔处原是沙皇军队的标记，在苏联时期被钻孔剔除了。

▲ 从锹套内取了出来的工兵锹，右侧是手斧和斧套。

▲ 1943年9月中央方面军强击工程工兵第1旅的战士正在攻击房屋建筑，前景这名士兵穿着SN-42型胸甲，手持PPSh-41冲锋枪，他身后的士兵手持ROKS-3火焰喷射器正在喷射。

防毒面具

苏联红军装备了一系列防毒面具，这种防毒面具用一种特制的防毒面具袋携行，有的防毒面具袋没有外侧袋。有意思的是，带有侧袋的防毒面具袋也被称为“大耳朵”面具袋。士兵可以在防毒面具袋内放置防毒面具、橡皮软管、滤毒罐、一个防护风帽和备用眼窗等。防毒面具有以下一些型号：从1928年开始，有BS-T5型、BN-T5型、BN-Tch、SchM-1（M1938型）。从1937年直到1942年，苏联红军官方使用BN-Tch防毒面具，但实际上，苏军一直使用这种防毒面具到战争结束。1938年，苏联引入了BSMT-4防毒面具和SM-1面罩，同时供应MOD0-8面罩，这种面罩的特点是带有橡胶整流罩，可以防止起雾。

▲ 配有MOD0-8面罩的BN- T5防毒面具及防毒面具袋。

▲ 1939年冬季，在芬兰作战的苏联红军机枪手，前景这名机枪手背负着“大耳朵”防毒面具袋。

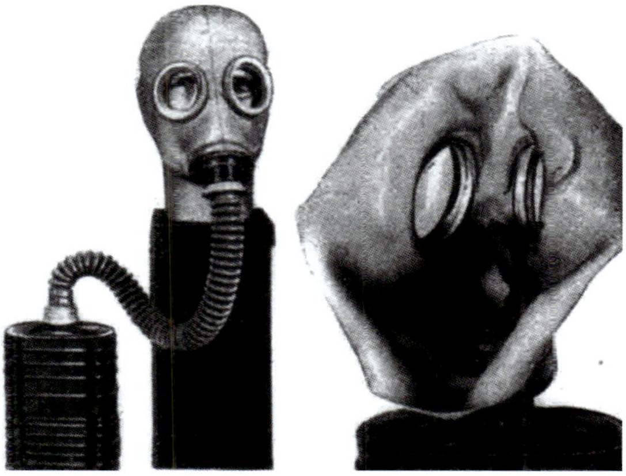

▲ SchM-1型（M1938型）防毒面具。

► MOD0-8面罩的绘图。

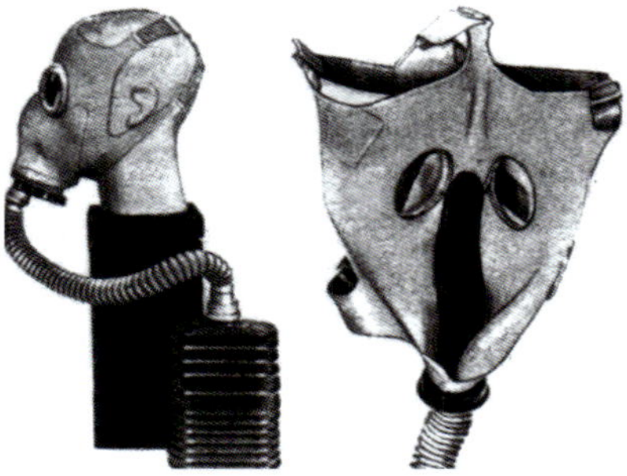

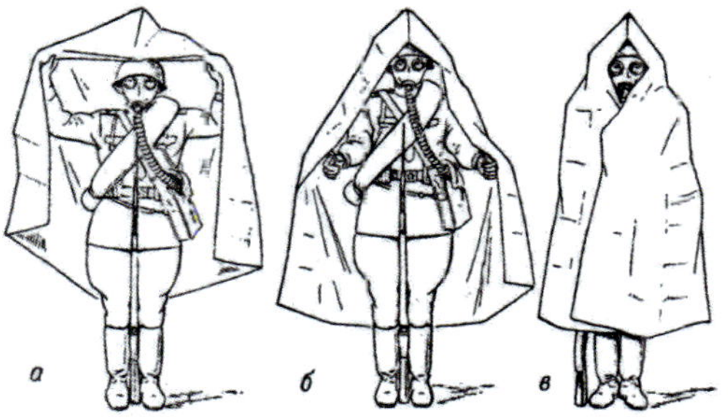

▲ 这三张图展示了如何使用防毒斗篷。

医疗装备

▲ 这些女军人刚刚获得了战胜日本奖章，她们都穿着M1943式制服。

▼ 军方条令中关于如何使用野外绷带卷的摘录。

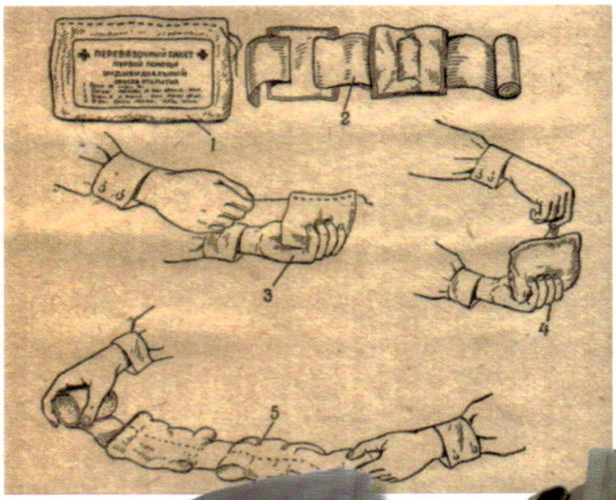

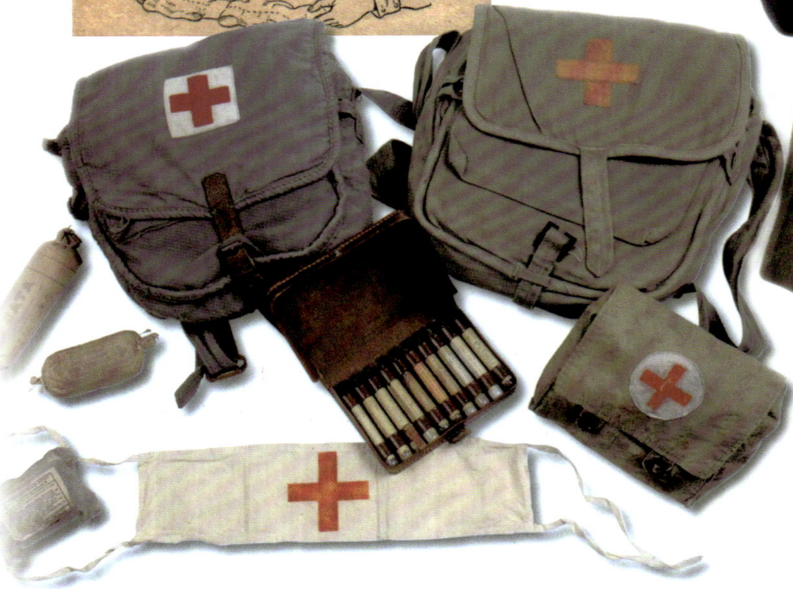

▲ 图片中展示了各种医疗背包、轻装备背包、绷带、袖套和医疗装备。

▼ 由军迷扮演的1944年8月服役于近卫第71步兵师第74卫生营中士的后视角图。

◄ 这名卫生护理员头上戴的是Ssh-40钢盔。

► 由军迷扮演的1944年8月服役于近卫第71步兵师第74卫生营的中士。这名卫生护理员穿着女军人的1943式制服，胸袋上方带有衣褶，裙子是M1938型。根据老兵的叙述，卫生护理员很少佩戴红十字袖套。水壶装在壶套内，由卫生人员使用带有长背带的壶套携行。在其背包内还携带有绷带、消毒剂等医疗救护用品。

▲ 肩章特写，上面带有金色的卫生勤务兵种符号。

▼ 一名男卫生勤务人员，他佩戴着红十字袖套，背着软物品袋，在大衣纽扣上挂着一个闪光照明灯。

▲ 制服局部照片，可以看到她获得了优秀卫生兵证章。制服胸袋上的纽扣由铝材制造，同时请注意胸部的衣褶。

第九章

武器

二战期间，苏联红军战士手中的武器包括手枪、步枪、冲锋枪、机枪、手榴弹、火焰喷射器、迫击炮等，可以说种类齐全。在战争中红军使用了大量的手枪，主要有两种型号，一种是纳甘M1895型7.62毫米左轮手枪，另一种是托卡列夫TT-30或TT-33 手枪。在战前和战时，苏联制造了大量的手枪，以战争爆发的1941年为例，这一年苏联生产了120903支自动手枪和118453支左轮手枪。1942年，苏联共生产了161485支自动手枪和15485支左轮手枪。

早在1925年，红军装备委员会就认为必须为初级和中级指挥人员装备冲锋枪，随后为此进行了十年左右的努力，并诞生了多种试验型号。其中最具前途的当属瓦西里·杰格佳廖夫（Vasiliy Degtyarev）设计的PPD-34杰格佳廖夫冲锋枪，它于1935年6月被红军批准采用。后来，苏联又采用了改进版PPD-34/38型冲锋枪。由于一些上层人物顽固地拒绝使用冲锋枪，认为冲锋枪只适合警用。因此，到1939年1月苏联就下达了停止生产的命令，让PPD冲锋仅生产了4173支，并撤回已配发的武器将其存放在仓库内。在苏芬战争中，冲锋枪显示出了巨大的战术价值，于是在1939年12月苏联撤销上述命令，并命令尽快开发出PPD冲锋枪的改进型，以便大批量生产。同时于1940年1月命令向部队配发冲锋枪，随后采用了改进型PPD-40冲锋枪，在1940年共生产了81118支，随后在生产了5868支后停产。

二战苏联红军最具代表性的轻武器恐怕非PPSh冲锋枪莫属。PPSh-41式冲锋枪由苏联著名的轻武器设计师格奥尔基·谢苗诺维奇·斯帕金设计，在1940-1941年年初完成全面试验。1940年12月，苏军正式采用了新式PPSh-41冲锋枪。由于多数零件采用钢板冲压而成，这种冲锋枪更易于生产，而且近距离时火力猛烈，同时还减少了对步枪的依赖。冲锋枪采用71发弹鼓供弹，1942年2月又采用35发弹匣供弹。由于其多用弹鼓，人们常称它为转盘冲锋枪，成为二战期间使用量最大的冲锋枪之一，可以说哪里有红军哪里就有这种冲锋枪。

除了PPSh冲锋枪外，阿列克谢·苏达耶夫（Aleksey Sudaev）设计了另一种更加简化的新式冲锋枪，它采用35发弹匣供弹，于1942年7月被批准采用，这就是PPS-42冲锋枪。它直到1943年才开始大批量生产，1943年又出现了改进型PPS-43冲锋枪。苏军在战争中相当重视冲锋枪，在战争期间共生产1830万支步枪和冲锋枪，其中630万支是冲锋枪（占总数的34%）；相对应的是，德军共生产了1160万支枪，冲锋枪则仅有120万支，占总数的11%。尽管苏联本国生产的数量很小，但通过《租借法案》，美国共船运了137729支汤姆逊冲锋枪给苏军使用。

苏联红军的武器许多都来自前沙皇军队。1922年，苏联将数量最多的M1891型莫辛-纳甘步枪定为制式装备，对部分细节改进后，于1930年4月28日批准采用M1891/30步枪。在20世纪30年代早期，新式步枪的生产速度相对缓慢，1937年苏联红军生产了56万支步枪；1938-1940年，图拉和伊热夫斯克这两个兵工厂以平均每年130万支的速度进行生产。M1891/30步枪也有两种同时生产的变型版本，一种狙击型步枪，配4倍的PE瞄准镜和后期短暂生产过的3.5倍PU瞄准镜；另一种是M1938型卡宾枪。尽管M1891/30步枪可靠且结实，但这种老式设计的步枪枪身太长了，在近距离战斗中使用不便；相对而言，M1938型卡宾枪就要好多了，但它没有刺刀。伊热夫斯克兵工厂在M1938型卡宾枪的基础上进行了改进，给它配备了一种折叠刺刀，并在1943年生产了50000支进行测试，最终这种新卡宾枪以M1944定型，从1944年2月开始，M1944型卡宾枪开始取代M1891/30步枪装备步兵部队。

早在战前，苏联就开始生产半自动步枪，但数量非常少。1936年，苏联红军采用了7.62毫米AVS-36半自动步枪，这种步枪使用起来非常复杂，而且又故障频发，到1940年仅在伊热夫斯克兵工厂生产了65800支就停产了。1938年，托卡列夫设计的SVT-38半自动步枪问世，并于1939年2月正式采用。1939年7月开始小批量生产，10月开始大规模生产。苏芬战争中，SVT-38半自动步枪在实战中暴露出可靠性差等缺点。经过改进后的SVT-40半自动步枪于1940年4月正式采用，但部队认为这种半自动步枪使用步骤复杂，不可靠也不准确，因此图拉兵工厂在1941年生产了1031861支后，1942年就减少到264148支。同时SVT-40半自动步枪还有一种狙击型版本，与基本型不同的是带有镜座和瞄准镜，由于存在同样的问题，1941年共生产34782支，1942年仅生产了14210支。

二战苏军的标准轻机枪是DP-27轻机枪，一直使用到1944年，后来改用了改进型DPM轻机枪，同时DP轻机枪还有坦克型DT轻机枪担负了步兵机枪的角色。根据《租借法案》，英国为苏联提供了2487挺布伦轻机枪，美国则提供了5403挺勃朗宁轻机枪。与步枪情况类似，红军重机枪也源于沙皇时期。二战时期，苏联仍然使用老式的水冷式马克沁M1910重机枪，只进行了有限程度的修改。在经过并不成功的DS-39重机枪后，马克沁重机枪又全力开始生产，仅1942年就生产了不少于55258挺。1943年5月，米哈伊尔·郭留诺夫(Mikhail Goryunov)设计了和马克沁重机枪一样采用轮式枪架的气冷式SG-43重机枪，这种机枪从来没有生产足够数量来取代马克沁重机枪，但在战争最后一年这种重机枪变得更加常见。红军标准重机枪是12.7毫米的DShK-38重机枪，DK重机枪的改进型。

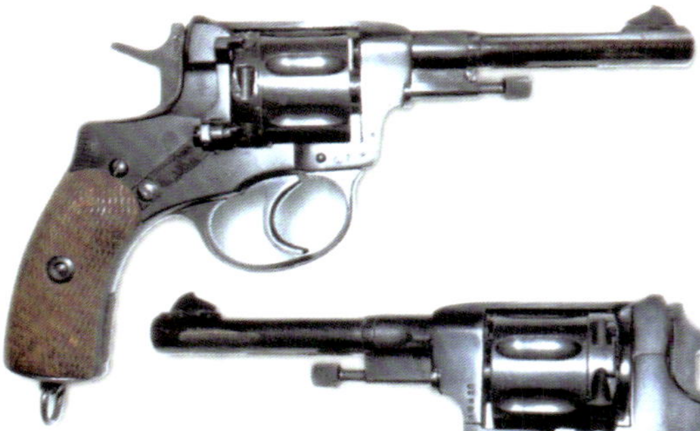

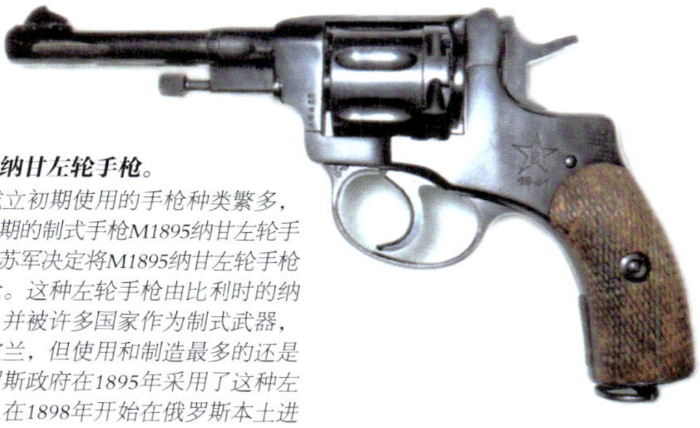

▲► **M1895纳甘左轮手枪。**

苏联红军在成立初期使用的手枪种类繁多，其中以沙俄末期的制式手枪M1895纳甘左轮手枪数量最多，苏军决定将M1895纳甘左轮手枪作为制式手枪。这种左轮手枪由比利时的纳甘兄弟设计，并被许多国家作为制式武器，包括瑞典和波兰，但使用和制造最多的还是俄罗斯。俄罗斯政府在1895年采用了这种左轮手枪，并且在1898年开始在俄罗斯本土进行生产。苏联在1931-1941年生产的纳甘左轮手枪总产量超过了70万支。卫国战争爆发后，苏联开始平行生产M1895纳甘左轮手枪与TT手枪，1942-1945年仅在图拉和伊热夫斯克兵工厂就生产超过37万支纳甘左轮手枪。

▲ **TT-33手枪。**

1931年1月7日，在苏军新型手枪的试验中，由托卡列夫设计、图拉兵工厂生产的手枪受到了政府的注意。2月13日，1000支该型手枪发放给部队进行试用，定型为TT-30手枪被苏军选作制式武器。TT代表图拉-托卡列夫，该枪酷似勃朗宁设计的柯尔特M1903型半自动手枪，但融入了托卡列夫个人设计风格。1933年，苏联针对TT-33手枪生产和使用中暴露出的问题进行了进一步的简化和改进，随后TT-33手枪开始大量投入生产。TT-33手枪充分体现了苏联设计师简单、质朴、实用的设计思想，其强大的杀伤力和令人信赖的可靠性获得了苏联士兵的喜爱，成为二战苏军广泛使用的手枪。

▲ 1943年，伊热夫斯克兵工厂生产的纳甘左轮。

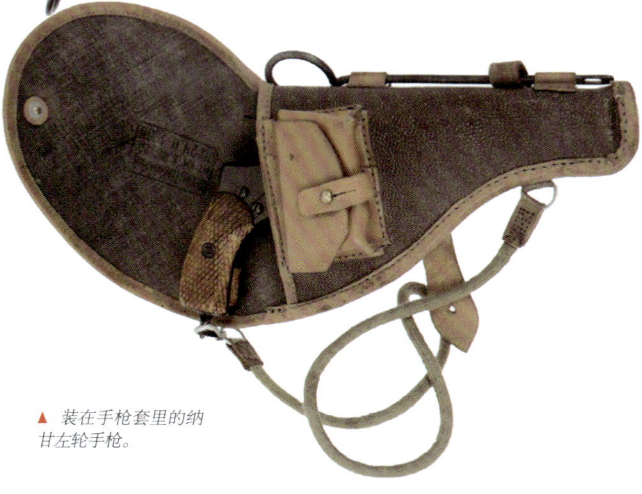

▲ 装在手枪套里的纳甘左轮手枪。

▲ 装在手枪套内的TT-33手枪。

▲ ► ***TK手枪及TK手枪套。***

柯罗文TK手枪是苏联设计的第一种半自动手枪，由谢尔盖·历山德罗维奇·柯罗文（Sergey Korovin 1884–1946）设计。第一种口径为7.65毫米的原型手枪出现于1922年，当时他在图拉兵工厂工作，但这种原型手枪结构过于复杂且笨重无比，在1923年的测试中以失败告终。应苏联内务部队“发电机”体育协会的要求，柯罗文设计了一种用于民用和体育的袖珍手枪，它采用了当时许多国家使用的6.35毫米x15毫米子弹，容弹量为8发。1926年，新手枪被设计了出来，并在同年秋开始在图拉兵工厂小批量生产；1927年TK手枪被批准采用，并被定型为1926年型TK手枪。作为一种半自动武器，许多TK手枪配发给了红军高级军官或政府党政高级官员，也有一部分因各种功绩作为奖励颁发给有功之臣。TK手枪的另一个重要用户是内务人民委员部的国家安全机关。1926型TK手枪采用了自由枪机式自动方式，木质握片有两种版本，即方格花纹与大的垂直沟槽。直到20世纪30年代早期握片都还一直采用螺钉进行固定，后来才采用类似托卡列夫手枪上的握片固定方式。图拉兵工厂在1926–1935年生产的TK手枪数量现在依然未知，推测约为30万支。在二战图拉防御战中，柯罗文还设计过简易冲锋枪，苏联曾在1941年11月左右制造了几百支配发给图拉工人团用于保卫图拉。

手枪套

苏联有各种各样的手枪套，M1895型手枪套用于纳甘左轮手枪。一种采用皮革或兼用帆布与皮革制造的长圆柱形枪套用于托卡列夫手枪，并带有一个弹匣袋。M1903型手枪套采用皮革或兼用帆布与皮革制造，用于柯罗文手枪。还有各种帆布信号枪套，枪绳则采用皮革或兼用编织带与皮革制造。

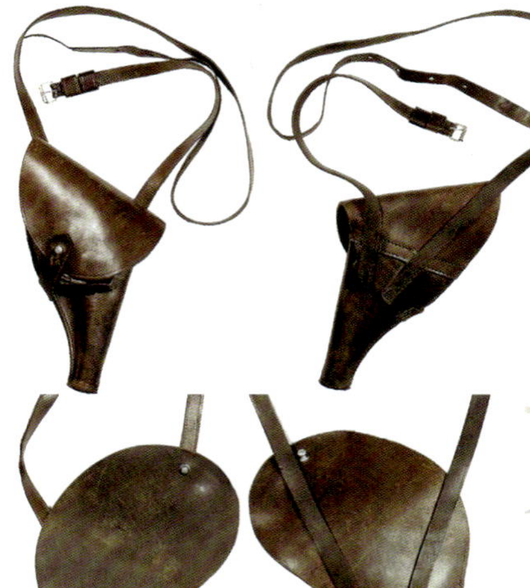

▲ *手枪和左轮手枪的枪套采用厚度2.5~3.5毫米的皮革制造，由在底部缝合的套体、套盖、子弹袋、带有搭扣孔的搭扣带和两条背带组成。子弹袋缝在枪套体的前面，带有袋盖；袋盖上配有搭扣，与搭扣带一起用于闭合子弹袋。子弹袋内部由纵向间壁分隔成两个相同的隔仓。长短不一的两条背带，其一端都缝在枪套体背部；短背带缝在平行套体的侧边，长背带则缝在另一边。短背带的另一头配有一个黄铜丝制的调节扣，在带扣边上有一个固定袢带和一个活动袢带。长背带的另一头带有一些齿孔，可以配合短背带上的调节扣，长短背带扣合至一起后就可以背负手枪套来携带手枪。*

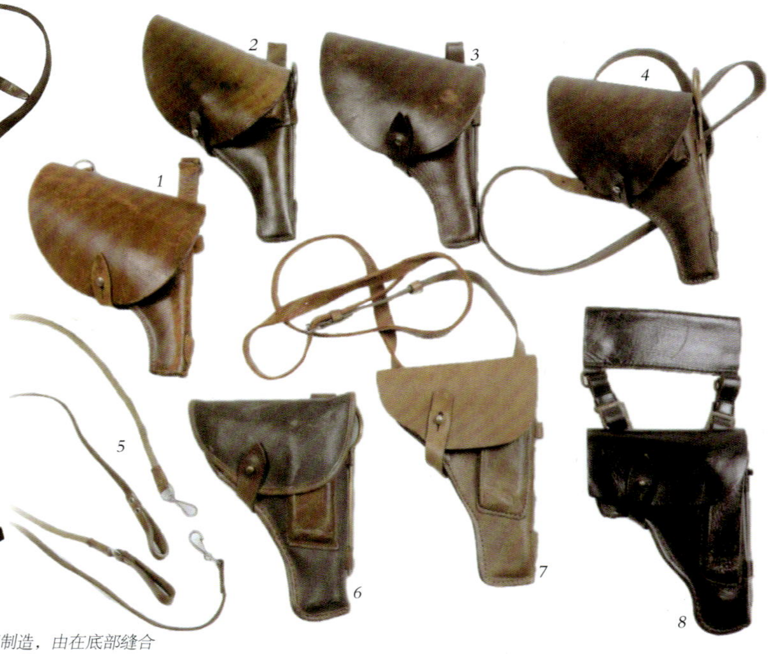

1~4. 纳甘左轮手枪套。
5. 皮革和帆布制的手枪绳。
6. TT–33手枪的皮革枪套。
7~8. 可在腰带上携行的TT–33皮革手枪套。

◄ 信号枪携行袋，底部侧开口的隔仓可以携带信号弹。

▲ 这是一张著名的二战照片，来自马克萨·阿尔珀特的摄影纪实作品《战斗》。1942年7月12日，在伏罗希洛夫格勒附近，第18集团军第4步兵师第220步兵团中尉政治指导员阿列克谢·戈尔杰叶廖缅科（Alexei Gordeevich Eremenko 1906.3.18–1942.7.12）在连长受伤后接替其指挥，高举TT-33手枪鼓舞战士们发起反击。在这张照片拍摄不久，叶廖缅科就阵亡了。

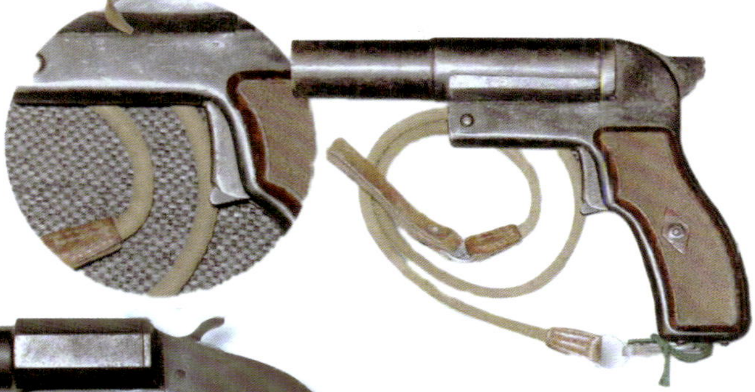

◄ SPSh-44信号枪，由著名的轻武器设计师格奥尔基·谢苗诺维奇·斯帕金设计。这是在1943年装备红军的SPSh-43信号枪基础上的改进型。

▼ M1926信号枪，手工装填，可发射26毫米信号弹。

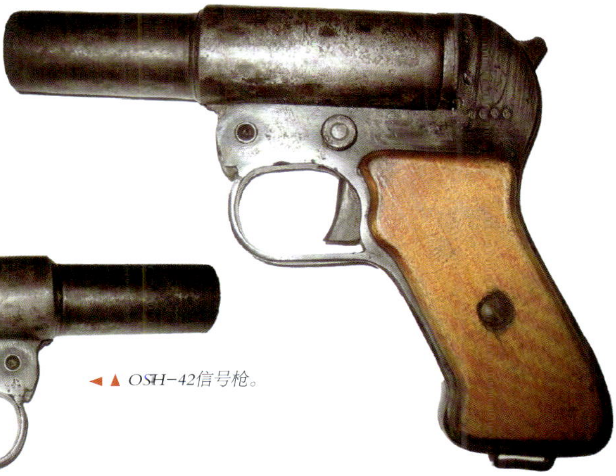

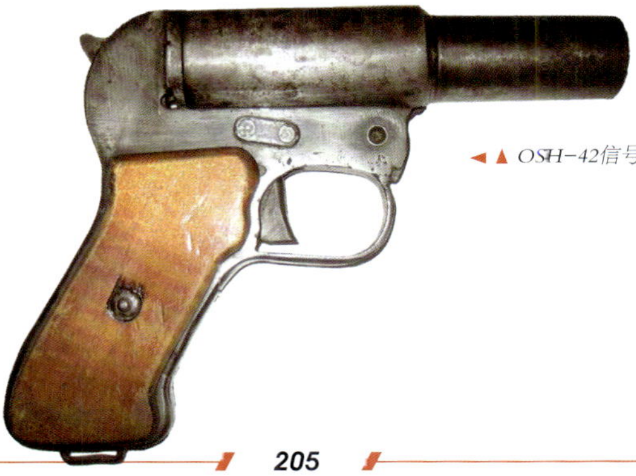

◄▲ OSH-42信号枪。

▲ M1941船形帽，一块布质五角星缝在珐琅五角红星的后面。

► 由军迷扮演的1941年9月服役于第60步兵师第194步兵团的中尉。这名军官是曾经参加过哈桑湖战役的老兵，穿着根据1941年8月1日的第253号命令进行了修改的M1935制服，纽扣、领章和军衔标志都是褐绿色。马裤是军官制服的样式，蓝色带有镶边。他身上的行军装备都采用了皮革制造，身上仅有的饰品是1938年8月6日对日作战的哈桑湖战役参加者纪念章。

1.近距离观察领章和军衔标志，它们根据1941年8月1日的第253号命令进行了修改。
2.近距离观察绿色纽扣，它同样根据1941年8月1日的第253号命令进行了修改。

1

2

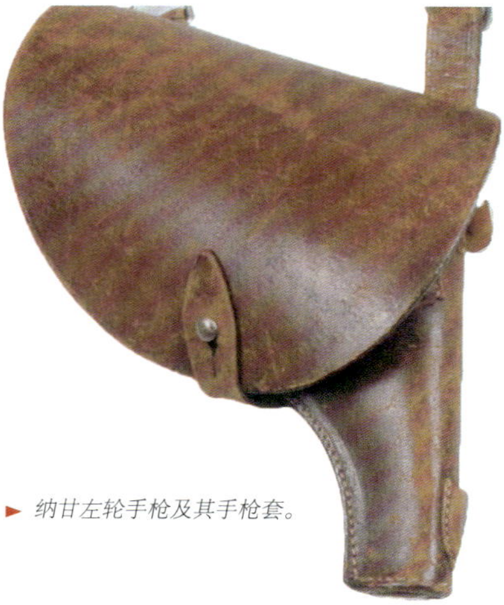

► 纳甘左轮手枪及其手枪套。

弹药包

苏军普遍使用的步枪弹夹包是M1937型弹夹包，它由褐色或黑色皮革制造，一个弹药包可以携带4个各装5发子弹的弹夹。M1937型弹夹包的背后带有一个挂环，可以挂在背包的背带挂钩上。从1938年起，苏联开始制造皮革和帆布弹药包，其外形同M1937型弹夹包一样。同时还有一个备用弹药包，其灵感来自M1892型弹药包。SVT-40半自动步枪的弹匣包更大，采用褐色皮革制造。早期型号的弹匣包在后部带有一个挂环，而战时生产的弹匣包采用皮革的质量较差，后部没有挂环。

▲ 这三名士兵装备着莫辛-纳甘步枪，并携带着沙皇时期的弹药包。

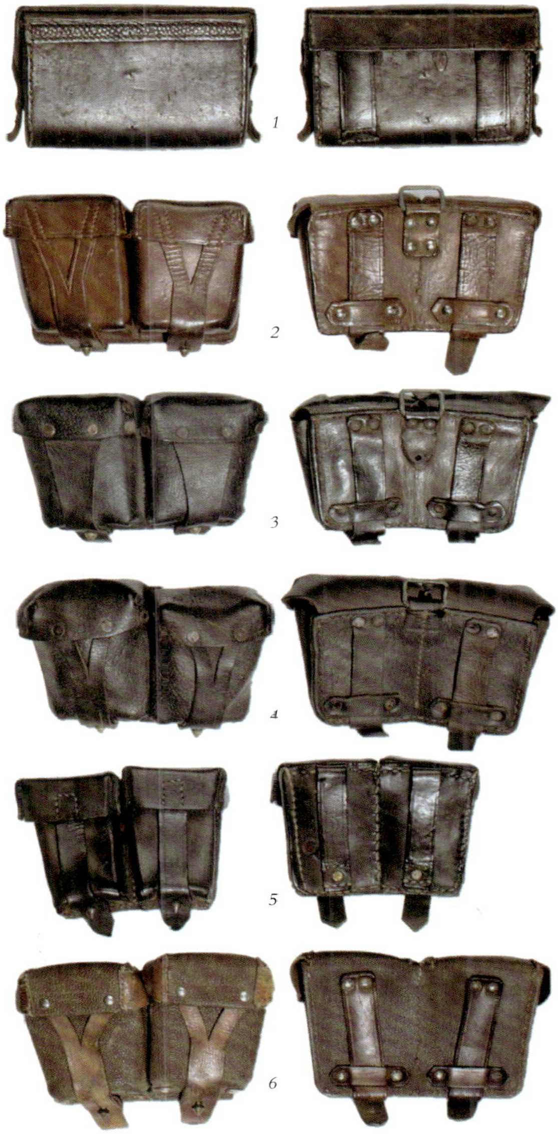

1. M1893型弹夹包。
2~4. 莫辛-纳甘步枪各种版本的M1937型弹夹包。
5. 波罗的海地区制造的莫辛-纳甘步枪M1937型弹夹包。
6. 兼用皮革和帆布制造的M1937型弹夹包。
7. 莫辛-纳甘步枪的后备弹药包。

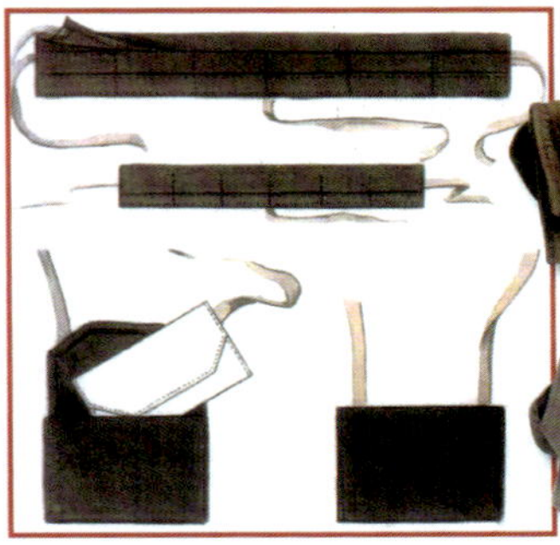

▲ 从1938年的条令目录中摘录的两种备用弹药携行具：一种弹夹带和一种帆布弹药包。

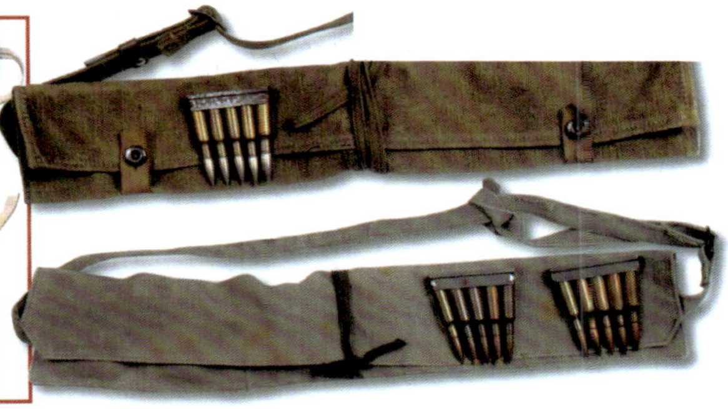

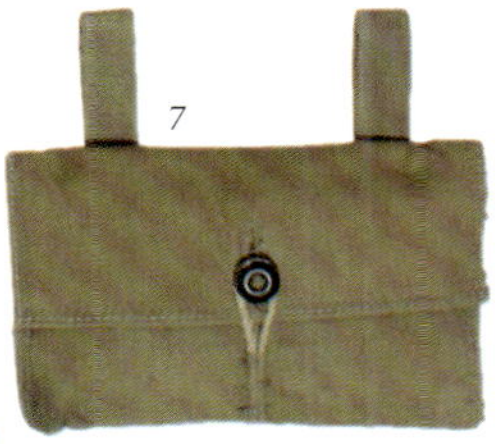

◄ 胸部弹夹带的灵感来自沙皇时期的M1892型弹夹带。

► 由军迷扮演的1944年6月服役于托米尔第23步兵师第89团的战士。这名步兵的武器为莫辛-纳甘M1981/30步枪，穿着新型的M1943式制服，可以通过制服的立领和肩章识别出来，头上戴的是Ssh-40式钢盔。他的装备还包括：斜挎在肩部的帐篷卷，末端系着一个铁饭缸；束在腰间的皮革帆布腰带以及弹夹包；高筒靴已经被短靴和绑腿取代了。

▲ 这两名军人穿着配发给所有军人的没口袋的制服，腰带和靴子都是由皮革制造的。

► **SVT步枪弹药包。**

1. SVT-38和SVT-40半自动步枪弹匣包。
2. 廉价版的SVT-38和SVT-40半自动步枪弹匣包。

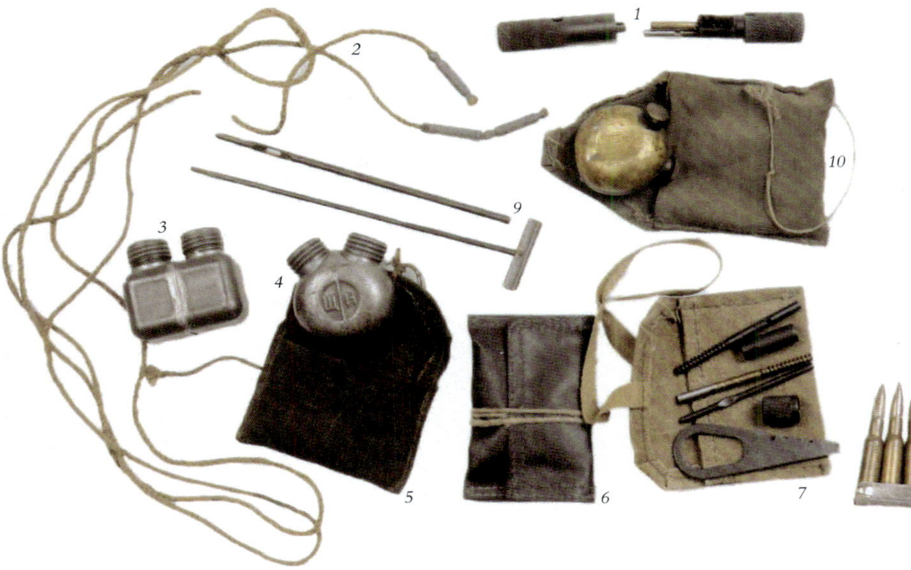
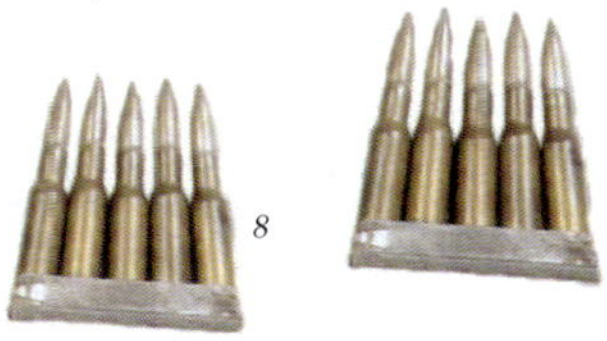

◄ **武器保养。**
1. 钢壳内包含各种膛刷。
2. 莫辛–纳甘步枪的拉绳。
3~4. 油壶，左边隔仓为油剂右边是枪油。
5~6. 用于M1898枪支清理工具（膛刷、退弹器等）的各种帆布或合成皮革包。
7. 通用轻武器清理套装。
8. 莫辛–纳甘步枪带7.62毫米子弹的弹夹。
9. PPsh–41冲锋枪的通条。
10. 从沙皇时期型号复制的维护套装。

弹药携行具和手榴弹袋

PPSh–41冲锋枪弹鼓采用一个帆布弹鼓包携带，用一条皮带系紧。PPS–43冲锋枪弹匣采用三联装的弹匣包携带，由木牙扣扣紧。手榴弹袋，对于F1卵形手榴弹采用的是三联装帆布手榴弹包，对于RGD–33手榴弹则是两联装手榴弹包。

1& 11. PPSh–41和PPS冲锋枪的帆布弹匣包。
2~6. 各种三联装的F1手榴弹袋。
7. 用于装飞行人员生存设备（口粮、火柴等）的帆布生存手提袋。
8~9. 携带额外弹药的帆布弹药包。
10& 13. PPSh–41冲锋枪的71发帆布弹鼓包。
12& 14. 携带RGD–33类型手榴弹的手榴弹袋。
15. 携带PPSh–41冲锋枪35发弧形弹匣的弹匣包。
16. PPSh–41冲锋枪弹鼓。

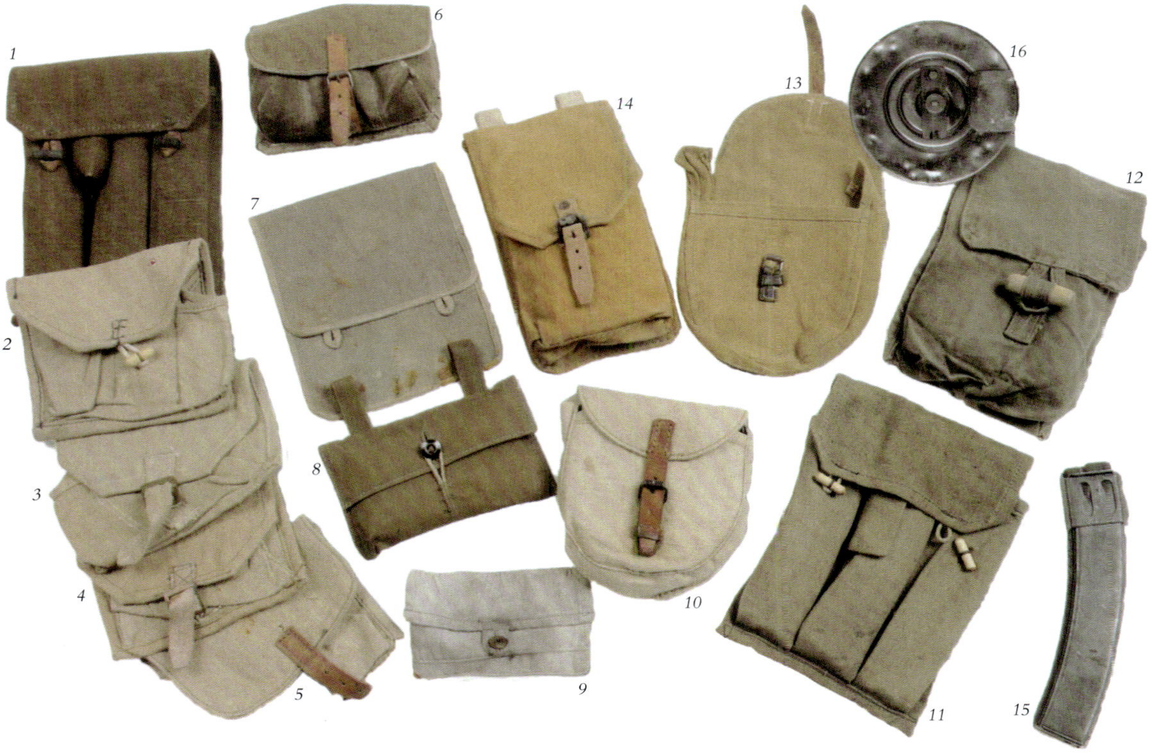

▲ **RPG-40反坦克手榴弹。**
苏联第一种反坦克手榴弹，于1940年定型。这种反坦克手榴弹外形就像是一个装了握柄的铁皮罐头，其特点是没有采用空心装药原理，而靠较大的装药量来对坦克及其乘员起到破坏杀伤作用，其破甲能力较低。这种手榴弹在二战中使用量较大，但对于战争后期的中、重型坦克就有些力不从心了。所以，大多数RPG-40反坦克手榴弹在战争后期只用于摧毁土木工事、火力点和集群有生目标，作为一种超大威力的爆破手榴弹使用。

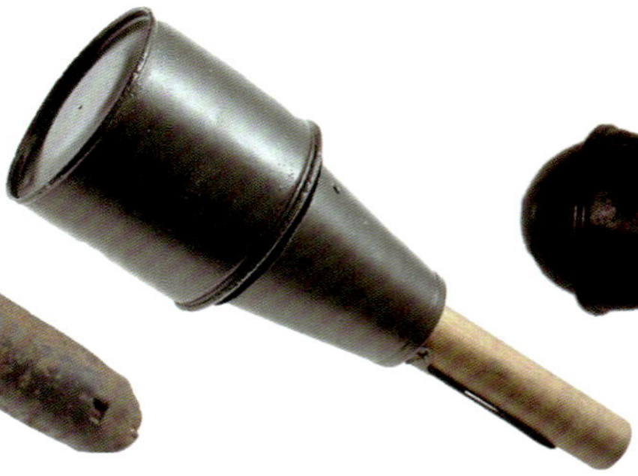

▲ **PRG-43反坦克手榴弹。**
苏联于1943年将RG-43反坦克手榴弹定型后，拉开了采用空心装药技术的序幕。作为RPG-40的替代品，其性能有了很大的提高，是二战苏制反坦克手榴弹中最著名的一种，在战后仍旧服役了一段时间。

▲ **RPG-6反坦克手榴弹。**
二战后期，苏联在RPG-43反坦克手榴弹基础上进行改良，创造出了RG-6反坦克手榴弹。它采用了更加合理的空心装药技术，在弹体前部加装了半球形风帽，既减小了投掷时的空气阻力，又保证了炸高。因此，在装药量略少于RPG-43的情况下却有着更大的破甲威力。

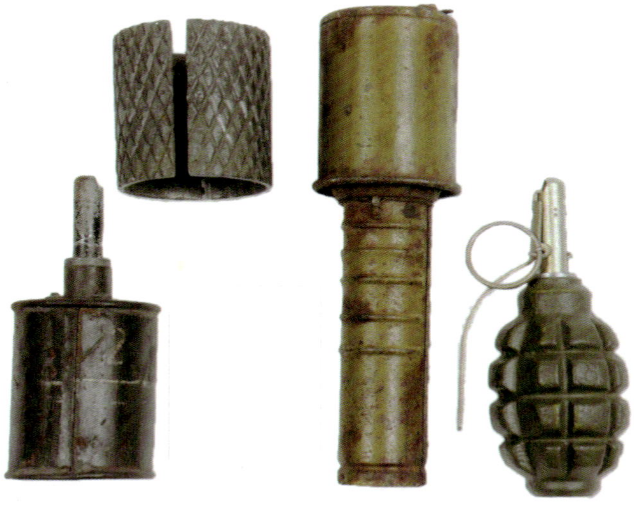

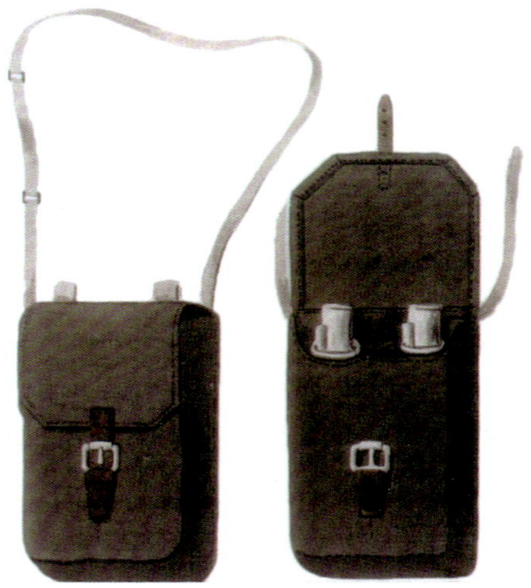

▲ 红军常用的手榴弹有RG-42手榴弹和RGD-33手榴弹，这两种手榴弹加装上破片套就可以改造成破片手榴弹；另外，还有F1手榴弹。RG-42进攻手榴弹是1942年定型的一种进攻无柄手榴弹，特点是采用了薄皮弹体和预制破片套，外观为罐头瓶状的圆柱体。RGD-33手榴弹是苏军在二战中广泛使用的一种有柄手榴弹，具有攻防两用的特点。它的弹体外面带有一个刻有菱形花纹的破片套，成为其最明显的识别标志。这个破片套可拆卸，手榴弹装上这个破片套用作阵地防御时杀伤力较大；不带破片套时，则作为进攻手榴弹使用。F1手榴弹是苏联在二战期间开始大量生产和使用的一种防御型榴弹，因采用引信的不同，可分为早期型和后期型，具有结构简单、价格低廉的优点。其产量巨大，是二战时期一种著名手榴弹。

▲ 这张图片展示了手榴弹袋，它可以斜挎在肩部上携行。

► 这张图片展示了RG-42进攻手榴弹（上）和F1防御手榴弹（下）。

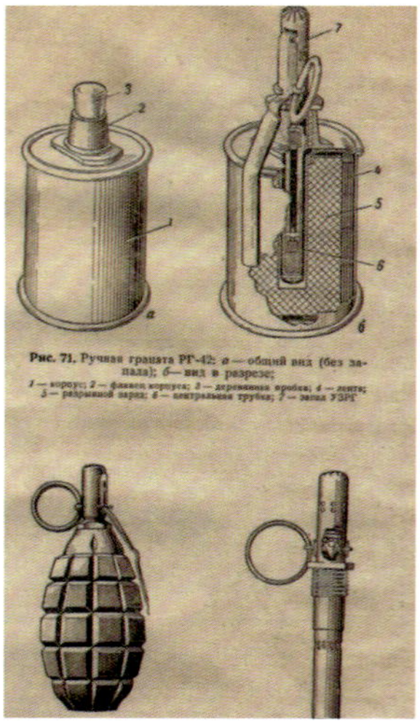

莫辛-纳甘步枪

莫辛-纳甘步枪在卫国战争中被苏军大量使用，这种步枪最早源于俄国军队在1891年正式采用的制式步枪，当时定型为M1891型3线口径步枪。M1891步枪最初有三种型号：步兵步枪、龙骑兵步枪和哥萨克步枪。苏联红军在1923年决定撤换所有的M1891式步枪，但不包括龙骑兵步枪在内，因此M1891型步兵步枪和哥萨克步枪均被停产。改进型M1891步枪于1930

年4月28日正式定型为M1891/30型步枪，在1930年6月10日开始由图拉和伊热夫斯克兵工厂着手生产，而原有的龙骑兵步枪也随之停产。M1891/30步枪改进的地方包括：改用圆形机匣，表尺改为米制单位，准星增加了护圈，刺刀增加了弹簧以取代老式刺刀；另外还采用了新护箍，改进了通条的固定卡扣。虽然M1891/30步枪相对M1891步枪要短，但非一线战斗部队仍然需要一种更短更轻的武器。1938年，苏联正式定型了M1938型卡宾枪，它可以说是M1891/30步枪的一种缩短型，但没有配备刺刀。战争中，M1891/30步枪在城镇环境下显得过长而不利于战斗；同时另一些前线报告则指出，战场需要像M1938型卡宾枪那样短的武器，但有时它也需要装上刺刀。于是，苏联在1943年开始进行新型卡宾枪的原型设计和试验，新卡宾枪被定型为M1944型卡宾枪。

1. 莫辛-纳甘M1891型步枪。
2~3. 莫辛-纳甘1891/30型步枪。

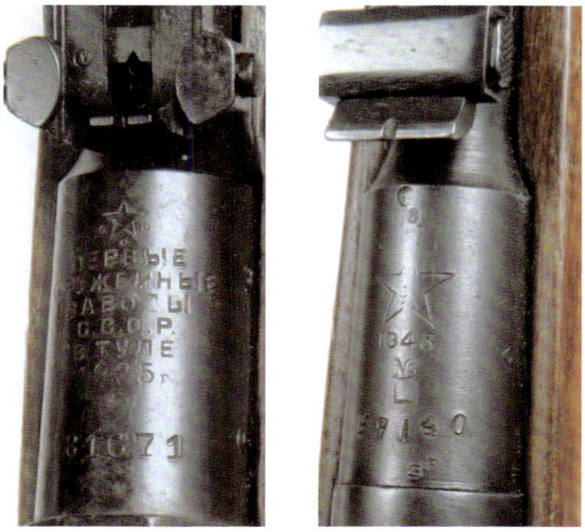

► 两支莫辛-纳甘M1891/30步枪的生产标记，左边步枪由图拉兵工厂于1925年制造，右边步枪制造于1943年。

▲ M1938型卡宾枪。

▲ M1944型卡宾枪及其折叠刺刀。

► 刺刀处于折叠状态的M1944型卡宾枪。

▼ 莫辛–纳甘刺刀和皮革刀鞘。

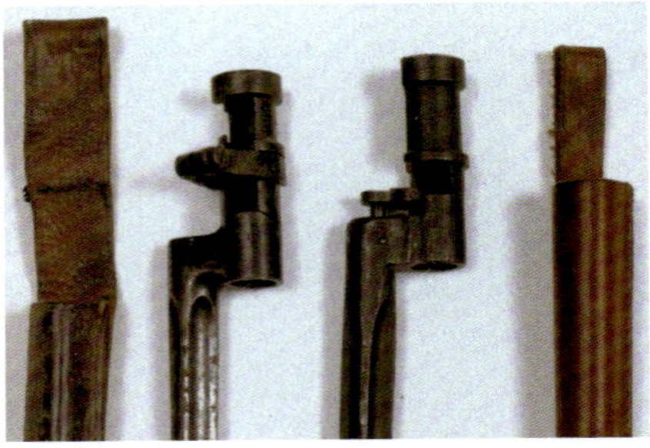

▼ 从1928年到20世纪30年代中期，苏军试验了几种自动步枪，但直到1936年才采用由谢尔盖·西蒙诺夫设计的AVS–36半自动步枪。它采用活塞式自动方式，是苏联第一次采用这种自动方式设计的步枪。但这种步枪由于设计理念过于超前，存在操作复杂和制造维护过于昂贵的缺点，而且生产过于粗糙并不十分可靠，后被SVT–38半自动步枪所取代。苏联在采用AVS–36半自动步枪后，曾分批进行生产：1934年106支，1935年286支，1937年10280支，1938年23401支，到1940年总共生产了65800支。这种步枪服役过哈拉哈河战役、苏芬战争和初期卫国战争。

► M1940战壕刀的标记特写，这种战壕刀最为常见的标记是“ZIK”，表示生产商位于兹拉托乌斯特（Zlatoust）。战壕刀不仅提供给伞兵部队使用，许多特殊的侦察兵和突击工兵也能使用。

▲ 配PU瞄准镜的莫辛–纳甘狙击步枪，PU瞄准镜放大倍率为3.5倍。

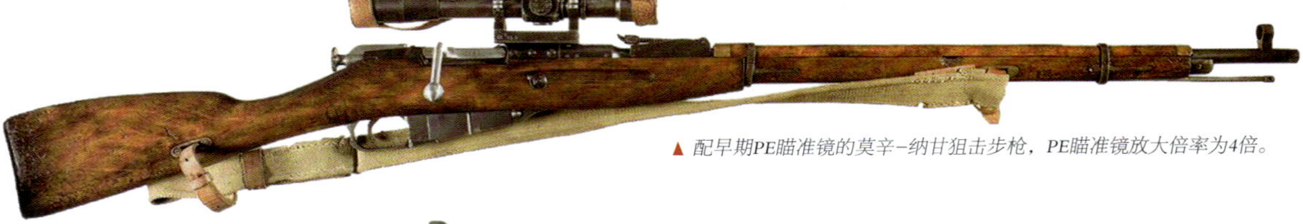

▲ 配早期PE瞄准镜的莫辛–纳甘狙击步枪，PE瞄准镜放大倍率为4倍。

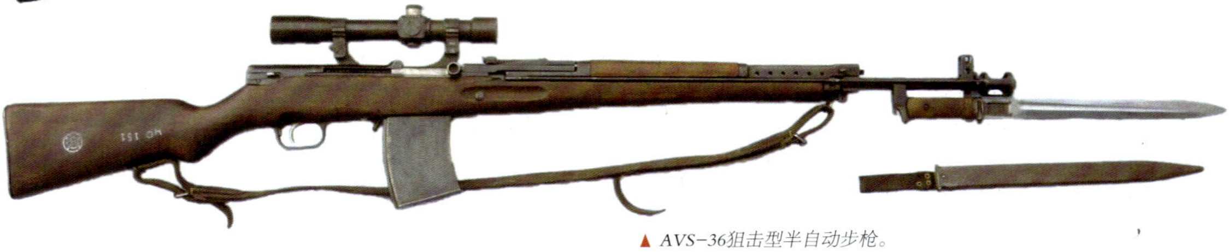

▲ AVS–36狙击型半自动步枪。

◄ SVT-38半自动步枪，苏联于1939年10月1日开始批量生产，并立即装备红军，服役过苏芬战争。SVT-38半自动步枪的通条插在枪托右侧的凹槽中，而SVT-40半自动步枪则改为插在枪管下方，通条的位置成为识别SVT-38和SVT-40的标志。

▲ SVT-40半自动步枪是第二次世界大战期间苏军步兵的主要装备。在SVT-38半自动步枪的基础上改进而成，目的是为了改善步枪的操作性能和提高可靠性。该枪于1940年7月1日开始在图拉兵工厂投产，除了图拉兵工厂，SVT-40半自动步枪的主要生产厂家还包括伊热夫斯克兵工厂。SVT-40半自动步枪于1941年生产了1031861支（狙击型34782支），1942年生产了264148支（狙击型14120支）。同时，苏联还存在全自动型AVT-40，配发15发弹匣。1945年1月根据国防委员会的命令SVT-40停止生产，该枪使用莫辛-纳甘1908式凸缘步枪弹，弹匣容量为10发。

▲ 装有PU瞄准镜的SVT-40狙击步枪。

◄ 由军迷扮演的穿着夏季制服的红军战士，他头戴Ssh-36钢盔，手持AVS-36半自动步枪。

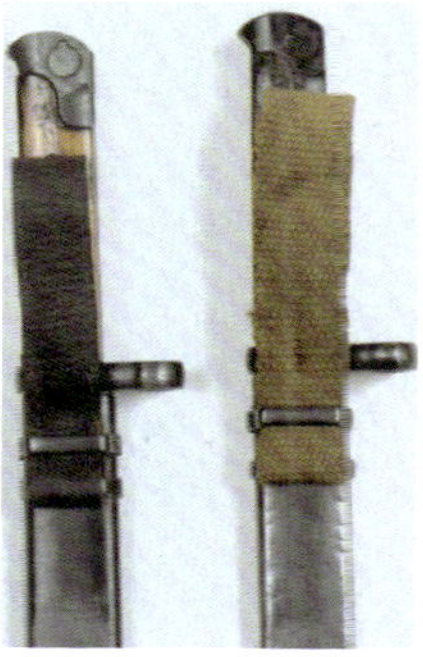

► SVT-40半自动步枪刺刀，配有皮革或帆布挂环。

▲ SVT-40半自动步枪的刺刀。

▲ SVT-40半自动步枪机匣和护木上的制造年代标记。

▲ PPD-34/38冲锋枪。

▼ PPD-40冲锋枪。

PPD冲锋枪

冲锋枪在苏联使用始于20世纪20年代中期，经过初期的研制与改进后，苏联1935年批准采用了杰格佳廖夫设计的7.62毫米PPD-34冲锋枪（波波德）。值得注意的是，这种冲锋枪的初期产量几乎可以忽略不计：1934年44支，1935年23支，1936年911支，1937年1291支，1938年1115支，1939年1700支，PPD-34冲锋枪总产量约为5000支。与此相对比的是，M1895纳甘左轮手枪同一时期的产量约为70万支，而莫辛-纳甘步枪（不包括狙击型）在1937-1938年的产量达到了3085000支！苏联在1937年确定PPD-34冲锋枪存在一系列缺陷后，于1938年对其进行改进，这种改进型并命名为PPD-34/38冲锋枪。基于苏芬战争中红军使用该型冲锋枪的经验，得出PPD冲锋枪缺陷超过了优点的结论。另外，苏联出现了新式SVT-38半自动步枪，“为了更好地保存”，PPD冲锋枪被送进了仓库，只有一些内务人民委员部部队仍然使用这种冲锋枪。1939年2月，PPD冲锋枪从红军装备中撤销，甚至在部队中也停止了使用。这实际上并不令人惊讶，由于生产成本太低，工艺质量就变得不那么可靠了。PPD-34/38的成本为900卢布，DP轻机枪是1150卢布，SVT-38步枪比PPD冲锋枪更便宜，仅880卢布。杰格佳廖夫继续改进他的设计，1940年2月15日，苏联国防委员会批准部队采用改进和升级版PPD冲锋枪，即PPD-40型冲锋枪。当年，苏联就制造了81118支PPD-40型冲锋枪，使其运用得更为广泛。在二战初期，红军已经使用了PPD冲锋枪，但到1941年末，由于PPD-40操作过于复杂且生产成本极为高昂，被更先进、更可靠的PPSh-41冲锋枪所取代。PPSh冲锋枪在最初设计时就已经考虑到可以在任何具有最低工具设备的企业进行生产。与此同时，在战争爆发后，PPD冲锋枪暂时恢复生产。1941-1942年，苏联在列宁格勒总共生产了42870支PPD冲锋枪，配发给列宁格勒方面军和卡累利阿方面军部队。

▲ 列宁格勒方面军海军步兵侦察员，红海军战士库兹缅科（P. I. Kuzmenko），他装备着PDP-40冲锋枪和RGD-33手榴弹。

PPSh-41冲锋枪

PPSh-41冲锋枪是苏联著名的轻武器设计师格奥尔基·谢苗诺维奇·斯帕金设计的，1940-1941年年初完成全面试验，1941年开始装备苏联军队，1942年中开始大批量生产。它是苏军在二战期间使用量最大的冲锋枪之一，可以说哪里有红军那里就有这种冲锋枪。PPSh-41冲锋枪的大部分零部件都用钢板冲压、焊接、铆接制成，与早期的PPD系列冲锋枪相比较，结构更简单，加工工艺性更好，理论射速和射击精度更高。PPSh-41冲锋枪采用自由枪机式工作原理，开膛待击。枪管膛内镀铬，枪管护筒的前端超出枪口并稍微向下倾斜，具有防止枪口上跳和制退的作用。机匣、枪管护筒都用厚钢板冲压制成，具有容易加工和成本低的优点。PPSh-41冲锋枪虽然其貌不扬，与德国MP40冲锋枪相比它显得相当平凡，但具有更可靠、射速更高的优点。虽然，它也具有难以重新装填的缺点，但因后坐力低、可靠性高和近距离杀伤力大等原因深受苏联士兵的喜爱。

◄ *PPSh-41冲锋枪可配用35发容量的弧形弹匣和71发容量的弹鼓。*

► ***PPS-42冲锋枪。***
PPS-42冲锋枪（波波斯）诞生于列宁格勒战役。1942年，列宁格勒被德军包围，苏联守军缺少一种可立即使用的冲锋枪。新式冲锋枪由工程师苏达耶夫（A.I.S Sudarev）设计，设计的重点是尽可能采用工厂可以找到的材料和设备。这是一支全金属制造的冲锋枪，只有扳机手柄镶有木头，舍弃固定枪托而改用金属构成的折叠枪托。1942年12月，首批冲锋枪样品提交给了列宁格勒方面军军事委员会委员日丹诺夫和方面军司令员戈沃罗夫。在列宁格勒防御战期间，这种冲锋枪被小批量生产，在PPS-43型冲锋枪采用前共生产了46572支，大部分交付给了列宁格勒方面军。

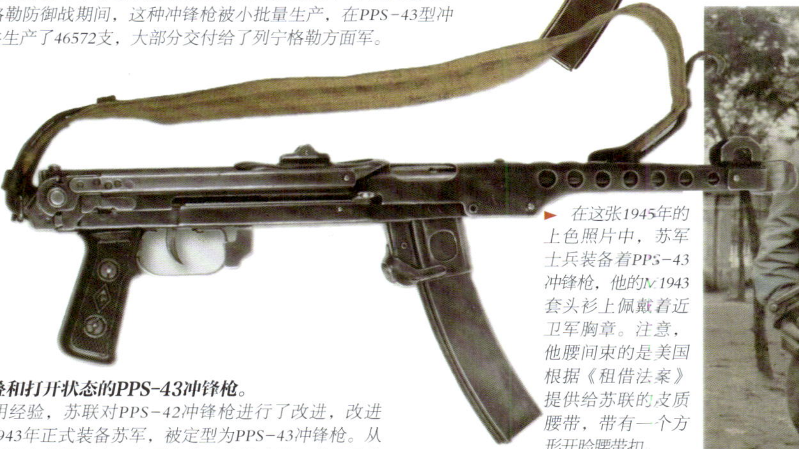

► *在这张1945年的上色照片中，苏军士兵装备着PPS-43冲锋枪，他的M1943套头衫上佩戴着近卫军胸章。注意，他腰间束的是美国根据《租借法案》提供给苏联的皮质腰带，带有一个方形开脸腰带扣。*

▲▼ ***枪托折叠和打开状态的PPS-43冲锋枪。***
根据战场使用经验，苏联对PPS-42冲锋枪进行了改进，改进后的新枪于1943年正式装备苏军，被定型为PPS-43冲锋枪。从1943年中期开始大批量生产，由于生产效率的改进，月产量从135000支增加到350000支。这种冲锋枪在中国称为“波波斯”冲锋枪，具有结构简单、动作可靠和操作简便的特点，成为二战中苏军的又一种著名制式武器。

▼► 1944年6月，在别列津纳河的近卫第26步兵师第179团的红军战士的装备细节特写。

► 由军迷扮演的1944年6月服役于别列津纳河近卫第25步兵师第79团的红军战士。这里展示了战争后期红军士兵的典型形象：船形帽、配肩章的M1943套头衫（没有胸袋）、棉马裤和皮靴。这名士兵装备着一种可携带三个冲锋枪弹匣的弹匣袋。PPS-43冲锋枪比以前的PPSh-41冲锋枪更轻，更加有利于快速、廉价地大批量生产。

DP-27轻机枪

1921年，瓦西里·阿列克谢耶维奇·杰格佳廖夫开始设计一种结构独特的轻机枪。1927年，该机枪定型并开始制造，1928年正式装备苏联红军，是苏联在第二次世界大战中装备的主要轻机枪，它的正式名称是DP-27型7.62毫米轻机枪。“DP”是“杰格佳廖夫步兵用机枪”的缩写，国内称为德普轻机枪，它的标志性特征是供弹具是一个大圆盘状的47发大弹盘。这个大弹盘源于早期刘易斯机枪，由于弹盘和枪械结合后太重，难以携带，行军时需取下弹盘。1944年10月14日，苏联定型了改进型DPM轻机枪，它针对DP-27轻机枪的缺点进行了改进．外观主要变化是增加了小握把，以方便使用。同时还有1929年采用的改进型DT轻机枪，它把木质枪托改为可伸缩的金属枪托，弹盘改为3排63发装，作为坦克或装甲车载机枪使用。1941-1945年，DP、DPM、DT和DTM机枪共生产809823挺。

▲ 在斯大林格勒一个防空洞口，红军战士正在忙于保养PPSh-41冲锋枪和DP-27轻机枪。

▲ DP-27轻机枪。

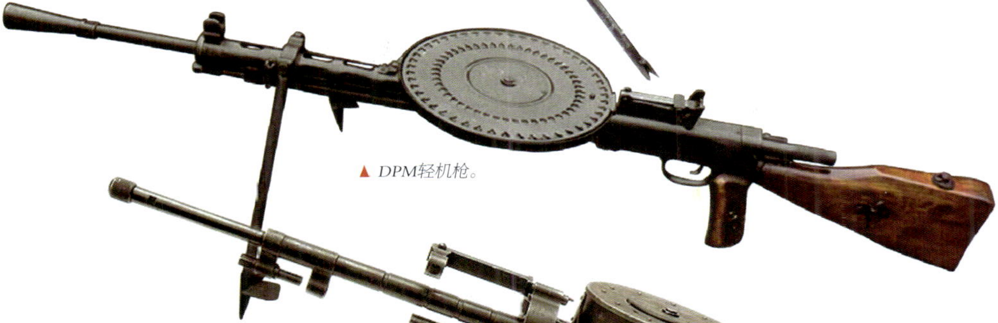

▲ DPM轻机枪。

▲ 安装两脚架的步兵型DT轻机枪。

▲ 1942年，在斯大林格勒战役期间的“红十月”工厂，一个战士正在使用DT轻机枪警戒。

▲ 携行DP-27轻机枪供弹盘的弹盘包。

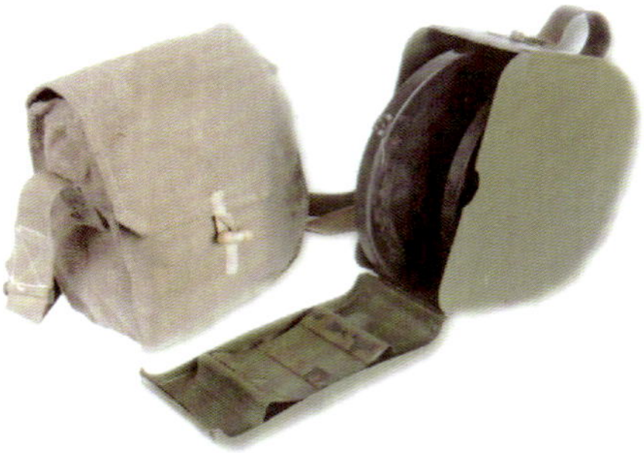

▲ 装DP-27轻机枪弹盘的弹盘包和可以内装三个弹盘的金属弹盘箱。

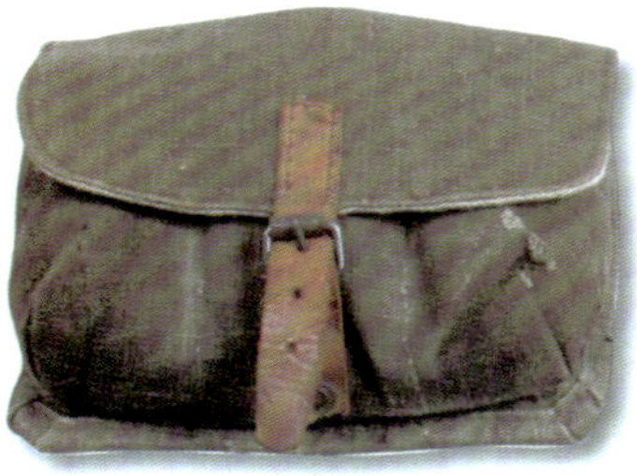

▲ 手榴弹袋细节。

▲ 后部视图为我们展示了饭盒如何携行在背包上面。软背包在顶部用带子打结扎紧缚在背上。

▲ 由军迷扮演的1944年6月服役于莫吉廖夫第42步兵师459团的机枪手。机枪手穿着新式M1943式制服，左胸佩戴着保卫斯大林格勒奖章和战功奖章。他扎着一条由帆布和皮革制作的腰带，配备着手榴弹袋、防毒面具袋、工兵锹和水壶，背上背着软背包。

► 由军迷扮演的1944年6月服役于莫吉廖夫第42步兵师459团的机枪手，二人机枪组由一名机枪手和副射手组成，副射手携带着一个特制弹盘包用来携带轻机枪弹盘。

▼ **DS-39重机枪。**

1939年9月22日，由瓦西里·阿列克谢耶维奇·杰格佳廖夫设计的重机枪被定型为DS-39重机枪，并被部队正式采用，开始在科夫罗夫工厂生产，后来转到图拉兵工厂生产，该厂同时也生产马克沁M1910型机枪。1940年，苏联开始全速生产DS-39重机枪，同时降低了马克沁机枪的产量。但这种机枪并不成功，在苏芬战争中，该枪的弹链供弹机构经常卡壳，并且操作复杂，故障频发，因而在1941年6月德国入侵后就停止了生产，工厂转而生产老式的马克沁重机枪。1939-1941年，DS-39重机枪共生产了10345挺。杰格佳廖夫则继续研制他的新型机枪，1942年，他最终成功研制出原型DS-42重机枪，但在与SG-43竞争的试验中落败。

▲ **DShK-38重机枪。**

杰格佳廖夫在1930年成功设计了一种12.7毫米口径的大口径机枪，并命名为DK机枪。1931年，DK大口径机枪被红军正式采用，并在1933-1935年期间少量生产。机枪采用鼓形弹匣供弹具，每个弹鼓只能装30发枪弹，弹鼓的体积又大又重。该机枪存在两个问题：一个是射速较低，每分钟仅有360发，实际射速则更低；一是由于太过笨重而导致使用不便，因此于1935年停止生产。1938年，另一位著名的苏联轻武器设计师斯帕金设计了一种转鼓形弹链供弹机构，可以很容易地装置在DK机枪上，代替原来的弹匣供弹机构，这样就能增加机枪的实际射速。1939年2月26日，经过这种改进后的杰格佳廖夫大口径机枪正式被苏联红军采用，并重新命名为DShK-38重机枪，“DShK”即“杰格佳廖夫-斯帕金大口径机枪”的缩写。该机枪主要用于打击空中目标和步兵支援，采用50发的弹链供弹。DShK-38重机枪于1940年开始大规模生产，根据生产合同其单价为13635卢布（与此相对比的是，1939年生产马克沁机枪的单价为5960卢布）。在战争期间，德什卡重机枪（DShK重机枪）共生产了8442挺。

▲ 战争爆发之际，红军还在大量使用过时的马克沁水冷式重机枪，以及1939年少量采用的DS-39重机枪，这样的状况非常令人不满，因此1942年军方要求研制一种采用步枪口径的新型重机枪。新型重机枪要求能够使用地面枪架、高射枪架和车载枪架，并要求能够使用老式马克沁重机枪的帆布弹带和新式金属弹链。1942年5月，新机枪开始研制，设计小组由科夫罗夫机械厂的P.M.郭留诺夫领导。一年后新机枪发往前线部队进行测试，1943年5月15日，苏联批准部队采用新式SG-43重机枪，1943年下半年开始装备部队，用以取代马克沁M1910型水冷式机枪。该重机枪具有结构简单、动作可靠、威力大、精度好的特点，但仍存在质量较大、携行不便的弊端。此型机枪同时在位于科夫罗夫和兹拉托乌斯特的企业进行生产，到1944年末共生产了74000挺。

◄ **马克沁M1910型重机枪。**
由于马克沁重机枪过沉的重量，使得这种机枪在战场上非常难以机动，因此1910年俄军开始改进这种机枪，并采用了由陆军上校亚历山大·索科洛夫设计的轮式野战枪架。这种枪架由框架和平台两部分组成，允许机枪手以跪姿或卧姿来进行射击，在地面上有利于机枪进行机动，转移时也不用分解枪械。1910年，俄军采用了这种改进型机枪，它被命名为M1910型重机枪。在第一次世界大战中，M1910型重机枪以其稳定的高速射击性能而大受欢迎，在1905-1918年间这种机枪共制造了37345挺。十月革命胜利后，苏联政府继续使用和生产M1910型重机枪。20世纪20年代晚期，苏联领导人决定为红军装备现代化武器。1930年，苏联红军采用了改进型M1910/30型重机枪，其外形最突出的特点是在冷却水筒上方增加了一个散热器口盖。1941年6月，战争爆发后不久，红军在战斗中就损失了54700挺重机枪，情况变得非常严重。由于设计出来用以取代马克沁重机枪的DS-39重机枪并不成功，DS-39重机枪停产后，苏联开始在图拉兵工厂迅速恢复M1910/30型重机枪的生产。为了应对战争的需要，在设备与人员紧急搬迁20天后，伊热夫斯克兵工厂于1942年1月开始生产马克沁重机枪，第一个月生产了超过300挺重机枪，5个月后每个月能够生产3000挺重机枪。在战时，伊热夫斯克兵工厂共生产了超过77000挺重机枪。战争期间，图拉兵工厂也恢复了马克沁重机枪的生产，在1942-1945年间制造了超过50000挺。第二次世界大战中，马克泌重机枪是红军的基本轻武器装备，红军陆军、空军和海军都曾大量使用。

▲ 苏联在20世纪30年代初开发了第一款背包式火焰喷射器ROKS-1，卫国战争爆发后，红军步兵团已组建了火焰喷射队，装备20具ROKS-2火焰喷射器。ROKS-3火焰喷射器是根据在1942年早期战斗中ROKS-2火焰喷射器使用经验进行改进过的型号，总重达23公斤，最大射程为40~42米。图中展示的是ROKS-3型火焰喷射器。

▲ M1910/30/41型马克沁重机枪。

反坦克武器

1938-1940年，经过对各种型号14.5毫米反坦克弹药的试验，官方于1941年7月正式采用了B-32穿甲弹。在预期这种弹药的基础上，尼古拉·鲁卡维什尼科夫（Nikolay Rukavishnikov）开始设计使用这种穿甲弹的反坦克枪，并最终研制成功一种单发反坦克枪。1939年10月，苏联红军正式采用了由鲁卡维什尼科夫设计的PTR-1939反坦克枪，计划在第二年工厂就制造15000支。根据1939年9月红军编制，苏联甚至规定每个步兵团需要装备18支这种反坦克枪。事实上，反坦克枪和冲锋枪面临着同样的命运，库利克元帅认为德国坦克的装甲过厚，命令暂停反坦克枪的生产。1941年7月，最高军事委员会慌忙重新审视这个问题，PTR-1939反坦克枪虽然性能不错，但对于大规模生产程序就太复杂了。经验丰富的设计师杰格佳廖夫和西蒙诺夫被命令设计一种更加简单的型号，且仅有一个月的时间去进行研制。杰格佳廖夫研制的反坦克枪为一种手拉枪机式单发武器，而西蒙诺夫设计的则是一种半自动武器，采用5发弹夹，同样带有一个枪口制退器。从战术上来说，西蒙诺夫设计的反坦克枪由于是半自动运作更为实用，但杰格佳廖夫设计的反坦克枪更容易生产，因此1941年8月29日，苏联国防委员会将两者同时采用，分别为PTRS-1941型和PTRD-1941型。对实际生产来说，PTRD反坦克枪生产更加迅速也并不显得奇怪，从1941年生产的17688支增加到1942年的184800支，远远超过了PTRS反坦克枪，后者同时期产量分别是77支和63308支。在二战中，苏军广泛使用了反坦克枪，但到战争后期，由于坦克装甲厚度不断增加，反坦克枪的穿甲威力明显不足，作用降低，逐步退出了一线战场。

在1941年危急时刻，苏联红军还训练了专门的反坦克地雷犬，他们在狗身上安放了由两个炸药包组成的鞍状炸药包，当狗跑到坦克下面时装在顶部的触发装置就会启动，通过引爆炸药来破坏坦克。这些狗通过仅在坦克下面放置食物喂养来进行训练。苏军总共组建了13支反坦克狗部队，苏军记录共摧毁了300辆德国装甲车辆，而德军的记录对此存在争议。这种做法后来很快就被放弃了，转而让狗担负更加适合的角色，包括地雷探测。

▲ 正在行进的苏联反坦克步枪兵，队伍第一排包括这支部队的指挥官。这些红军战士装备着PTRD-41和PTRS-41反坦克枪。

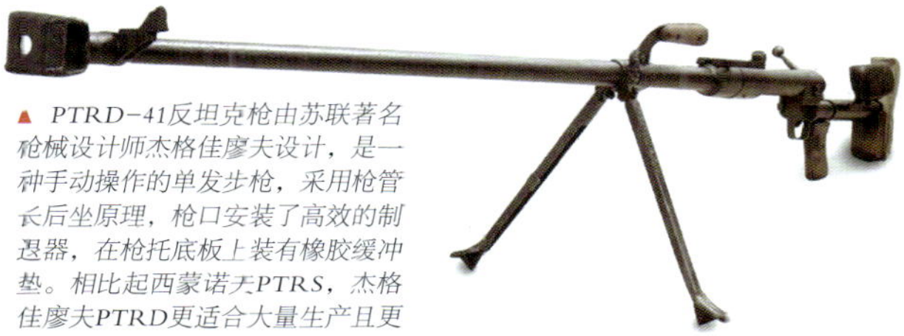

▲ PTRD-41反坦克枪由苏联著名枪械设计师杰格佳廖夫设计，是一种手动操作的单发步枪，采用枪管长后坐原理，枪口安装了高效的制退器，在枪托底板上装有橡胶缓冲垫。相比起西蒙诺夫PTRS，杰格佳廖夫PTRD更适合大量生产且更加耐用，在整个卫国战争初期，是苏联步兵的重要反装甲装备。

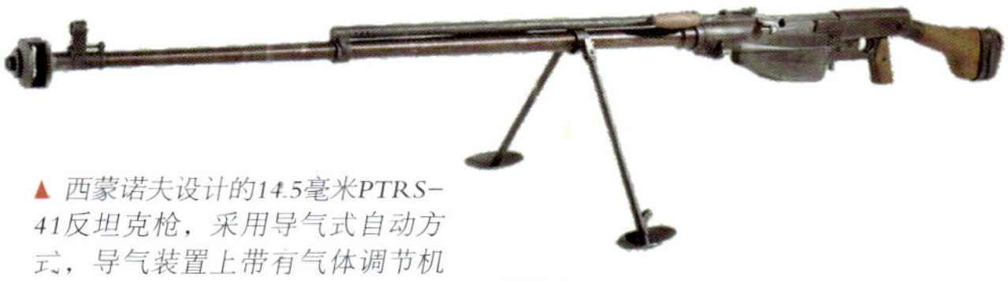

▲ 西蒙诺夫设计的14.5毫米PTRS-41反坦克枪，采用导气式自动方式，导气装置上带有气体调节机构，可根据不同的使用环境调节导出的火药燃气动力，以克服污垢或寒冷天气带给自动机的影响。它采用五发弹夹供弹，从下方插入机匣，但并没有弹匣。虽然该反坦克枪具有坚固、容弹量大的优点，但比PTRD-41更重更长，因其结构相对复杂，产量并不大。

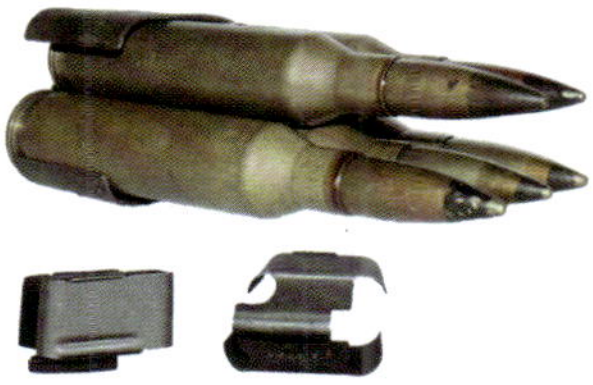

▲ PTRS-41反坦克枪的5发弹夹。

1941年6月-1945年5月苏联轻武器产量

单位：万

类别 \ 时间	1941	1942	1943	1944	1945	1941-1945
手枪和左轮手枪	13	17	37	57	21	145
步枪和卡宾枪	157	404	385	206	24	1176
冲锋枪	10	156	206	178	3	553
轻机枪	4.53	17.28	25.02	17.97	1.45	66.25
重机枪	0.84	5.8	9.05	8.99	1.08	25.76
大口径重机枪	0.14	0.74	1.44	1.48	0.73	4.53
反坦克枪	1.77	24.9	16.45	3.77	0.08	46.97
总计	187.28	625.72	679.96	473.21	51.34	2017.51

▲ 二战中，苏军另一种广泛使用的反坦克武器是著名的“莫洛托夫鸡尾酒”，一种装着汽油的玻璃瓶，虽然这种“鸡尾酒”多数是在战场临时现场制作的。1940年，卡丘金（Kachugin）和索洛多斯尼科夫（P.Solodovnikov）领导下的一个设计小组研制出了一种更加可靠的燃烧瓶，它使用一种化学燃烧剂，用于燃烧瓶在坦克上打碎时点燃汽油。战争初期，由于缺乏更好的反坦克武器，所以苏联大规模生产了这种燃烧瓶。

▲ 正在阵地内警戒的一名苏军士兵，装备SVT-40半自动步枪，旁边放着2枚俗称莫洛托夫鸡尾酒的燃烧瓶和3枚RPG-40反坦克手榴弹。

迫击炮

红军使用的迫击炮分为轻型、中型和重型迫击炮，按配属分为连属、营属和团属迫击炮。轻型50毫米迫击炮是步兵连的标准武器，每连拥有由两门迫击炮组成的迫击炮排，在战斗中为所属连队提供火力支援；或者一个步兵营中的所有的迫击炮排临时集中起来组成一个拥有6门火炮的迫击炮连，为整个营提供火力。中型迫击炮是82毫米迫击炮，每个营拥有一个由9门火炮构成的迫击炮连，为整个营提供火力支援。然而在标准使用时，在防御或静止状态，会联合三个中型迫击炮连组成一个步兵团的临时迫击炮营，由团重迫击炮连的连长指挥。苏联标准重型迫击炮是120毫米迫击炮，装备团迫击炮连。

1937年，苏联发展了一种供连级使用的轻型迫击炮，后来采用了RM-38型50毫米迫击炮，并于一年以后才开始生产；随后，这种迫击炮被新式RM-40型迫击炮取代，接着又出现一种更轻的型号——RM-41型迫击炮。

对于中型迫击炮，苏联购买了几门勃兰特81毫米Mle27/31迫击炮并进行仿制，在将口径略微增加后，就变成了BM-36型迫击炮。1935-1936年，苏联红军开始小批量生产82毫米营属迫击炮；1936年11月1日，苏联红军拥有73门82毫米迫击炮，而当时编制是2586门。改进型82毫米迫击炮被迅速制造出来，它将矩形座钣改为圆形，在两脚架和身管之前增加了驻退装置，被定型为82毫米BM-37型迫击炮，并被部队正式采用。在战前，迫击炮立即完成了重新设计，传统的两脚架变为了单脚架，这是为改进原BM-37迫击炮性能及机动性设计的；另外，采用了短加腿和较长的高低机，并配有可拆卸的车轮，这就是BM-41型迫击炮。最后一种型号的迫击炮，被定型为82毫米BM-37型，它的两个钢制车轮改为固定安装。

苏联研制出了两种重型迫击炮，107毫米的GVPM-38迫击炮用于山地部队；苏联标准的重型迫击炮是120毫米团属迫击炮，最初是PM-38型，这种火炮像107毫米迫击炮一样可采用金属结构的两轮拖车运送，后来还带有弹药拖车。作为战争期间最好的重型迫击炮之一，德国甚至于1942年也将其投入生产以供自己使用。后来这种迫击炮的一些细节发生了变化，由此产生了120毫米PM-41型迫击炮。1943年，苏联发展了PM-38的进一步改进版本，它带有新的发火机构和较长缓冲机，被定型为PM-43型迫击炮。

二战中苏联最大口径的迫击炮，是160毫米的MT-13迫击炮。1940年，为了替换部分师属榴弹炮，总军械部宣布评选低成本的160毫米迫击炮，用于在短距离内破坏敌人的防御工事。一年后，苏联试验了两种原型迫击炮，并根据测试结果选出了胜出型号并进行了适当修改。1943年，乌拉尔制造出了原型迫击炮，代号是“MT-13”，1944年1月17日，斯大林批准正式采用1943年式（M1943）160毫米迫击炮进入部队服役。1944年1月22日，苏联批准在图拉机器制造厂（第535号工厂）开始生产160毫米迫击炮，到年终生产了350门。从1944年到1947年8月，共生产了1557门MT-13系列迫击炮。1945年夏，生产了第一种改进型MT-13D，炮身加长了50毫米，射程增加到7400米，但仅制造了4门试验火炮，用于与一种具有更远射程和更易于使用的160毫米SKB-21迫击炮进行竞争。战后，苏联对M1943型迫击炮进行了改进，改用了更长的身管和弹性紧塞闭气系统，提高了射程，重新定型为M-160型迫击炮继续为苏军服役。

◀ 1941年，苏联出现了更加简易版本的RM-41型50毫米迫击炮。

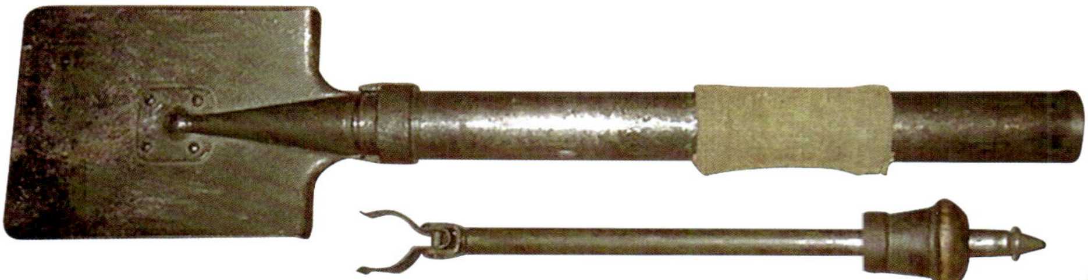

▲ ***37毫米锹式迫击炮。***
锹式迫击炮的炮身是锹柄，座钣是铁锹，当两者结合成锹状时可以用来作为工兵锹使用，铁锹采用7.62毫米钢板制造。苏联迫击炮没装备瞄准镜，采用目视瞄准射击，发射重500克的37毫米破片弹。在1940年冬季的苏芬战争中，苏军发现这种迫击炮并不实用，射程有限并且打击能力太弱，尤其是在冬季，几乎所有炮弹碎片都掉落到积雪里。由于没有瞄准镜，精度必然很低，因此，正规部队对这种迫击炮持否定的态度。令人高兴的是，1942年1月至2月，从维亚济马附近第4空降军那里收到了对这种锹式迫击炮的肯定意见。后来这种迫击炮从制式装备中撤销了并于1941年末停止生产。

► ***RM-38型50毫米迫击炮。***
RM-38型50毫米连级迫击炮由第7工厂于1937年早期开始研制，并测试了几种原型火炮.1938年，苏军采用这种迫击炮作为连属火炮，于1939年投入生产，同年生产1720门，1940年生产23105门，到1940年8月1日生产了18994门，每门迫击炮的生产单价为3600卢布。

▲ BM-37型82毫米迫击炮。

► 82毫米O-832D破片弹。

▲ RM-40型50毫米连属迫击炮，1940年1月曾配备给芬兰前线的第100步兵师第85步兵团了进行测试。这种迫击炮总重10.5公斤，炮弹重922克，最大射程为800米，最小射程为60米。

苏联迫击炮产量

口径	1937	1938	1939	1940	1941	1942	1943	1944	1945
50毫米	0	0	1720	23105	28056	104403	17584	0	0
82毫米	1587	1188	1678	6700	18026	100181	35032	2889	1000
107毫米	0	0	0	950	624	0	0	0	0
120毫米	0	0	0	2100	3575	25061	16201	3044	400

▲ PM-38型120毫米迫击炮。

▲ MT-13型160毫米迫击炮，采取炮尾装填方式。

▲ 1942年斯大林格勒战役期间，一个82毫米迫击炮班正在转移阵地。

参考书目

1. David Webstern,Chris Nelson. Uniforms of the Soviet Union 1918−1945. Schiffer Military History,1998.
2. Mansur Abdulin. Red Road from Stalingrad: Reflections of a Soviet Infantryman. Stackpole Books,2008.
3. U.S.S.R. Army. The Official Soviet SVD Manual. Paladin Press,1999.
4. James F. Gebhardt. Official Soviet Army Hand Grenade Manual. Paladin Press,1998.
5. Philippe Rio. The Soviet Soldier 1941−1945. Histoire and Collections Publishing 2011.
6. Nigel Thomas. World War II Soviet Armed Forces (1): 1939−41.Osprey Publishing,2010.
7. Nigel Thomas. World War II Soviet Armed Forces (3): 1944−45. Osprey Publishing,2012.11.
8. Laszlo Bekesi. Soviet Uniforms & Militaria 1917−1991 in Colour Photographs. Crowood Press,2011.
9. Laszlo Bekesi. KGB & Soviet State Security Uniforms & Militaria 1917−91 In Color Photographs. Crowood Press,2002.
10. Osprey Publishing. World War II Soviet Armed Forces. 2010.
11. Steven J. Zaloga, Leland S. The Red Army Handbook 1939−1945. Ness Sutton Publishing.
12. А.Кибовский,А.Степанов,К.Цыпленков Фонд содействия авиации"Русские витязи". Униформа Российского Военно−воздушного флота. 2004.
13. 战士出版社《苏联军事百科全书》 1982年3月
14. 战士出版社《苏联武装力量》 1981年3月
15. 徐海燕 金城出版社《苏俄百年军服》 2007年1月
16. 解放军出版社《伟大卫国战争的苏联后方》 1983年6月
17. 战士出版社《伟大卫国战争中的苏联武装力量后方勤务》 1979年6月
18. 高峰 内蒙古人民出版社《二战苏军步兵武器全集》 2011年3月
19. 黄永华 张伯南 白山出版社《苏联的勋章和奖章》 2007年12月
20. 德·安·沃尔科戈诺夫 国际文化出版公司《斯大林》 2003年8月
21. 基里扬等 中国对外翻译出版公司《军事技术进步与苏联武装力量》1984年03月
22. 杨晖主编 军事谊文出版社《外军奖章证章制度》2005年1月
23. 航空工业出版社 《轻武器典藏手册》2013年1月
24. M.A.加列耶夫 解放军出版社《胜利将帅及其军事遗产−苏联伟大卫国战争中将帅的军事艺术》2012年1月
25. 上海译文出版社《第二次世界大战史 1939−1945》 1978年6月

参考网站

http://tankuniform.ru
http://rkka.ru
http://army.armor.kiev.ua
http://mondvor.narod.ru